江西科技师范大学数字化社会与地方文化发展研究中心资助出版
江西省文化艺术科学规划项目"江西省文化旅游创新系统构建及实证研究"（项目编号：YG2014065）
2013年度文化部科技创新项目（文科技函〔2014〕330号〕"古镇文化景观三维可视化平台构建"
江西科技师范大学重点培育基地项目（人文社科类）：文化旅游产业创新发展研究中心
江西省高校人文社会科学重点研究基地课题"数字化社会背景下的文化创意产业创新系统研究"（项目编号：JD1599）

非物质文化遗产
濒危评价及数字化保护研究

FEIWUZHI WENHUA YICHAN
BINWEI PINGJIA JI SHUZIHUA BAOHU YANJIU

◎ 卢杰　李昱　项佳佳　著

华中科技大学出版社
http://www.hustp.com
中国·武汉

图书在版编目(CIP)数据

非物质文化遗产濒危评价及数字化保护研究/卢杰,李昱,项佳佳著.—武汉:华中科技大学出版社,2018.5(2025.2重印)

ISBN 978-7-5680-3711-2

Ⅰ.①非… Ⅱ.①卢… ②李… ③项… Ⅲ.①数字技术-应用-非物质文化遗产-保护-研究 Ⅳ.①G112-39

中国版本图书馆 CIP 数据核字(2018)第 083196 号

非物质文化遗产濒危评价及数字化保护研究　　卢杰　李昱　项佳佳　著
Feiwuzhi Wenhua Yichan Binwei Pingjia ji Shuzihua Baohu Yanjiu

---

策划编辑：曾　光
责任编辑：舒　慧
装帧设计：孢　子
责任监印：徐　露

出版发行：华中科技大学出版社(中国•武汉)　　电话：(027)81321913
　　　　　武汉市东湖新技术开发区华工科技园　　邮编：430223
录　　排：华中科技大学惠友文印中心
印　　刷：广东虎彩云印刷有限公司
开　　本：710mm×1000mm　1/16
印　　张：13.5
字　　数：240 千字
版　　次：2025 年 2 月第 1 版第 2 次印刷
定　　价：46.00 元

本书若有印装质量问题,请向出版社营销中心调换
全国免费服务热线：400-6679-118　竭诚为您服务
版权所有　侵权必究

卢杰

卢杰（1962— ），男，博士、副教授、硕士生导师，江西省民进会员，江西科技师范大学数字化社会与地方文化发展研究中心副主任，先后在国有大型企业、高等院校等单位从事实践管理和科学研究工作20年；近年来，第一主持南昌市发改委招标课题（横向）、文化部（现文化和旅游部）科技创新项目、江西省高校人文社科课题、江西省艺术科学规划项目、江西省教育科学"十二五"规划课题、江西科技师范大学重点培育基地项目（人文社科类）等课题或项目8项，发表学术论文29篇，出版专著3部，2项科研成果获得省委书记和副省长肯定性批示；现被聘为江西省财政厅等部门咨询专家，江西省高校人文社会科学重点研究基地数字化社会与地方文化发展研究中心学科带头人；主要研究方向为文化产业、战略管理。

作者简介

作者简介

李昱

李昱（1966— ），女，江西科技师范大学文学院教授，硕士生导师；近年来，主持完成省级重点课题2项、省级一般课题4项；主要研究方向为中国古代文学、文化传播。

项佳佳

项佳佳（1995— ），女，江西科技师范大学商学院技术经济与管理专业硕士研究生，研究方向为文化产业与技术评价。

目 录

第 1 章 绪论 /1
1.1 研究的缘起 /1
1.2 研究的意义 /5
1.3 研究的创新点 /6
1.4 研究方法和技术路线图 /7

第 2 章 国内外相关研究综述 /9
2.1 国外研究综述 /9
2.2 国内研究综述 /13
2.3 研究述评 /25

第 3 章 非物质文化遗产相关理论研究 /26
3.1 非物质文化遗产的起源 /26
3.2 非物质文化遗产的分类及特征 /27
3.3 非物质文化遗产濒危理论研究 /30
3.4 非物质文化遗产旅游保护模式 /33
3.5 非物质文化遗产数字化理论 /35

第4章 非物质文化遗产濒危评价因子体系构建研究 /40
- 4.1 非物质文化遗产濒危评价因子体系构建依据 /40
- 4.2 构建非物质文化遗产濒危评价指标体系 /41
- 4.3 基于层次分析法的指标权重确定 /45
- 4.4 模糊综合评价法的评价过程 /49

第5章 安义古村群非物质文化遗产濒危评价与保护 /51
- 5.1 安义古村群概况 /51
- 5.2 安义古村群非物质文化遗产濒危性评价 /57
- 5.3 安义古村群濒危非物质文化遗产保护现状 /63
- 5.4 安义古村群濒危非物质文化遗产保护对策 /65

第6章 国外非物质文化遗产数字化保护的经验与借鉴 /74
- 6.1 发达国家非物质文化遗产数字化保护的经验 /74
- 6.2 国外非物质文化遗产数字化保护经验对我国的借鉴 /76
- 6.3 非物质文化遗产数字化保护的利弊 /78
- 6.4 非物质文化遗产数字化保护的思考 /80

第7章 我国非物质文化遗产数字化保护现状与存在的问题 /84
- 7.1 我国非物质文化遗产数字化保护现状 /84
- 7.2 我国非物质文化遗产数字化保护存在的问题 /88

第8章 数字环境对非物质文化遗产影响因素的分析 /93
- 8.1 移场与错位 /93
- 8.2 转译与赋权 /96
- 8.3 改变与忽视 /98
- 8.4 再现与传承 /100

8.5 传播与认同 /102

第9章 非物质文化遗产数据库的构建 /105
9.1 非物质文化遗产数据库构建意义 /105
9.2 非物质文化遗产数据库构建 /108

第10章 非物质文化遗产数字化保护机制及实现路径 /118
10.1 非物质文化遗产数字化保护机制的构建 /118
10.2 非物质文化遗产数字化保护机制的实现路径 /121
10.3 文化与科技融合下的非物质文化遗产数字化保护机制的实现制度 /132
10.4 非物质文化遗产数字化保护机制的实现平台 /153

第11章 非物质文化遗产数字化保护机制实现的保障和建议 /167
11.1 非物质文化遗产数字化保护机制实现的保障 /167
11.2 完善非物质文化遗产数字化保护的建议 /183

附录A 非物质文化遗产濒危评价因子体系研究调查表 /196
附录B 非物质文化遗产濒危评价因子体系咨询问卷 /198
附录C 安义古村群非物质文化遗产濒危性意见征询表 /202
参考文献 /204

第 1 章

绪　论

1.1 研究的缘起

1.1.1 非物质文化遗产濒危现状受到世界的广泛关注

从经济领域开始的全球化,已成为时代最显著的特征,并迅速扩展到其他领域,急遽改变了人们的生活方式和文化观念,整个世界似乎被一种发展模式、一种价值观念所主导。这导致了许多蕴藏着本土民族文化的非物质文化遗产(简称"非遗")的影响力逐渐式微,世界文化的丰富性和多样性经受着前所未有的巨大挑战。

乡村在城镇化浪潮中的生存环境岌岌可危,而承载着乡村历史生命记忆和独特生存象征的本土特色文化——非物质文化遗产在全球化的浪潮中首当其冲。在此背景下,各国开始关注本土文化,尤其是欠发达国家和地区的非物质文化遗产的存续和发展,而乡村作为这种活态文化的重要生存土壤,就更加受到大家的关注。

对于非物质文化遗产所面临的严峻处境,世界各国及联合国教育、科学及文化组织(简称联合国教科文组织,UNESCO)对此表示高度关切。玻利维亚政府在1973年就向联合国教科文组织提出了应该保护民间文化遗产的建议。1989年11月,联合国教科文组织通过了保护非物质文化遗产的首份官方文件——《保护民间创作建议书》。1993年,"人类活财富"体系在联合国教科文组织的促成下启动,主要目的是保护民间文化、民间文学、民间艺术的传人。1997年,联合国教科文组织通过了关于建立"人类口头与非物质遗产代表作"的决议,随后计划每两年评选一次人类口头与非物质遗产代表作,于2001年公布了首批共计19项代表作,随后又于2002年9月通过了《伊斯坦布尔宣言》,强调非物质文化遗产的重要性,以及现代化对文化多样性的不利影响,呼吁全世界携起手来共同保护和发展非物质文化遗产[①]。2003年10月,联合国教科文组织正式通过了旨在尊重、保护非物质文化遗产的《保护非物质文化遗产公约》,并以此界定了非物质文化遗产的概念和范围。

随着我国经济发展、社会深刻变革,数字媒介技术、互联网技术快速发展,迫切需要深化对中华传统文化的认知,以增强文化自信与自觉、深挖传统文化的精髓、激发传统文化的活力。自进入新世纪以来,国家持续高度重视文化繁荣和文化产业发展。2000年,《中华人民共和国国民经济和社会发展第十个五年规划纲要》(简称"十五规划")强调"推动信息产业与有关文化产业结合";2005年,国务院办公厅发布《国务院办公厅关于加强我国非物质文化遗产保护工作的意见》明确提出要运用文字、录音、录像、数字化多媒体等各种方式,对非物质文化遗产(以下简称"非遗")进行真实、系统和全面的记录,建立档案和数据库;2006年,"十一五规划"提出大力发展文化事业和文化产业;2009年,《文化产业振兴规划》鼓励运用数字、网络技术等,开发数字娱乐产品、移动文化信息服务等增值业务;2010年,"十二五规划"指出要"弘扬中华文化,建设和谐文化,发展文化事业和文化产业";2011年,十七届六中全会通过了《中共中央关于深化文化体制改革 推动社会主义文化大发展大繁荣若干重大问题的决定》,要求抓好非物质文化遗产保护传承,并明确提出"文化大发展大繁荣",文化的发展与繁荣源于传统文化的复兴,特别是运用现代媒介手段对传统文化进行传承与展示、传播和发扬。文化部(现文化和旅游部)、科学技术部等部门发文要求:通过文化与科技的融合来弘扬传统文化,构建文化艺术品数据库、文化信息资源库,研究数字文化资源公益服务与商业运营并行互惠的运行模式。2011年,《中华人民共和国非物质文化遗产法》(以下简称《非遗法》)第十二、十三条规定:文化主管部门和其他有关部门进行非物质文化遗产调查,应当对非物质文化遗产予以认定、记录、建档,建立健全调查信息共享机制;文化主管部门应当全面了解非物质文化遗产有关情况,建立非物质文化遗产档案及相关数据库。2012年,十八大报告提出"建设传统文化传承体系,弘扬优秀传统文化"。为落实2015年十八届五中全会和"十三五规划"关于"构建中华优秀传统文化传承体系,加强文化遗产保护,振兴传统工艺",2017年初,相继制定和出台了《关于实施中华优秀传统文化传承发展工程的意见》《中国传统工艺振兴计划》,旨在推动传统文化的复兴与繁荣。

---

① 联合国教科文组织:《世界文化多样性宣言》,2001.

1.1.2 我国非物质文化遗产境况窘迫

"所有文化都是历时而变迁的",但"像今天诸多文化那么快速或大规模地变迁是罕见的"。随着工业文明触角的不断延伸,城市化、现代化、国际化、商业化的进程加快,作为文化身份和文化主权基本依据的文化遗产正在以惊人的速度不断消失,甚至濒临消亡,其赖以生存的社会和自然环境也日益被侵蚀和压缩,原生态环境不复存在。文化遗产的生存与发展成为一个重要的课题,摆在世人面前。

传统的口传心授的传播与传承方式阻碍了非物质文化遗产的现代化传承和发展。诸多非物质文化遗产没有相对应的文字记载或传承方式,完全依靠口授的方式流传,但大部分传承人文化程度不高、经济状况欠佳,而且有的年事已高,年轻人外出打工,对传承人工作往往失去兴趣。在现代数字化技术、信息技术、网络技术的冲击下,依赖于独特文化空间,仅以传承人言传身教为主要方式的各种记忆型和技艺型的非物质文化遗产濒临失传的危机,而且过度商业化、产业化的开发在一定程度上损害了文化生态的完整性和真实性,非物质文化遗产得不到科学的有效的保护与传承。城镇化、商业化、产业化割裂了人与自然长期互动形成的和谐关系(在古镇古村开发过程中,原有的生态空间商铺林立,原住居民被迫迁出),破坏了非遗的生态环境,其赖以生存的文化空间也在逐渐消失,不少非物质文化遗产面临着严峻的生存危机。再有就是对非遗的"地方性"挖掘不足,很多非遗的文化内涵、文化特色和文化价值彰显不明,有的甚至出现同质化现象。

针对上述遗产环境,非遗面临着生存(传承)性危机——主体性危机、生态性危机等,其发展(传播)前景堪忧。特别是原真性、完整性的信息传递已被经济利益所忽视。而作为人类的文化精华,只有传承和传播,才不至于文化迷失和身份混淆。不过,任何遗产都会随着时间的流逝而变异或消亡,任何遗产保护手段都是在延长遗产的生命周期,包括数字化手段。

1.1.3 数字化技术日益进步

"技术变革不是数量上增减损益的变革,而是整体的生态变革"。在数字媒介技术下,考察非遗从传承与传播到数字生存与发展的过程,推进非遗数字化理论和实践研究。数字与信息网络技术的发展,促进了文化的生存与发展,催生了数字文化产业的新业态与新模式。中国互联网络信息中心发布的第 39 次统计报告显示:截至 2016 年 12 月,我国网民规模达 7.31 亿,互联网普及率达到53.2%,手机网民达到了6.95亿人,占比达95.1%。数字化技术的影响是非常广泛的,除对文化产业发展本身产生的巨变性影响外,对文化消费者的影响也是不容忽视的。在数字时代,消费者尤其是数字原住民这一代的文化消费行为、文化消费内容偏好等,均发生了翻天覆地的变化,如个性化消费、定制化内容、边界化获得渠道等。

社会环境无可避免地要发生改变,伴随而来的便是植根于这些社会环境中的文化记忆将被遗忘,于是那些来自于往昔的文本就失去了不言自明性,变得需要阐释。在新时代,文本不能继续不言自明,它陷入了因与当下存在时间差、空间差而产生的张力之中。对于非遗来说,除了传统的传承和保护方法外,新的保护理念也随技术变革而产生。数字化技术已让不少濒临消亡的事物重获新生,原本看上去毫无关联的传统文化与产业,可以借助数字化技术形成新的联结与跨界,拓展出许多新兴业态,而这种跨界与融合恰恰让传统文化、文化遗产等一些中华历史文化瑰宝,找到了新的传承发展思路,有了复兴的大好机会。利用新型的数字媒介技术,对文化遗产进行数字化采集、处理、再现、解读、阐释、保存与传播,使之从唯一性、主体性、专有性转向多元性、数字性、共享性。更重要的是,数字化技术的介入不仅改变了文化遗产的存在方式,更是改变了公众对文化遗产的认知观念和传承、传播方式。

1.1.4 文化产业发展的需要

费孝通先生指出:"这些传下来的东西之所以传下来就因为它们能满足当前人们的生活需要。既然能满足当前人的生活需要,它们也就是当前生活的一部分,它们就还是活着。"传统文化是内容产业发展的母体,非遗更是传统文化的活态记忆,是民族的"文化基因",非物质文化遗产的数字化,是信息与内容产业的汇流,二者之间超出了传统含义的关联性,发展新型文化业态,增强多元化供给能力,满足多样化社会需求,繁荣文化市场。《非遗法》第三十七条规定:"国家鼓励和支持发挥非物质文化遗产资源的特殊优势,在有效保护的基础上,合理利用非物质文化遗产代表性项目开发具有地方、民族特色和市场潜力的文化产品和文化服务。"近年来,国家制定并出台了不少关于文化产业的法律法规、政策文件,鼓励挖掘地方优秀文化(如非遗),依托具有地方性和地方感的文化资源,通过思想创意的转化、现代科学技术的提升与市场的有效运作,为相关产业(文化创意产业)的发展提供相应的内容支持。

1.2 研究的意义

1.2.1 理论意义

1) 丰富非物质文化遗产学术研究

非物质文化遗产不仅为中华民族的发展和进步提供了智力支持和精神食粮,也为促进人类文明多样化及维护地区和谐稳定发挥了重要作用。如何保护非物质文化遗产并有效利用,使其服务于我国社会主义现代化建设,在当前具有重大的历史意义和现实意义。

随着人们越来越关注非物质文化遗产,相关的研究也逐渐深入,许多专家学者对非物质文化遗产的概念、内涵到具体保护形式及价值评估进行了全方位的探讨和研究。对于非物质文化遗产,不仅需要传承,更要运用现代技术和话语对其进行重新解读与阐释,赋予新的文化内涵,使之与现代生活相关联。即利用数字信息技术对非物质文化遗产进行重新编码、重构和阐释,在数字化技术的文化层面上让公众接受。数字化在重构非物质文化遗产的同时,还带来了公众认知、消费和利用遗产的行为的变化,即对技术层面的数字化的人文认知、思考与行动,是一种普世性的价值取向。同时,数字化遗产资源不仅多角度、立体化地反映了区域活态文化形态,包括语言、仪式、手工艺、表演艺术等,有利于保持文化的多样性,而且促进了不同文化心理的公众进行跨文化的对话,更能引导新生代对传统文化的热爱与学习。

2) 拓展非物质文化遗产理论研究,科学保护非物质文化遗产

各国都非常重视非物质文化遗产的保护,并为此投入了大量的财力和物力。我国历史悠久,非物质文化遗产星罗棋布地散落在广袤的国土上,为了更好地保护这些非物质文化遗产,全面、正确地对其进行分类和科学的濒危级别判断就显得格外重要。因此,作者的出发点就是如何有效、全面地选取影响非物质文化遗产濒危的因素,并结合这些因素建立评价体系,判定其濒危程度,为提出保护措施提供科学的依据。

1.2.2 实践意义

1) 为非物质文化遗产濒危度评估提供参考

非物质文化遗产的种类丰富、形式多样,乡村作为非物质文化的重要生存土壤,在非物质文化传承、保护、创新和发展过程中有着举足轻重的作用。但是随着城市化进程的不断加速,许多具有丰富内涵的传统非物质文化遗产面临着变异和濒危的处境。本书的研究视野主要集中在不断被边缘化的乡村,从影响非物质文化遗产濒危的因素着手,分析其赋存状态,为保护乡村非物质文化遗产提供行之有效的建议。

2) 为保护、传承和发展地方特色文化拓展新途径

由于非物质文化遗产的非物质性,其相对于有形遗产而言更为脆弱和不可再生,这就增加了非物质文化遗产保护的难度,采用创新方法和手段进行保护就显得尤为重要。本书以南昌安义古村群非物质文化遗产为例,对其生存现状、特征和旅游开发可行性进行系统的分析,在此基础上探索新的保护方法和可能的路径。

3) 促进非物质文化遗产数字化保护的发展

通过非物质文化遗产数字化保护技术体系的建立,综合数字化技术、虚拟现实技术、知识可视化技术等,对民俗类非物质文化遗产进行深度开发与持续传承,推动数字化保护在以文化遗产为主题的文化创意产业领域中的运用和发展,丰富文化遗产的数字化产品开发与展示,也为其他类别的非物质文化遗产的数字化保护提供参考与借鉴,同时也有助于提高以非物质文化遗产为内容的文化科技产业的核心竞争力,实现文化与科技的有效融合。在文化遗产的开发中融入技术,可以扩大文化保护空间,丰富文化展示方式,深化游客文化体验,优化文化遗产管理。因此,本研究在增进文化和科技的融合、提升非物质文化遗产数字化保护的科技含量上具有重要的意义。

1.3 研究的创新点

非物质文化遗产的无形性使其无法保存在特定的历史环境中,但也不能与现实生活脱节。只有通过不断地整合外在表现形式,与时俱进地融入现代的文化生活中,才能生存和发展下去。旅游视角的开发主要是通过市场的手

段,产业化承载非物质文化遗产的有关载体,从而实现非物质文化遗产的传承和保护。基于这样的目标,本书做了以下创新研究。

第一,构建了非物质文化遗产濒危评价体系,为非物质文化遗产旅游保护可行性分析提供科学依据。

第二,以乡村的视角探究了非物质文化遗产的存在形态以及保护模式的选择。

1.4 研究方法和技术路线图

1.4.1 研究方法

1) 文献研究法

搜集国内外专家有关非遗、民俗、民俗文化和数字化保护等方面的学术文章和专著,浏览"中国非物质文化遗产网"、"中国民俗网"、台北"故宫博物院网"、台湾"数位典藏与数位学习国家型科技计划网"、"台湾多样性知识网"等网站,查阅相关研究案例、新闻报道、规划文本和数字资源库建置等资料。在二手资料的广泛收集和整理的基础上归纳并总结,从中汲取可借鉴的理论、方法及研究成果。通过资料的积累、分析,了解民俗类非物质文化遗产数字化保护领域研究的最新动态、理论、方法等信息。

2) 调查访谈法

调查访谈法是指通过各种手段和方法,进行有目的的实际考察,并获取相关资料,然后对资料进行分析,来认识社会现象及其规律的社会研究方式。

本书拟用德尔菲法,制订有关濒危评估的调查问卷,设置开放性问题,征询专家意见,通过对多轮的征询意见进行整合、归纳,最终确定本研究的调查问卷和研究要素。

3) 层次分析法

层次分析法(analytic hierarchy process)是20世纪70年代由美国运筹学家Thomas L. Saaty提出的一种层次权重决策方法。它将与总目标有关的因素分解为具有内在联系和逻辑关系的目标层、准则层、要素层,通过构建判断矩阵求取最优解,在一致性检验后分析得到最终权重。

4）多学科交叉整合研究法

由于民俗类非物质文化遗产数字化保护研究涉及美学、民俗学、旅游学、信息空间学等多门学科，这就决定了采用多学科交叉整合的研究方法是实现民俗类非物质文化遗产数字化提升的必由之路。因此，在理论研究和实践探索中可借鉴民俗学、旅游学、社会学等学科理论，多角度、全方位共同探讨民俗类非物质文化遗产数字化保护的对策。

5）个案研究法

本研究拟对南昌安义古村群地区的濒危非物质文化遗产进行个案研究，通过实地调研考察具体情况，并采用在现场发放问卷收集数据的方式进行研究。

1.4.2 技术路线图

本研究的技术路线图如图1-1所示。

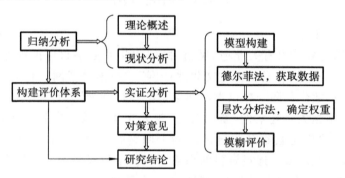

图1-1 技术路线图

第 2 章

国内外相关研究综述

2.1 国外研究综述

通过对 SCI/CPCI 数据库、Cambridge Journals Online、ScienceDirect 数据库等相关网站的查询,发现日本和韩国对非物质文化遗产的研究开始得比较早,相关的文献较多。荷兰的 Elsevier Science 公司是全球最大的高端学术出版公司。本书以 ScienceDirect 数据库为基础进行相关文献检索,发现国外对非物质文化遗产研究主要体现在以下方面。

2.1.1 非物质文化遗产概念

联合国教科文组织在 1998 年公布的《人类口头和非物质文化遗产代表作条例》中,首次对非物质文化遗产进行定义:"指来自某一文化社区的全部创作,这些创作以传统为依据,由某一群体或一些个体所表达,并被认为是符合社区期望的作为其文化和社会特性的表达形式,其准则和价值通过模仿或其他方式口头相传。它的形式包括语言、文学、音乐、舞蹈、游戏、神话、礼仪、习惯、手工艺、建筑术及其他艺术。"对非物质文化遗产概念的界定,同样也经历了长久的争议时期。最早,可以追溯到 2003 年,《保护非物质文化遗产公约》对非物质文化遗产的概念做了初步的定义,是由联合国教科文组织进行商讨决定的。它的内容是这样的:在人类群体中,他们把一些表演、知识实践或者技能等作为文化遗产组成部分。随着时代的变迁,这些群体的周围环境在发展变化,他们所接触的历史条件也在变革,这些生生不息的非物质文化遗产由此产生了新的变化,但它依然遵循着自然界的本质特征。至此,"非物质文化遗产"的概念和名称才在国际性标准法律文件中被确定。作者从基础理论出发,对非物质文化遗产的概念进行了提炼,最后总结出非物质文化遗产的概念,它是指一种世代相传的活态文化遗产,具有活态流变的特性。它所涉及的内容是以非物质形态存在的,秉承着把人作为核心的观念,与人民大众的生活紧紧地联系在一起,因此,它能够不断得到社会的认可。

作者分别以"intangible cultural heritage"和"rural intangible cultural heritage"作为关键词,对 ScienceDirect 数据库 2006 年至 2015 年间的文献进行模糊检索,其中期刊论文 1382 篇,著作 272 部,参考文章 53 篇。图 2-1 显示了非物质文化遗产和乡村非物质文化遗产相关文献在 ScienceDirect 数据库中按年份分布的态势。从图中可以看出,近三年来相关文献篇数大幅增加,说明非物质文化遗产是近几年的一个研究热点。

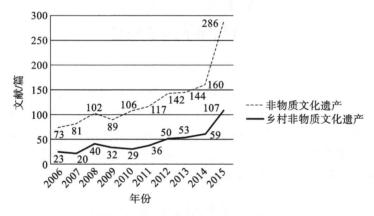

图 2-1　非物质文化遗产、乡村非物质文化遗产的相关文献按年份分布的态势

作者对这些关于非物质文化遗产的文献按主题类别进行统计分析,发现旅游类为 194 篇,占比 20%,在所有文章主题中排名第一;文化类为 151 篇,占比 16%,排名仅次于旅游类,居第二位。图 2-2 显示了以上文献在 ScienceDirect 数据库中按主题进行分类的情况。从图中可以清晰地看出,非物质文化遗产是旅游领域和文化领域的研究热点。随着中国经济的崛起,中国悠久的历史文化蕴藏着丰富的非物质文化遗产,越来越多的人也把研究的目光转向中国,与中国相关的非物质文化遗产研究文献也占据了很大的比例。

国外关于非物质文化遗产概念的研究不多。2002 年,Peter J. Nas 阐述了非物质文化遗产的概念和定义;2004 年,Wim Van Zanten 指出有必要在学术界使用有关非物质文化遗产新的专业术语;Nobuo Ito 介绍了非物质文化遗产的概念,辨析了非物质文化遗产和物质文化遗产之间的关系;Adobe Acrobat 比较了物质文化遗产和非物质文化遗产的区别,并阐明了非物质文化遗产的特点,提醒了保护中需要注意的地方。

第 2 章 国内外相关研究综述

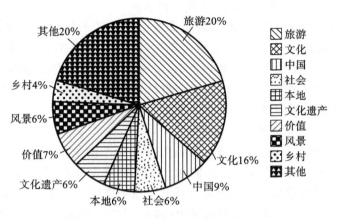

图 2-2 国外非物质文化遗产研究情况

2.1.2 非物质文化遗产保护

同样地,作者分别以"endangered intangible cultural heritage"和"intangible cultural heritage protection"作为关键词,对 ScienceDirect 数据库 2006 年至 2015 年间的文献进行模糊检索,其中期刊论文 655 篇,著作 175 部,参考文章 37 篇。图 2-3 显示了濒危非物质文化遗产和非物质文化遗产保护的相关文献在 ScienceDirect 数据库中按年份分布的态势。

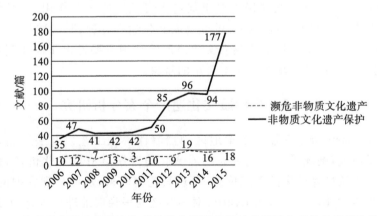

图 2-3 濒危非物质文化遗产和非物质文化遗产保护的相关文献按年份分布的态势

由上图可知,近两年关于非物质文化遗产保护的文献数量迅速增加,说明国际社会比较关注非物质文化遗产的保护。作者通过梳理国外相关文献,发现国外的研究焦点主要集中在以下三个方面。

1) 非物质文化遗产保护相关政策和制度

2004年,Harriet Deacon 强调了非物质文化遗产保护的重要性,认为必须制定严格管理规划,严格遵守管理制度;澳大利亚的 Michael S. Simons 提倡通过立法的形式赋予遗产知识产权,并对澳大利亚旅游业的知识产权、本土文化和原居民之间的关系进行了分析;2004年,Rudy Dermott 介绍了比利时法语社区在保护非物质文化遗产方面的相关政策。

2) 非物质文化遗产保护和博物馆

2004年,Kenji Yoshida 指出非物质文化遗产的价值要通过一定的物质载体表达出来,强调博物馆在保护和开发非物质文化遗产过程中的重要作用;2008年,潘守永指出中国的非物质文化遗产资源非常丰富,并以中国西部为例探究非物质文化遗产博物馆保护;2008年,Shi Yuanwu 认为艺术表现形式、人本主义的运用、旅游者与博物馆的互动及旅游者心理分析在数字博物馆建设中会成为焦点问题;Alfredo M. Ronchi 等课题组成员探讨了互联网文化特征、文化多样性相关数据的传播,认为需要进一步提高非物质文化遗产的数字化水平。

3) 非物质文化遗产保护与法律

2004年,Mohammed Bedjaoui 分析了非物质文化遗产所具有的价值以及脆弱性的特点,同时也说明了联合国保护非物质文化遗产的宗旨;2004年,Wend Wendland 探讨了非物质文化遗产发展中所涉及的知识产权问题;2008年,Janet Blake 说明了法律保护对于促进语言发展的重要作用,并举例分析了法律对少数民族语言这一特殊的非物质文化遗产的保护;2010年,E. Wanda George 指出当地社区对非物质文化遗产的利用主要是出于商业利益的目的,并且这种利益的分配还存在不公正的现象。

2.1.3 非物质文化遗产个案分析研究

Manualarts 分别对撒马尔罕地区陶器制作手工工艺以及手工艺艺术恢复进行了研究,阐述了手工艺类非物质文化遗产所具有的文化价值,设想通过一定的手段恢复消失的手工技艺,再现其艺术风采,从而达到保护的目的;加拿大学者 D. Ralnsoy 和 J. Everitt 对伯利兹的玛雅遗址进行研究,发现旅游开发对玛雅文化遗址的影响有利有弊,一方面给当地带来了显著的经济效益,但另一方面也加大了脆弱文化的保护难度;Mark P. Hampton 以印度尼西亚为例,探讨了发展中国家旅游相关利益主体之间的特殊关系,认为可以通过科学的旅游规划管理激励当地微型旅游企业,从而兼顾本地居民和游客双方的利益。

2.2 国内研究综述

目前,从研究内容来看,国内关于非物质文化遗产的研究主要集中在非物质文化遗产概念、非物质文化遗产保护、非物质文化遗产价值探讨等方面。除此之外,关于非物质文化遗产旅游和开发的研究文献数量也很可观,而有关濒危非物质文化遗产的研究甚少。作者以关键词的形式对中国知网、万方数据库、中国优秀博硕士学位论文全文数据库2006—2015年间的文章进行模糊搜索,结果如表2-1所示。

表 2-1 "非物质文化遗产"国内相关文献搜索结果

网站 关键词	中国知网	万方数据库	中国优秀博硕士学位 论文全文数据库
非物质文化遗产保护	268 865	969	1252
非物质文化遗产概念	76 949	535	124
非物质文化遗产价值	147 522	4767	40
非物质文化遗产经济	173 574	4175	21
非物质文化遗产旅游	121 195	2504	70
濒危非物质文化遗产	12 464	470	9
濒危非物质文化遗产评估	341	6	0

乡村非物质文化遗产不仅具有鲜明的艺术价值,同时也蕴藏着巨大的经济价值,不断加速的城市化进程对乡村非物质文化遗产的保护带来了巨大的难度,不少地区尝试通过旅游开发来保护当地非物质文化遗产,相关领域的学者也在寻求乡村非物质文化遗产的保护路径,旅游开发乡村非物质文化遗产也慢慢成为研究的热点。作者以"乡村非物质文化遗产"为主题在中国知网进行文献检索(2006—2015年),共有56 667条记录。若按学科分类进行检索,旅游类占17.8%,在各学科中排名第二(见图2-4)。由此可知,乡村非物质文化遗产已经成为旅游领域的研究热点。

2.2.1 相关概念研究

国内学术界一直没有停止争论非物质文化遗产的概念。作者以"非物质

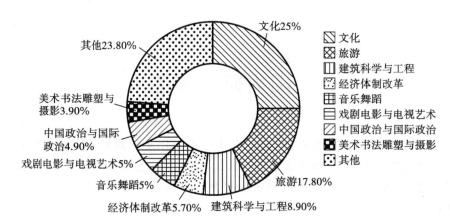

图 2-4　国内乡村非物质文化遗产研究概况

文化遗产概念"为关键词,通过对中国知网的研究文献(2008—2015 年)进行模糊检索可以说明这一点。图 2-5 所示为"非物质文化遗产概念"研究数量图。

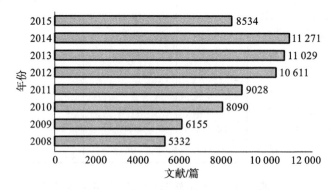

图 2-5 "非物质文化遗产概念"研究数量图

2002 年,向云驹认为 1950 年日本政府提出的"无形文化财"概念和联合国教科文组织 1989 年在《保护民间创作建议案》中的有关表述是口头和非物质文化遗产概念的两个重要来源;2003 年,刘玉清在实例分析之后认为口头和非物质文化遗产应该包括形态文化和以民俗形式存在的行为文化两大类;2007 年,乌丙安以论文的形式阐明了有关非物质文化遗产的概念,并解释了实践中非物质文化遗产代表作名录的申报工作;2008 年,刘壮、牟延林着眼于非物质文化遗产的定义,分析和阐释了其最初含义以及本土化的演变。

2.2.2 非物质文化遗产保护

国内学者主要在保护原则、政府作用、立法保护、博物馆保护、传承人等方面对非物质文化遗产保护进行了集中研究。作者以关键词的形式对中国知网 2008—2015 年间的文献进行模糊检索,结果如表 2-2 所示。

表 2-2 "非物质文化遗产保护"相关文献统计表

关键词 \ 年份	2008	2009	2010	2011	2012	2013	2014	2015
非物质文化遗产保护原则	70	78	95	90	112	129	124	76
非物质文化遗产保护与法律	73	91	100	142	145	137	132	109
非物质文化遗产保护与教育	82	104	138	154	198	179	229	193
非物质文化遗产保护与博物馆	47	66	64	76	73	90	113	74
非物质文化遗产保护与传承人	72	80	116	181	227	222	285	255
非物质文化遗产保护与政府作用	36	29	29	60	62	59	57	57

可以看出,近八年来非物质文化遗产保护研究的重点方向主要为传承人、教育及法律等,概念、原则的研究虽有增长,但不明显,博物馆保护和政府作用的研究不是很多。由此也可以看出,学术界越来越重视实际具体可操作的保护途径研究,理论原则的有关研究在逐渐减少。

1) 非物质文化遗产保护原则研究

2004 年,刘魁立提出应以全局视野保护和抢救非物质文化遗产;2006 年,顾军提出了十项非物质文化遗产保护原则,为科学保护非物质文化遗产提供了参考;2008 年,李荣启认为我国坚持了正确的非物质文化遗产保护原则,非物质文化遗产保护工作卓有成效。

2) 非物质文化遗产保护传承人研究

2007 年,安学斌分析了非物质文化遗产传承人的现实处境和重要作用,提出通过保护传承人的途径来保护非物质文化遗产;2008 年,牛爱军通过对传统武术传承过程的研究,认为传承人是关键的一环,并结合现状提出了保护传承人的具体措施;2010 年,李华成分析了传承人在非物质文化遗产传承过程中的重要作用,提出要加大对传承人的管理和扶持力度;2011 年,李姿颐从法律的角度提出赋予传承人对非物质文化遗产的专有权。

3) 非物质文化遗产保护中博物馆的作用

2003 年,陈建明指出博物馆作为一个有机整体,不仅在文物的搜集、保存和展览等方面可以保护非物质文化遗产,而且它本身也是一种有利于非物质文化遗产生长的生态环境;2004年,王莉认为博物馆应当发挥其物质载体的优势,宣传无形文化遗产的价值,倡导社会舆论方向;2006年,韩洋认为随着非物质文化遗产概念的界定,博物馆依靠其专业优势在保护非物质文化遗产过程中也产生了结构性变革;2010年,陈明认为博物馆应该因地制宜地适应社会环境的变化,激活非物质文化遗产的基因才是有效的保护手段。

4) 非物质文化遗产保护与教育

2006年,橄学文通过调查认为高校在非物质文化遗产的研究、传承和发展方面发挥着重要的作用,大学美术教育要处理好非物质文化遗产研究与传承和保护的关系;2011年,王树斌、王建明、陈仕品认为教育对文化的传承和发展有着深远的影响。

5) 非物质文化遗产保护与法律

2004年,朱贵祥首次提出非物质文化遗产的法律保护,并强调法律是保护非物质文化遗产的重要手段;2008年,周超介绍了日本在其《文化财保护法》中对非物质文化遗产与其继承者之间的权利义务关系的相关规定,认为法律保护和开发非物质文化遗产具有可持续性;2010年,罗艺介绍了日本、韩国等在非物质文化遗产保护中的法律措施,认为专门的法律保护机构和完善的产权保护体系对非物质文化遗产保护有重要的意义。

6) 非物质文化遗产保护中政府的作用

2006年,刘桂莲认为民间文化的抢救与保护应具体由各地文化部门牵头来实施完成;2008年,牟延林、吴安新分析了非物质文化遗产保护工作中政府责任的限定,认为没有责任约束可能会造成保护工作中权力的滥用;2009年,刘坤辨析了非物质文化遗产数字化保护中有效政府和有限政府的角色概念区别,从理论上回答了政府应该如何定位自身角色和实践中如何限定权力的问题。

2.2.3 非物质文化遗产价值研究

1) 文化价值

2003年,王宁首次提出"非物质文化遗产价值"的概念,认为传承的经验性、民族性及个性化是非物质文化遗产价值的决定因素;2006年,黄胜进认为非物质文化遗产是一种"地方性知识",具有"文化的他者"的特征,存在"文化孤岛"效应,但也正体现了其文化价值;2008年,苑利认为濒危程度、稀缺度、承载信息量大小、社会知名度等会影响非物质文化遗产的价值。

2）旅游价值

2007年,张世均认为非物质文化遗产在民族旅游发展中有着重要的地位;2010年,刘桂兰认为民间艺术类非物质文化遗产有着深厚的文化底蕴,具有极高的审美观赏价值、适合大众旅游需求的体验价值和文化旅游价值;2011年,刘丽丽全面分析了北京郊区非物质文化遗产现状、特点,探究了如何利用非物质文化遗产更好地发展乡村旅游。

2.2.4 濒危非物质文化遗产及评价研究

2006年,苑利针对非物质文化遗产的危机现状,提出了优先保护濒危非物质文化遗产的建议;2009年,关芳芳在对表演艺术类非物质文化遗产进行濒危评价的基础上,提出了非物质文化遗产旅游开发应做好规划并选取合适的模式;2011年,孙宏开阐述了国内外保护濒危语言的状况,分析了濒危语言保护的必要性,并提出了对策性建议;2014年,朱振民从经济效益、保护力度等方面探究了部分非物质文化遗产濒危的原因,提倡保护非物质文化遗产的历史记忆。

2.2.5 非物质文化遗产数字化保护研究

"非物质文化遗产数字化保护"概念的明确需基于对"数字化""数字化保护"的理解。

一、数字化

1996年,Nicholas Negroponte出版了《Being Digital》一书,将"数字化"推向大众视野;2005年,张诗亚在其专著《强化民族认同:数码时代的文化选择》中,将"数字化"定义为是一串离散的信号,把一切通过编码变成一串"0"和"1"的数字,再通过解码还原出来。简而言之,数字化是一个利用计算机可识别的数字(0和1)对客观事物进行抽象的过程。

二、数字化保护

数字化保护是指依托数字设备,引进数字化技术,对各类客观对象进行数字化,实现被保护对象的保护与开发。在信息时代下,数字化保护主要应用于文献资料、古建筑、档案等方面的开发与保护,并逐步拓展应用于以非物质文化遗产为代表的文化遗产的保护上。

三、非物质文化遗产数字化保护

王耀希对非物质文化遗产数字化保护的定义为：采用数字采集、数字储存、数字处理、数字展示、数字传播等技术，将非物质文化遗产转换、再现、复原成可共享、可再生的数字形态，并以新的视角加以解读，以新的方式加以保存，以新的需求加以利用。这个定义为业界所普遍认可和引用。在此需注意的是，数字化保护虽以"保护"之名，但其最终目的仍是开发和利用。因而在论述"数字化保护"时，在重视"数字采集、存储"的基础上，不应忽视其面向市场和为市场所接受的"数字展示与传播"。

2.2.6 非物质文化遗产保护的类型

一、生产性保护

对传统文化和非物质文化遗产项目的挖掘和保护早在2003年就成为世界范围内的焦点，受到民俗学家、人类学家、社会学家的广泛关注，在国际范围内掀起热潮。"生产性保护"尽管最早由中国学者提出，与中国社会经济环境和历史文化背景有密切联系，但已经被日本、德国、意大利等国家落实到非物质文化遗产数字化保护的实践中，比如德国鲁尔区工业遗产特色旅游、意大利傀儡戏的剧场建设及傀儡木偶的设计生产等。非物质文化遗产生产性保护方式主要运用于一些具有开发价值和开发前景的非物质文化遗产项目中，比如我国的传统美术类非物质文化遗产剪纸、面塑，传统医药药物炮制类非物质文化遗产项目等。非物质文化遗产生产性保护不仅是一种保护模式，更是一种保护理念，受到越来越多的学者的关注和重视。关于非物质文化遗产生产性保护的研究，主要集中于以下几个方面。

（一）非物质文化遗产生产性保护的基础理论研究

首先，非物质文化遗产生产性保护的概念特点研究。"生产性保护"理念最初只是一个相对笼统和模糊的概念。王文章在其编著的《非物质文化遗产概论》中归纳了非物质文化遗产抢救、保护的主要方法和措施，并指出非物质文化遗产生产性保护可以将非物质文化遗产转化为经济资源，主要实践于年画、剪纸等手工艺非物质文化遗产制作项目中。

吕品田对非物质文化遗产生产性保护的关注视角主要集中于手工艺技艺层面，他认为："生产性保护是切合手工技艺存在形态和传承特点，可以不断'生产'文化差异性的一种生态保护方式。"他还进一步指出生产性保护方式的主要特征是"活态流变性"——这需要遵循手工技艺自身的规律。除了这种保护方式的流变性特征之外,陈华文另外还概括了非物质文化遗产生产性保护的三个本质性特点:首先,适用于非物质文化遗产生产性保护的非物质文化遗产项目的传承、保护与生产是合而为一的;其次,生产性保护的本质是"保护方式",不能将其看作扩大生产能力的途径;第三,现有的非物质文化遗产生产性保护模式具有"可复制性"和"普遍适用性"的特点。他在此基础上提出非物质文化遗产生产性保护的概念:"非物质文化遗产生产性保护是指具有生产性特点的非物质文化遗产形态通过生产方式或过程这一独特的途径实现传统技艺和产品在原真的、就地的原则下得到保护。"此外,安葵的《传统戏剧的生产性保护》,汪欣的《对非物质文化遗产生产性保护理念的认识》,杨亚庚、陈亮、贺正楚、陈文俊的《非物质文化遗产生产性保护探索》也都基于不同角度对非物质文化遗产生产性保护的概念、特点进行了界定,试图将非物质文化遗产放置到生产实践当中,从而尽可能地实现文化与经济的良性互动、和谐发展。目前得到普遍认可使用的是文化部非物质文化遗产司在《文化部关于加强非物质文化遗产生产性保护的指导意见》中提出的非物质文化遗产生产性保护的概念:非物质文化遗产的生产性保护是指通过生产、流通、销售等方式,将非物质文化遗产及其资源转化为生产力和产品,产生经济效益,并促进相关产业的发展,使非物质文化遗产在生产实践中得到积极保护,实现非物质文化遗产保护与经济社会协调发展的良性互动。该文件还指出生产性保护方式的实践范围以传统技艺、传统美术和传统医药药物炮制类非物质文化遗产项目为主,明确地界定了非物质文化遗产生产性保护的概念、适用范围等理论问题。

其次,非物质文化遗产生产性保护与相关领域的关系研究。谭宏在《"非遗"生产性保护方式与文学艺术创作》一文中就非物质文化遗产生产性保护与文学艺术创作的关系展开探讨,从这一类型的非物质文化遗产纳入生产性保护的可能性、现实性和操作性这三个方面分析了非物质文化遗产生产性保护对文学艺术创作的辐射作用,并指出这样可以激发民间文学艺术家们的生产和创作热情,促使他们积极、主动地参与到非物质文化遗产的保护运动中来。刘德龙在《坚守与变通——关于非物质文化遗产生产性保护中的几个关系》中更加集中地阐释了与非物质文化遗产生产性保护相关的几对关系——保护传统与发展创新、产品生产与艺术品制作、传统工艺与现代工艺、大众化产品与小众化产品,指出要在保证文化传统本真性的同时不断创新发展。此外,刘爱华的《"非遗"视域下江西体育民俗生产性保护诌论》探讨了体育民俗资源在非物质文化遗产生产性保护背景下的未来发展前景和保护途径;钱宇、彭红的《工业设计介入"非遗"生产性保护的策略研究》对非物质文化遗产生产性保护与现代工业设计的融合做了分析；李志丹的《河南省非物质文化遗产生产性保护——基于旅游开发视角》以河南省非物质文化遗产生产性保护和旅游管理学作为交叉研究视阈，使非物质文化遗产作为旅游吸引物进行旅游开发和非遗传承。

第三，非物质文化遗产生产性保护的实践途径研究。宋俊华认为文化生产是非物质文化遗产持续发展的一种重要途径和方法，他借用"文化生产原理"的理论观念，将非物质文化遗产生产性保护的理论探索提升到一个新的高度，并进一步指出这种以文化生产为主的保护方式要遵守文化生产的法则："非物质文化遗产生产本质是文化生产，生产初衷和目的都是为了确保非物质文化遗产的生命力和有效传承，确保人类的世代享用。"谭宏在《对非物质文化遗产生产性方式保护的几点理解》一文中明确指出，将生产性保护的对象限定在具有开发前景的传统美术类、民间医药类等非物质文化遗产项目中是不恰当的，他认为其他各种类型的非物质文化遗产项目，比如曲艺、民间文学等，也可以与生产性保护方式联结起来进行创造，并赋予新的生命。这个范围的界定，已经突破了狭隘的"物质生产"的概念，转向更为广阔的文化范畴，囊括了非物质文化遗产的方方面面，因此也更加突出传统的延续和在传统基础上的创新。相比来说，陈勤建在2013年提出的"采取定位分层、核心传承、创意重构、市场培育的分析方法与实践过程"更具有创新意义，旨在通过使非物质文化遗产在生产性保护的过程中形成一个市场化和品牌化的成熟产业链，使遗产基因与物质产品紧密地融合在一起。

此外，一些专家学者认为文化传统的保护必须与民众日常生活联系起来。早在2009年，徐涟、吕品田指出："传统技艺，一般都有所针对的具体生产目标，如果将传统技艺仅仅放在表演台上进行比画，不去面对社会生活的实际目标进行生产，这种技艺是保存不了的。"随后，陈勤建也提出，凝结着传统手工艺人智慧和劳动心血的非遗形态要得到真正意义上的保护，就必须要把它返璞归真，回到原有的生活环境以及与自然和历史的互动状态中，从本源上得到滋润和壮大，活态传承发展，指出让非物质文化遗产在自然生活状态下传承，是抱住非遗"血脉"的根本之道。此外，吕晓辉的《浅议非物质文化遗产生产性保护的方式和途径》，罗眉、周祥生、银元的《非物质文化遗产生产性保护运行机制初探》，姜辰蓉、曹国厂、王大千的《非遗生产性保护亟需政策扶持》等文章也对非物质文化遗产生产性保护的途径和机制进行了详细的探讨。

第2章 国内外相关研究综述

(二)非物质文化遗产生产性保护的案例模式研究

理论与实践的并重是我国非物质文化遗产生产性保护研究的主要特点之一,因此,除了上述关于非物质文化遗产生产性保护的理论研究之外,学者们也将目光聚焦在非物质文化遗产生产性保护的实践性个案和模式中,这方面的成果更为丰富,也更具特色,主要包括生产性保护模式的概论性研究、案例研究及案例与模式综合研究三个方面。

首先,概论性研究。杨亚庚、陈亮、贺正楚、陈文俊等学者通过对现有的博物馆式静态控制保护模式和产业导向型开发模式的积极作用和弊端进行分析,指出进行生产性保护需要注意的问题,并根据地域特点提出了"生产性保护"的两种模式;曹洋、王丽坤就非物质文化遗产生产性保护的模式专门撰写了论文,集中总结了目前存在的几类生产性保护模式,即公司+农户、手工作坊、宫廷作坊,并指出不同的非物质文化遗产应当按照自身的属性,慎重地选择保护模式。宾玉洁、贺小荣在《非物质文化遗产生产性保护的实施框架与策略——中外对比的视角》一文中,通过与国外非物质文化遗产保护力度充分的国家对比,指出了涵盖社会各个层面的人员共同参与的非物质文化遗产生产性保护的实施策略。除了一般的非物质文化遗产项目生产性保护模式的总结之外,还有学者从不同类别的项目着手,探讨这种保护方式的可能性。如段友文的《传统技艺生产性方式保护模式的文化哲思》从传统技艺类非物质文化遗产角度设计了三种生产性保护模式:求神应变——转换功能的创意性生产模式、形神兼备——原汁原味的限制性生产模式及求神放形——适应市场的产业化生产模式。韩富贵从民俗旅游的视角出发,将西藏非物质文化遗产与旅游开发结合起来,提出了"专题展演""沿途文化生态保护区""主题公园""旅游纪念品开发生产"等非物质文化遗产生产性保护的具体模式。

其次,案例研究。自从生产性保护的概念和理念被提出后,有关的个案研究就成为重点,成果颇丰。深挖个案为不同地域的非物质文化遗产项目的差异性提供了借鉴,学者们以实际的、特定项目的生产性保护为个案,提出建议。比如林凤群的《非物质文化遗产生产性保护刍议——以咀香园杏仁饼传统制作工艺为例》,通过咀香园杏仁饼在传承过程中的成功实践,总结出非物质文化遗产进行生产性保护的一些经验,合理利用传统工艺的百年传承所产生的品牌效益,通过开发旅游工业来扩大影响,制定联盟标准,保护品牌信誉,坚持不懈地培养传承人,保证传承的新鲜血液。王建祥、金剑的《非物质文化遗产生产性保护研究——以刘伶醉酿酒工艺为例》,指出非物质文化遗产生产性保护应当注意：①生产性保护不同于传统的生产过程；②非物质文化遗产生产性保护单位的展示设施和传习基地建设。高扬元、孔德祥的《传统技艺非物质文化遗产之生产性保护探究》，通过分析合川峡砚在传承和保护中面临的现实问题，提出传统技艺生产性保护的措施和建议：①强化人才队伍建设，重视传承人的扶持与培养；②规范取材，合理保护；③市场多元化，旅游同发展；④与高校合作，优势互补；⑤适度开发，维护本真。徐倩的《作为非物质文化遗产的界首彩陶及其生产性保护问题》，从界首彩陶的起源发展与技艺传承入手，指出其在生产性保护过程中遇到的困境，如原材料供应方面存在问题、传承人和传承方式（口传身授）方面存在缺陷、受到现代工业化的冲击而无法与市场融合等，并针对性地提出建议。王巨山的《非物质文化遗产生产性保护的实践与反思——以杨家埠木版年画为例》，通过对杨家埠木版年画成功经验研究的介绍，指出"遵循生产性保护的核心要素——生产、销售及流通环节，是考察生产性保护的关键点"。在生产环节上，努力提高创作人员的理论和实践水平；在产品内容、形式的变化与功能的转型上，拓宽木版年画的表现题材和呈现形式，迎合现代人的审美心理，满足他们日趋丰富的生活需要；在经营模式上，杨家埠木版年画摒弃传统的集贸市场的销售模式，广泛采用新媒体形式，拓宽销售渠道。此外，还需要注重品牌经营，与旅游相结合，延长产业链。丁智才、甘静筠、殷海霞等学者也以壮族织锦技艺、福州软木画、阳新布贴等个案为例，提出相应的生产性保护建议。

最后，案例与模式综合研究。除了一般意义上的概论性研究和对某个特定地域非物质文化遗产项目进行深挖的案例研究之外，不少学者将案例研究与概论研究结合起来，在分析探讨个案的同时，总结出非物质文化遗产相应的保护模式。

（三）非物质文化遗产生产性保护的传承人保护研究

徐艺乙在《传承人在非物质文化遗产生产性保护中的作用》一文中指出了传承人从技术层面在非物质文化遗产生产性保护中所发挥的重要作用。比如，非物质文化遗产传承人在传承非物质文化遗产技艺、传授艺能的同时，对其所传承的非物质文化遗产项目本身具有恢复和重建作用，他们还能在非物质文化遗产生产性保护过程中，通过自身努力传承、创作经典的代表性作品。王巨山也指出非物质文化遗产传承人是生产性保护实践中的主体，他们在非物质文化遗产的传承、保护及生产等诸多环节中发挥着重要的、关键的作用。"就杨家埠木版年画而言，年画传承人是杨家埠木版年画生产性保护实施的基础和关键因素，这些艺人不仅承担朽稿和刻版任务，同时也是生产的组织者、销售的参与者,甚至是销售的'招牌'。"陆勇昌在《贵州非遗保护中传统村落传承人和生产性保护的互存关系》一文中对传承人与非物质文化遗产生产性保护之间的关系有精辟的论述:"传统村落是非物质文化遗产的有机土壤,传承人是非物质文化遗产保护的活的载体,生产性保护是非物质文化遗产保护的推动力。"谢中元在《"生产性保护"视野下佛山剪纸的现代传承研究》一文中以佛山剪纸技艺为个案进行研究,指出在佛山剪纸面临剪纸技艺传承人的断代与缺失的困境下,通过非物质文化遗产"生产性保护方式"的应用与实践,使佛山剪纸技艺转化为文化产品,实现了技艺传承与产销互动。这是非物质文化遗产生产性保护的一次成功的尝试。

纵观相关文献综述,可以看出生产性保护的相关理论和个案研究在我国的发展还比较滞后,更重要的是,非物质文化遗产生产性保护的成功案例较少,而非物质文化遗产生产性保护的模式具有可复制性和普遍适用性的特点,探索典型案例囊括的典型模式对我国非物质文化遗产保护具有重要意义。山西省是我国的非物质文化遗产大省,非物质文化遗产项目众多,各具特色。本书在上述文献资料的基础上,试图通过非物质文化遗产生产性保护理论,对山西省典型非物质文化遗产生产性保护的"模式"进行深入挖掘,这对于促进山西省非物质文化遗产项目的活态传承与发展具有参考和借鉴意义。

二、数字化保护

我国非物质文化遗产保护传统源远流长,但非物质文化遗产数字化保护工作起步比较晚。2005年,国务院办公厅发布《国务院办公厅关于加强我国非物质文化遗产保护工作的意见》(国办发〔2005〕18号),明确提出"要运用文字、录音、录像、数字化多媒体等各种方式,对非物质文化遗产进行真实、系统和全面的记录,建立档案和数据库"。自此以后,我国的非物质文化遗产数字化保护工作才全面起步。

1. 非物质文化遗产数字化网络服务体系的建立与完善

2006年以来,在中华人民共和国文化部的监督和直接推动下,中国非物质文化遗产保护中心、省级非物质文化遗产保护中心、地市级非物质文化遗产保护中心和县级非物质文化遗产保护中心纷纷建立,积极探讨非物质文化遗产保护的整体保护体系,并初步建立了涵括国家级、省级非物质文化遗产网站、专题数据库的非物质文化遗产数字化网络服务体系。"中国非物质文化遗产网·中国非物质文化遗产数字博物馆"(http://www.ihchina.cn/)开通于2006年6月9号,其宗旨是利用数字化技术和网络平台展示、传播中国和世界非物质文化遗产的专业知识,展示我国深厚丰富的非物质文化遗产资源,提供非物质文化遗产保护工作的信息交流,凝聚非物质文化遗产保护实践的观念和理论共识,充分调动和利用全社会的学术、经济、舆论资源及社会公众的参与,以促进中国非物质文化遗产保护工作的全面和健康开展。在"中国非物质文化遗产网·中国非物质文化遗产数字博物馆"的示范效应下,目前我国13个省级非物质文化遗产保护中心的非物质文化遗产网站开始建立,推动了省级非物质文化遗产数字化保护工作的有效开展。这些省级非物质文化遗产网站的建立,为各地非物质文化遗产数字化采集、组织、传播、展示等活动提供了广阔的平台,提升了各地非物质文化遗产数字化保护工作的整体水平。此外,各省级非物质文化遗产服务网站还针对公众需求开发出各具特色的专题性非物质文化遗产数据库。例如,"中国非物质文化遗产网·中国非物质文化遗产数字博物馆"开发出"羌族文化数字博物馆""中秋节""端午节""中国非物质文化遗产专题展""中国非物质文化遗产保护成果展"等重要的专题数据库,丰富了非物质文化遗产数字化服务内容。

2. 全国文化信息资源共享工程

全国文化信息资源共享工程是文化部、财政部共同组织实施的一项国家文化创新工程、文化惠民工程和我国公共文化服务体系的基础工程,2002年开始由国家图书馆组织实施。全国文化信息资源共享工程网站涉及的非物质文化遗产数字化建设与服务项目包括:第一,精品文化资源库中的"中国古琴""中国昆曲""中国舞蹈""地方戏曲"等中国传统非物质文化遗产的精粹,以数字化的文本、图像、音频等多媒体方式展示,提升了这些非物质文化遗产数字化传播的水平;第二,文化繁花(文化部直属单位数字化文化展示平台)、书海精藏(公共图书馆数字化文化展示平台)、文化广角(各地文化厅局数字化文化展示平台)、文博精华(中国文物网站精品展示平台)等四大数字化文化展示平台中包含了众多的非物质文化遗产资源,如经典剧目、津门曲艺、民俗风情绘画等,其中福建省图书馆的"海西非物质文化遗产图片暨省图古籍保护成果展"、山东省非物质文化遗产保护中心的"非物质文化遗产展览"等都是综合非物质文化遗产资源的数字化展示。

3. 高校、科研院所参与的非物质文化遗产数字化保护

随着非物质文化遗产保护热潮的兴起,高校、科研院所开始建立相关的研究中心或科研基地,并在非物质文化遗产数字化保护的理论研究、实践推广方面进行了诸多探索。例如,天津大学中国非物质文化遗产保护数据中心对非物质文化遗产普查数据的数字化收集、整理、保管等工作,为非物质文化遗产数据管理提供了有益的经验;中央美术学院非物质文化遗产研究中心在推动民间剪纸艺术数字化展示方面做了大量的开创性工作。

综上所述,近年来,在"政府主导、社会参与、市场运作"的非物质文化遗产保护方针的引导下,我国政府部门、公共文化机构、民间组织、行业协会、企业甚至个人积极参与进来,推动了非物质文化遗产数字化保护工作的整体、全面发展。

2.3 研究述评

从以上关于国内外非物质文化遗产保护与旅游利用的综述来看,国外学者侧重从实证角度研究非物质文化遗产保护,使用交叉学科的研究方法进行分析并提出可操作的具体保护意见;而对于非物质文化遗产的概念、内涵,大多集中于重要性的概念研究,很难见到应用型研究。关于濒危非物质文化遗产研究,国外学者大多基于经济学视角衡量其价值并提出相应的保护建议。

综上所述,目前关于非物质文化遗产数字化研究多涉及遗产的数字化框架、数字化技术语言、数据库问题、数字博物馆、数字图书馆等,很少涉及文化主体的话语权问题;较多地讨论非物质文化遗产的数字化技术,很少讨论非物质文化遗产的数字化过程中的文化问题、伦理问题、知识产权问题、文化主体权利与权益、遗产阐释力问题等。国内关于非物质文化遗产数字化保护、非物质文化遗产数据库等方面的学术研究尚处在起步阶段,学术与实践已意识到非物质文化遗产数字化的重要性和现实意义。或从宏观视角,或从具体视角,或从理论构建,或从技术实践,但由于非物质文化遗产数字化研究涉及文、理、工多学科,知识跨度大,国内许多已有的研究面临着系统研究和深度研究的困境,技术、理论、实践脱节,理论学者与技术人员缺乏深度交流。

第 3 章

非物质文化遗产相关理论研究

3.1 非物质文化遗产的起源

关于非物质文化遗产(intangible cultural heritage)这一概念的来源,最早可以追溯到日本政府于 20 世纪 50 年代提出的"无形文化财"的概念。1997年,联合国教科文组织正式提出了"人类口头和非物质遗产"的概念,并于2003 年通过了《保护非物质文化遗产公约》,至此在国际标准法律文件中确定了"非物质文化遗产"的名称和概念。图 3-1 所示为非物质文化遗产名称的演变过程。

图 3-1 非物质文化遗产名称的演变过程

随着我国改革开放的不断深入,尤其是加入 WTO 以来,我国与世界的联系变得越来越紧密。2002 年,"人类口头和非物质遗产"的概念进入我国;2004 年 8 月我国加入《保护非物质文化遗产公约》;2005 年 3 月,国务院颁布了《关于加强我国非物质文化遗产保护工作的意见》,"非物质文化遗产"的提法正式进入中国官方并被学术界广泛使用。

清晰地阐明"非物质文化遗产"的概念对于我们科学地认识"非物质文化遗产"具有重要的意义。由于"非物质文化遗产"涉及人类文化的各个方面,广义上的非物质文化遗产包括前人创造并留存的所有无形文化,这种定义适合概念认知,不适合研究。本书所说的"非物质文化遗产"概念指官方定义。

1. 联合国对"非物质文化遗产"的定义

2003 年,联合国教科文组织在《保护非物质文化遗产公约》中对非物质文化遗产进行了界定。根据《保护非物质文化遗产公约》,本书将"非物质文化遗产"的内容进行了整理、归纳,如图3-2所示。

非物质文化遗产
1. 口头传说和表述(包括作为非物质文化遗产媒介的语言)
2. 表演艺术
3. 社会风俗、礼仪、节庆
4. 有关自然界和宇宙的知识和实践
5. 传统手工技艺技能
6. 与上述表现形式相关的文化空间

图3-2 联合国教科文组织关于非物质文化遗产的定义内容

2. 我国对"非物质文化遗产"的界定

根据我国2011年6月正式颁布实施的《中华人民共和国非物质文化遗产法》中有关非物质文化遗产的定义,将非物质文化遗产概括为6种类型,具体内容如图3-3所示。

非物质文化遗产
1. 传统口头文学以及作为其载体的语言
2. 传统美术、书法、音乐、舞蹈、戏剧、曲艺和杂技
3. 传统技艺、医药、历法
4. 传统礼仪、节庆等民俗
5. 传统体育和游艺
6. 其他非物质文化遗产

图3-3 我国关于非物质文化遗产的定义内容

通过图3-2和图3-3的对比分析,可以看出联合国关于"非物质文化遗产"的定义比较宏观和抽象,是一种国际通行标准,易于各缔约国根据自身的实际情况进行参考;而我国对于"非物质文化遗产"的定义就要详细得多,这是和我国具体实际相结合的结果,这样就便于各级主管部门对非物质文化遗产进行保护和管理,也为国内相关理论研究和实践应用明确了范围。

3.2 非物质文化遗产的分类及特征

3.2.1 非物质文化遗产的分类

依据非物质文化遗产的定义、内涵和特征,综合国内外专家学者的观点,作者根据研究需要,将非物质文化遗产分为四大类,如表3-1所示。

表 3-1　非物质文化遗产分类

大类	亚类	基本类别	资源倾向
物质实体类	民间美术	绘画、雕塑、工艺、建筑等	观赏考察型
	民间手工技艺	工具和机械制造、织染缝纫、金属工艺、编织扎制、装帧等	
活动艺术类	民间文学	神话、传说、故事、歌谣等	辅助型
	民族语言	民族语言、方言、其他	
	民间音乐	民歌、器乐等	观赏型、体验型、参与型、考察型
	民间舞蹈	生活习俗舞蹈、岁令时节舞蹈、生产习俗舞蹈等	
	民间戏剧	各种戏曲剧种	
	曲艺	说书、唱曲、谐谑曲等	
	体育、游艺杂技	杂技、魔术、马戏、滑稽等	
知识实践类	传统医药	中医、藏医等	商品型、体验型
文化空间类	民俗	服饰、饮食、婚丧、岁时节令	观赏型、体验型、参与型、深层型

3.2.2　非物质文化遗产的特征

非物质文化遗产是人类的一种特殊遗产，是一个民族与其历史联系的重要精神纽带。与物质文化遗产相比，非物质文化遗产有自己的独特性，这种独特性不仅表现在外部形式上，还表现在内在规定性上。具体而言，非物质文化遗产有以下特征。

1) 活态性和变异性

从非物质文化遗产的定义中可以看出，非物质文化遗产具有变化性，说明它是一种"活态"文化，无论是文学、戏剧、民间习俗还是手工技艺，都需要借助人们的行为活动来体现，在表演艺术、社会风俗、节庆等非物质文化遗产中表现得尤为突出。不同于博物馆和档案馆的文化，非物质文化遗产具有鲜活的生命，只有通过人的活动才能传达其文化内涵，并能够在世世代代的传承中源远流长。

非物质文化遗产的活态性还体现在其传承过程中的变化和创新，是由不同的参与者发挥其智慧进行创造的展现，也是非物质文化遗产内在性质外在化的体现。另外，非物质文化遗产要想生存、发展和适应新的环境，也必须要不断地进行变化和创新。

2）传承性和多元性

所谓传承性，是指非物质文化遗产能够在人类不同代际之间使用、继承和发展的特性。非物质文化遗产不仅记忆了人类早期的历史文化，还不断吸收新的文化记忆，是能够被人类不断传承发展的活态文化。传承性对于保护非物质文化遗产的功能和价值具有重要意义。例如，史诗《格萨尔王传》记录了藏族从原始社会过渡到封建社会的历史进程，为我们科学地认识藏族的历史和整个中华民族的历史都发挥了重要的作用。

非物质文化遗产的另外一个重要特性是多元性。首先，非物质文化遗产的形态是多元的。以我国少数民族为例，蒙古族的"苍狼白鹿"反映了狼图腾崇拜、四川羌族的"祭山会"反映了山神崇拜等，体现了我国少数民族非物质文化遗产表现形式的多样性。其次，同一区域、种族、信仰的群体或者个体在不同历史时期创造和传承的非物质文化遗产也各不相同。如中国的刺绣就有苏绣、湘绣、蜀绣和粤绣四大门类，京剧中的京派、海派等都体现了不同区域和不同艺术派别风格的差异。再次，非物质文化遗产传承人的个人特性也会导致非物质文化遗产的多元性。如京剧中的梅派就是因为梅兰芳大师的扮相、唱腔、身段和服饰等特点而自成一派的。

3）民族性和区域性

非物质文化遗产产生于一定自然和文化环境中，在特定的区域和环境中生长，具有鲜明的民族性和区域性。这种与众不同的特性增加了人类文明的多样化。不同地区的非物质文化遗产是由本区域的人们一代代在传承中不断地固定下来，从而形成自己的特色，它们大多取材于生活，具有浓郁的区域特色。

4）综合性和脆弱性

非物质文化遗产一般依附于其他载体存在，与当时的社会生活有着千丝万缕的联系。其综合性主要表现在：①形式综合（物质和非物质形态的结合）；②功能综合（非物质文化遗产往往具有认识、欣赏、历史、教育、科学等多种作用）；③参与者的综合（分年龄、分性别、分工、分职责、分角色等）。由于非物质文化遗产必须依附于一定的物质载体而存在，在传承的过程中很容易受到社会环境和人们的主观意识转变的影响而遭到不可逆的破坏，因而具有脆弱性。如某些传统的手工艺由于暂时没有市场，年轻人对此又不热衷，因此这类非物质文化遗产面临着越来越危险的处境。

3.2.3　非物质文化遗产的价值

非物质文化遗产是人类祖先遗留的珍贵财富,它的属性决定了它具有多方面的价值。

1) 历史价值

非物质文化遗产是特定的历史条件下某一民族或地区流传下来的历史文化,它承载着丰富的历史,浓缩了民族或地区的生活面貌、地域特色、人民的智慧等。因此,非物质文化遗产具有很高的历史价值。

2) 艺术价值

非物质文化遗产中包含着丰富的表演艺术、传统工艺、口头文化等,它们都蕴含艺术成分,展现着一个群体的民族风貌、创造力等。如非物质文化遗产中的绘画艺术、雕刻艺术、传统音乐等,都具有超高的艺术价值。

3) 文化价值

非物质文化遗产具有极大的文化价值。非物质文化遗产是一个民族文化的积淀,反映了这一民族特有的文化与传统,蕴含着该民族传统文化的根源。

4) 科学价值

非物质文化遗产作为历史的产物,是对历史中各种科技水平及创造能力的反映,具有极高的科学研究价值,这些科学成就也为后人在科学中的创新奠定了基础。

5) 教育价值

非物质文化遗产的教育价值主要体现在道德建设、民族精神等方面。传扬非物质文化遗产,不仅可以使人们更加了解民族文化,增添民族自豪感,非物质文化遗产中所包含的道德建设、行为规范等内容,也可以推动社会形成良好的社会风气。

3.3　非物质文化遗产濒危理论研究

3.3.1　濒危的含义

1. 濒危

濒危是指处于一种临近死亡、临近灭亡的危险境地。对于乡村非物质文化遗产而言,濒危意味着人们对非物质文化遗产保护的重视程度不够,也意味着在极小的时空、群体中传承发展时,面临着没有年轻的新一代传承人的严重问题,最终将趋于消亡的危险境地。

2. 濒危评定

乡村非物质文化遗产濒危评定是指对乡村非物质文化遗产目前的濒危状况作出判断,判断其是否濒危。通过构建濒危评定因子体系,对乡村非物质文化遗产的各个指标进行打分,以界定其濒危程度,为其保护和开发提供有针对性的方法和措施。

3.3.2 相关理论基础

1) 文化资本理论

20世纪80年代,法国社会学家皮埃尔·布迪厄首次完整地提出了文化资本理论,认为文化本身具有价值,并可以进行资本运作。具体到旅游上,旅游文化资本不是"旅游"和"文化"的简单相加,而是旅游者和旅游经营者在旅游消费或服务过程中创造出来的观念形式及外在表现的总和。在政府、旅游企业和相关主体的作用下,将文化融入旅游产品中,这种形成旅游文化概念并创造价值的过程即是旅游文化资本的运作。

2) 舞台真实理论

"舞台真实"起源于舞台艺术,后被引入旅游人类学当中,涉及诸如文化商品化、文化变迁、文化保护和文化创新等问题。社会学家戈夫曼①认为人生是一个大舞台,每个人都是演员,通过"后台"的准备实现"前台"的演出。"后台"具有某种神秘的色彩,不随意对外展示,否则不利于社会的稳定。MacCannell 于1973年将舞台相关理论应用到旅游研究中,他认为在旅游开发中,文化特色的旅游产品被当作"真实"走到前台,向游客展示,即文化的商品化,通过对文化的一定包装和加工,从而再现真实文化,实现文化再创造,满足旅游者的真实文化体验需求。这种"舞台真实"为游客布置了一个舞台,真实的场景远离了游客的视线,从而避免了由于大量游客的涌进而对传统文化("后台")的冲击和破坏。

后台的真实生活场景被当作旅游资源进行包装而成为产品的过程就是"舞台化""商品化"。从某种意义上来说,商品化未必会破坏文化的真实性,舞台化可以成为保护文化真实性的一种有效手段。商品化能够不断地为地

---

① 尔文·戈夫曼(Erving Goffman,1922年6月11日—1982年11月19日),美国著名社会学家。

物质文化遗产濒危评价及数字化保护研究

方文化注入新的活力,使其成为民族文化的品牌;舞台化的产品所体现出来的一些突出的地方特征能使旅游者认识到其真实性,进而满足旅游者的愿望。

3)利益相关者理论

利益相关者理论的基本思想源于1759年亚当·斯密的《道德情操论》中的合作、协作的理念;1963年,斯坦福研究所首次使用"利益相关者"这一术语;20世纪80年代,美国经济学家Freeman定义了利益相关者的概念①,但过于笼统;20世纪90年代,美国经济学家布莱尔对其进一步细化②。

目前,利益相关者理论在旅游研究中的应用主要集中于生态旅游、古镇旅游及旅游可持续发展等领域,试图解决旅游发展带来的一系列社会问题,并取得了丰硕的成果。非物质文化遗产的濒危评价因子是一个复杂的系统,涉及众多利益相关者,如何评估这些利益相关者对非物质文化遗产濒危的影响关系到非物质文化遗产的可持续发展。

4)可持续发展理论

1972年在斯德哥尔摩召开的联合国人类环境会议讨论了可持续发展的理念。世界环境与发展委员会在1987年正式定义了可持续发展的概念,受到各界重视,可持续发展理论就此产生。随着可持续发展理念成为广泛共识,联合国于1992年通过了一系列以可持续发展理念为核心的文件。1997年,中国共产党第十五次全国代表大会召开,会议认为我国社会主义现代化建设过程中必须坚持可持续发展的理念。

在1990年召开的全球可持续发展旅游分会上,拟定了全球《旅游可持续发展宪章(草案)》。1995年,联合国教科文组织、联合国环境规划署和世界旅游组织等通过了《旅游可持续发展宪章》和《旅游可持续发展行动计划》,为全球发展可持续发展旅游提供了指导方向。非物质文化遗产是脆弱的不可再生的旅游资源,在对其进行旅游开发的时候要始终贯彻可持续发展理念,实现社会效益、经济效益和环境效益的统一③。

---

① Freeman E. Strategic management:a stakeholder approach[M]. Boston:Pitman Press,1984.
② Sautter E T, Leisen B. Managing stakeholders:a tourism planning model[J]. Annals of Tourism Research,1999,26(2):312-328.
③ 王鹏.旅游资源可持续利用评价研究——以济南市为例[D].山东师范大学,2001:4-5.

3.4 非物质文化遗产旅游保护模式

非物质文化遗产不同于物质文化遗产,它是活的文化传承,不能像对待物质遗产那样静态地保护,只有选用合适的开发模式才能完整地传承文化遗产。旅游开发利用是传承和保护非物质文化遗产的最有效手段,对非物质文化遗产进行旅游保护开发和利用模式研究对于延长其生命周期和价值发挥的时长有着重要的意义。采用旅游视角的手段和方法来保护非物质文化遗产是一项复杂的工程,作者通过对当前非物质文化遗产保护现状的研究,总结出从旅游视角保护非物质文化遗产的主要模式有以下几种:①传统博物馆展览陈列模式;②民俗节庆体验模式;③文化产业园区模式;④社区居民参与模式;⑤文化生态保护区模式。

3.4.1 传统博物馆展览陈列模式

从旅游角度来讲,博物馆是旅游者了解一个地方文化的重要窗口。国际博物馆协会于 2002 年、2004 年、2009 年分别举行了以"博物馆与全球化""博物馆与无形遗产""博物馆与旅游"为主题的会议。这几次会议的召开表明了国际博物馆界对非物质文化遗产保护的关注,博物馆作为专业的文化遗产保护机构始终致力于无形文化遗产的保护。博物馆主要以展示非物质文化遗产生产、制作过程这样的方式进行保护,展现的方式包括文字图片、数字资料、影音材料、实物等。

但是,传统博物馆展览模式有它固有的缺点:首先,主要是以静态展览为主,枯燥乏味,不利于传播非物质文化遗产;其次,缺乏动态性和创造性,单方面的展示缺乏互动,吸引游客的能力有限;最后,博物馆受限于自身实际情况,为了迎合社会发展的需要,无法保护非物质文化遗产的真实性,缺少对非物质文化遗产未来发展的考虑。

3.4.2 民俗节庆体验模式

民俗节庆体验模式主要发生在非物质文化遗产的产生场所,通过举办与非物质文化遗产相关的体验活动,从而实现对非物质文化遗产旅游保护的目的。民俗节庆的旅游模式能够形象、生动而又真实地展现非物质文化遗产的内涵特点,这种模式以"人"为载体,动态性、娱乐性、游客参与性都较强,有着明显的经济效益,能够持续发挥非物质文化遗产的价值。

民俗节庆这样的旅游保护模式的缺点主要有三个方面:首先,受时间的影响较大,仪式、节庆都是在特定的时间举行,这样不利于持续发挥节庆活动的影响力;其次,由于外地游客不了解当地文化而出现的冲突时有发生,具有地域特色的民俗节庆在外地游客面前不具有表现力;再次,为了迎合游客的喜好,过度的商业化容易导致非物质文化遗产的失真,同时也给游客带来不适的体验。

3.4.3 文化产业园区模式

由于集群具有显著的经济效益,因此文化产业集群成为各地积极发展、鼓励的一种产业模式,而文化产业园区作为文化产业集群最突出的表现形式,在非物质文化遗产保护过程中起到了积极的作用。文化产业园区作为一个有机的整体,针对不同的非物质文化遗产特点,划分出不同的文化单元,制定有针对性的旅游保护措施,促进非物质文化遗产的可持续发展。

文化产业园区模式的缺点在于:首先,对文化产业园区进行功能分区时涉及众多的利益相关者,不同的利益相关者有着不同的利益诉求,繁重的利益协调工作使得这种模式对保护非物质文化遗产不具有优势;其次,在划分不同的非物质文化遗产的展示区域时,还要考虑到非物质文化遗产的状况与其旅游利用强度之间的关系;最后,文化产业园区模式的投资回报周期较长,不确定的风险也比较大。

3.4.4 社区居民参与模式

社区居民参与模式主要是发挥社区居民主人翁的意识,让社区居民具体参与到非物质文化遗产的旅游保护工作中,增强社区居民对非物质文化遗产的保护意识,从而形成具有特色的社区保护环境,增强抵抗外来文化的能力。社区居民参与模式下,社区居民对非物质文化遗产带来的利益具有较强的认同感,并能共同寻求合理保护非物质文化遗产的方式,最大程度发挥非物质文化遗产的价值。

但是,社区居民参与模式也有其缺点:首先,这种模式具有较强的自主性,不利于发挥政府的主导作用,也不利于旅游保护模式朝正确的方向发展;其次,社区居民无力承担资金的筹集以及公共资源的分配,更无法保障非物质文化遗产的正常运行;再次,由于个体的局限性,社区居民更关注的是自身利益,很难顾虑到更大范围内非物质文化遗产价值的发挥。

3.4.5 文化生态保护区模式

文化生态保护区是指在一个特定的区域内,对一种濒危的非物质文化遗产采取有效的抢救保护措施,以修复其与所处环境中的物质文化遗产的关系,并以此为基础建立一个与人们生产生活紧密联系,与自然环境、经济环境和社会环境和谐相处的生态环境。文化生态保护区将民间文化原汁原味地保存在其所处的区域环境中,是一种有效地保护文化生态的方式,对非物质文化遗产的保护具有重要的意义。

但是,文化生态保护区模式也有其缺点:社会团体很难主持这样的工作,也很难维持保护的力度,它需要耗费大量的资源,并需要有一个强而有力的后盾支持,通常是由政府层面开展相关的工作。

3.5 非物质文化遗产数字化理论

3.5.1 信息论

非物质文化遗产的数字化,在本质上是一种信息形式。本书借用了香农与韦弗所提出的信息传播理论。香农认为,传播是一个过程,通过这个过程去影响另外一部分人。这个过程是有目的性的,信息的编码和解码是一个社会过程,涉及传—受主体的主观意义—信息,由一种有意图、公式化的编码程序产生,并达到相互理解。香农与韦弗在他们的合著中提出了信息传播的三层问题,如图 3-4 所示。

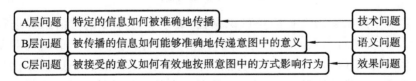

图 3-4 信息传播的三层问题

A 层问题属于技术问题。信息要在数字媒介中传播,就必须保证信息传播者与接收者遵循统一的标准——编码标准问题。这也是非物质文化遗产数字化的基础与前提,即把非物质文化遗产转化为数字信息,且这种数字信息必须被数字媒介所识别和读取。

B层问题属于语义问题,是在解决了A层问题的前提下的第二层问题。对于非物质文化遗产数字化来说,B层问题属于编码形式和质量选择问题,信息表达形式是多元的,如图文、音像等形式,且不同形式的编码,其质量也不同,有高保真的,有低像素的,需要针对具体的非物质文化遗产进行选择,以达到可理解、可接受的意图。

C层问题的解决是建立在A层问题和B层问题基础上的。将数字化的内容"返译"回现实世界,即"解码"。C层问题对非物质文化遗产数字化至关重要,因为非物质文化遗产的生存与发展要遵循其文化的规律,不能整齐划一地"解码",要能够尽可能地保证它的文化内涵不被歪曲与误解,否则将失去文化价值。

3.5.2 信息空间理论

"信息空间"源于 Max H. Boisotz 的专著《Information Space》,即"Ⅰ-space"或"Ⅰ-空间",其主要用于处理实物与知识之间的关系。信息空间理论通过编码性(codification)、抽象性(abstraction)和扩散性(diffusion)三个维度构建框架,并形成四个具有代表性的区域——采邑区、宗族区、官僚区和市场区,如图3-5所示。

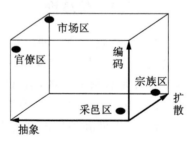

图3-5 信息空间框架

信息空间的编码性指的是可识别性,通过多媒体方式对信息源进行编码,形成计算机可识别的数字化形式,民俗类非物质文化遗产的编码对象包括民俗的地域、时间、发展历程、特点、属性、传承人等相关信息;抽象性是衡量信息概括和描述的程度,包括对已编码信息的归纳总结和数字化描述呈现两个部分;扩散的前提是编码和抽象,扩散性衡量编码信息传播的速度与传播的面积,即信息为大众接触和接受的程度。采邑区、宗族区、官僚区和市场区分别代表信息空间框架中信息所处的四种典型状态。采邑区,位于信息空间的原点位置,文化创造与创作处于相对原生和谐的环境,创意迸发,但同时该原生环境易为现代文明所冲击,导致文化信息从采邑区转移;宗族区,信息具有小范围的共享环境,有特定的信息制造者与信息接收者;官僚区,处于该区域的信息已经进行了良好的编码和抽象,但囿于隐私或知识产权保护的原因,其扩散的过程受阻;市场区,该区域的信息在编码、抽象和扩散维度上都具备了较好的条件,且区域环境促进信息的传播与创新。

3.5.3 虚拟现实理论

虚拟现实(virtual reality),英文的语义为"现实世界的映像"。"虚拟现实"由 20 世纪 80 年代美国的 Jaron Lanier 提出。1992 年 Steve Aukstakalnis、David Blatner 和 Stephen F. Roth 在其专著《Silicon Mirage:The Art and Science of Virtual Reality》中对"虚拟现实"下的定义为"对计算机及复杂数据进行可视化和实现交互操作的方法"。

虚拟现实的特性为:沉浸性、交互性与想象性。沉浸性体现了虚拟现实实现的目标——从体验和感觉的层面虚拟现实的"存在感";交互性是在既有的文化、知识、历史传统的基础上虚拟现实,利用软硬件设施重建或再构旅游场景,实现旅游体验的延伸——帮助游客进入现在已不存在或很难进入的旅游地。虚拟现实突破了传统文化空间的时空局限性,摆脱了客观环境的束缚,游客可在任意时间进入旅游场景进行旅游体验。同时,随着三维动画、多媒体信息技术的迅速发展,融合图文、动画、音频等展示方式的虚拟现实,可充分调动游客的多种感官进行文化遗产的观赏与体验。

3.5.4 文化遗产相关理论

文化遗产是在特定的历史语境中产生、发展和演变的。这种不可剥离的历史语境既是指赖以依存的自然生态,也是指文化遗产赖以延续的文化生态环境和特定的共同体的社会传统。自然界是人类历史发展的前提和基础,文化遗产作为历史的特殊存留物,决定了遗产必须以特定的自然环境为背景而展开。遗产具有自然属性,一方面说明遗产之所以存在,必定满足了人们对生产生活的需要,另一方面也形成了一种遗产与另一种遗产之间的客观性的差异。对生态环境的尊重与保护,以及在与自然和谐共处的基础上创造文化,与生物一样,文化的多样性亦离不开其生长与发展的生态环境。多姿多彩的文化遗产样式恰恰反映出在不同环境中的人与自然相互依存、和谐共生的多元化模式。

遗产不仅具有自然属性，更表现出强烈的文化规定性。每一种特定的文化遗产背后都有一个特定的共同体及其所创造的文化传统作为支撑。人们在不同的历史文化空间中逐渐形成各具特色的生产生活、社会交往、观念认知和情感方式，孕育了各种各样的遗产类型。文化将物理性的"空间"转化为文化性的"地方"和"社区"，由此建立了文化的多样性。为了保护文化的多样性，人们开始重新认识到"地方性知识"的重要意义。地方性知识被直观地解读为在特定的历史文化中形成和积累的情境化、经验化的知识与技能。由于特殊的时空规定性，地方性知识的使用范围与传承范围往往受到限制，在非物质文化遗产名录中的传统手工艺大多数都属于地方性知识。

文化遗产具有客观性，但人们的价值却有时代性和语境性。新的社会语境赋予文化遗产以新的内涵，文化遗产的传统语义和现行语义之间可能出现很大的差异。现代文化遗产在保持遗产原义的基础上，在现代性的裹挟下产生了许多新义，有的原义已经被新义所覆盖和替代。

文化遗产有其自身的价值轨迹，仅关注遗产衍生的经济意义、政治意义，而不关注它的历史原义，是不符合遗产的事实的。从本质上看，文化遗产与"过去"有关，遗产就是关于"过去"的人与事。"过去"会随着时代的变化而赋予不同的遗产意义，进而导致意义的流变。

文化遗产是一种特殊的表述，遗产会被抽象成特殊的文化符号，可能会与它的历史整体发生分离，遗产的某个方面被突出或被弱化，使遗产离开它的原始意义。文化遗产是一组记忆符号，过去的"事实"必须通过后代的不断回忆与追溯，并融入当下社会生活，才能建立起对"我"过去的身份感知与文化认同。作为一种独特的符号体系，文化遗产不仅帮助共同体返回过去，也回应时代与社会的变化所带来的挑战与危机。这里需要强调的是，文化遗产唤起历史记忆的具体方式脱离不了特定的社会历史情境。文化遗产的多元化存续正是以遗产符号系统本身的多样性来呈现和表征的。一项遗产放在面前，遗产有哪些特征，区别于同类遗产的关键点在哪里？遗产的阐释成为重要的工作，通过阐释遗产，可以教育大众，影响公众对遗产的理解。谁来阐释遗产，社会如何参与遗产编码与解码，这些是当下文化遗产"翻译"的关键。文化遗产是如何被解读的？解读的技术与方法是什么？解读的信息是如何被构建出来的？文化解读与遗产的"过去"、记忆是正相关的，只是当下的遗产诊释要符合现代性，文化遗产在社会中发挥重要的教育功能、艺术功能、文化功能、经济功能等，遗产的解读与诊释对社会公众具有重要的构建和重塑意义。

文化遗产作为一种文化资本、符号资本，其指符相对简单，但其背后所指却具有深厚的文化内涵，这些符号往往能通过简单的指符而使人联想到与其相关的地方性、地方感、历史典故、传统文化及其背后的文化精神、文化观念，这种特点便于遗产符号的产业性利用和商业性操作。文化遗产具有稀缺性，即不可再生性和不可替代性。鲍德里亚认为，在特殊的消费时代，其显著性特点是"符号制造、符号操纵与符号消费"，社会对符号意义的消费超越了物品本身——消费的"不是物，而是符号"，即产品的文化附加值。一切遗产皆是对过去的"记忆、保存、想象"，其本身并无经济价值，但人们却乐于去购买和消费文化符号，正是因为文化遗产具有文化信息、经验和想象的东西。在经济领域，文化遗产本身可以作为商品或服务进行产业化开发，或者将文化遗产所属空间作为产业空间，抑或将文化遗产提炼为某种文化符号进行产业创意加值。

在数字环境中，文化遗产被看作符号进行创制和消费，是遗产参与产业的一种有效途径，使之具有文化资本和经济资本的属性，是当下一种求助于过去的文化生产模式——利用文化遗产的"过去"制造出使用价值和符号价值。

目前社会上流行的遗产热，表现出遗产"为当下所用"的功利性。但遗产毕竟源于过去，与历史、记忆等都有联系，被镌刻了历史的烙印，带着"过去"的光环，承载着过去的历史记忆或集体记忆。随着现代化、全球化带来的文化的同质化，人们对多元文化、异质文化产生更多的向往。遗产既有对过去的记忆，又有对过去的遗忘，不管是记忆还是遗忘，都是为了满足现在的政治、经济、文化的需要，当下流行的遗产热现象，需要反思它背后的政治、经济目的，而不是一味地盲从。

第 4 章
非物质文化遗产濒危评价因子体系构建研究

4.1 非物质文化遗产濒危评价因子体系构建依据

4.1.1 构建非物质文化遗产濒危评价因子体系的原则

1）科学性原则

在建立非物质文化遗产濒危评价因子体系时，应对影响遗产赋存状况的因素作出科学的解释。评价指标体系的选择、权重的确定、计算等必须符合统计学的要求，避免评价体系之间指标重复。

2）系统性原则

要用系统的观点，全面、综合地考量影响非物质文化遗产赋存状况的多种因素。

3）层次性原则

评价因子体系应具备结构上的层次性，各层指标要具有逻辑上的隶属关系且自成体系，清晰地反映非物质文化遗产濒危的现状。

4）简单可行原则

非物质文化遗产濒危状况复杂多样，简明的评价指标体系才具有可行性，统一的评价标准才具有可比性。

4.1.2 构建非物质文化遗产濒危评价因子体系的必要性

科学地保护非物质文化遗产越来越成为国际社会和我国关注的焦点。我们首先要确定影响非物质文化遗产濒危的因素有哪些，这样才能对非物质文化遗产进行保护。而构建非物质文化遗产濒危评价因子体系为科学地保护非物质文化遗产提供了重要的依据。

第4章 非物质文化遗产濒危评价因子体系构建研究

目前,许多学者从非物质文化遗产的概念、内涵、外延剖析及保护利用等诸多方面进行探讨,但从濒危影响因子角度进行的研究很少。从非物质文化遗产切入研究,构建评价因子体系,为保护和开发乡村非物质文化遗产提供了参考,对于拓宽非物质文化遗产的研究视野具有重要的意义。

4.2 构建非物质文化遗产濒危评价指标体系

4.2.1 非物质文化遗产濒危评价指标体系初选

1. 指标选取的原则

非物质文化遗产濒危评价指标的选取应从实际出发,综合考虑各种影响因素。采用科学的方法和手段确定评价指标对于整个评价因子体系的有效性具有重要的影响,最终会直接影响评价结果。因此,本书按照以下原则进行选取和设计。

1) 代表性和全面性原则

在建立非物质文化遗产濒危评价指标时,应考虑代表性和全面性原则。代表性是指非物质文化遗产濒危评价指标能够有针对性地侧面反映总体目标,这些侧面信息能够为建立非物质文化遗产旅游保护模式提供依据;全面性是指非物质文化遗产濒危评价指标能够从整体上反映评价目标的所有内容,能够为濒危非物质文化遗产旅游保护提供依据。因此,在建立非物质文化遗产濒危评价指标体系时,应注意全面性和代表性,为后续工作的开展打下良好的基础。

2) 真实性原则

为科学、有效地评价非物质文化遗产的濒危性,首先要对研究数据和信息进行甄别,以客观反映真实情况;然后要以科学的研究方法对非物质文化遗产濒危评价指标进行分析和处理,确保评价过程的真实性。

3) 可操作性原则

非物质文化遗产濒危评价涉及范围广,评价指标之间关系复杂,因此在非物质文化遗产内涵的基础上建立的评价指标体系应该具有可操作性,只有这样才能保证评价过程的合理性和评价目标的可比性,对于促进非物质文化遗产旅游保护工作的推进具有重要意义。

2. 指标的初选

本书根据实际需要将非物质文化遗产濒危评价指标体系分为目标层、准则层、因子层三个层次,具体步骤如下。

1) 目标层的建立

在了解非物质文化遗产内涵的基础上,研究分析非物质文化遗产旅游保护的特点和安义古村群的现状,确定了濒危性为非物质文化遗产濒危评价体系的目标层。

2) 准则层的建立

本书在分析了影响非物质文化遗产濒危性的因素的基础上,结合实际,根据整体目标的要求,参照国内外大量相关研究,确定了准则层由社会因素、市场因素、文化因素、自身传承因素四个方面构成,如表 4-1 所示。

表 4-1 非物质文化遗产濒危评价指标体系(初始表)

目 标 层	准 则 层	因 子 层
A 安义古村群非物质文化遗产濒危评价因子体系	B1 社会因素	C1 社会发展环境
		C2 社区居民对非物质文化遗产社会价值的识别程度
		C3 非物质文化遗产对日常生活的影响程度
		C4 外界关注度
		C5 社会变革
	B2 市场因素	C6 区域经济环境
		C7 经济效益
		C8 实用价值
		C9 受众与目标市场
	B3 文化因素	C10 文化环境的变迁
		C11 非物质文化遗产内在的文化价值
		C12 文化活动的丰度
		C13 文化真实性程度
	B4 自身传承因素	C14 传承习俗
		C15 传承方式
		C16 传承人地域分布状况
		C17 传承人数量与年龄水平
		C18 传承人文化水平
		C19 非物质文化遗产表现形式
		C20 自身生存发展能力

第 4 章 非物质文化遗产濒危评价因子体系构建研究

3）因子层指标的选取

在准则层的基础上,因子层指标在社会因素、市场因素、文化因素、自身传承因素四个方面进行选取。

社会因素主要是指社会环境对非物质文化遗产的濒危影响。社会因素主要包括社会发展环境、社区居民对非物质文化遗产社会价值的识别程度、非物质文化遗产对日常生活的影响程度、外界关注度、社会变革等。

市场因素是非物质文化遗产价值发挥的重要机制,为深入挖掘濒危非物质文化遗产价值,进而对其开展旅游保护工作提供良好的依据。市场因素主要包括区域经济环境、经济效益、实用价值、受众与目标市场。对市场因素的研究,有利于未来明确旅游保护工作的方向。

文化因素主要包括内部文化因素和外部文化因素。文化因素主要通过文化价值影响或者改变人们的文化认知,主要包括文化环境的变迁、非物质文化遗产内在的文化价值、文化活动的丰度、文化真实性程度。

自身传承因素是影响非物质文化遗产濒危性最重要的因素,主要包括传承习俗、传承方式、传承人地域分布状况、传承人数量与年龄水平、传承人文化水平、非物质文化遗产表现形式、自身生存发展能力,这些都通过最直接的方式对非物质文化遗产的濒危性造成了一定的影响。

4.2.2 非物质文化遗产濒危评价指标体系复选

初选主要是能够大致选取符合评价目标要求的指标,保证在结构上能够全面反映濒危非物质文化遗产的特点。考虑到实际的需要以及指标体系的进一步优化,有必要进行指标复选,以保证非物质文化遗产濒危评价的科学性和有效性。指标体系复选工作主要从指标测试和专家咨询两方面展开。

在非物质文化遗产濒危评价指标的测试中,因子层指标的测试检验是最关键的,主要包括定性检验和定量检验。定性检验是对指标的概念和特征进行检验,定量检验主要是对指标体系中数据的有效性和数据关系的合理性进行检验。

为进一步完善非物质文化遗产濒危评价指标体系,作者事先准备好相关问题和大致的因子层结构,采用德尔菲法,向 10 位不同领域的专家、研究人员、学者进行意见征询,其中包括 3 位相关研究领域的大学教授,2 位相关领域从业人员,3 位当地居民,2 位研究生,请他们检验该评价指标体系是否合理,并提出相关建议(详见附录 A)。

10 位不同领域的人士在仔细研究了以上评价指标体系之后,给出了以下相关意见。

第一,评价指标体系部分缺失问题。发展潜力也能在很大程度上影响非物质文化遗产的濒危状况。文化品牌、知名度也是影响非物质文化遗产未来发展的重要指标。

第二,评价指标体系关联重合问题。社会因素中社会发展环境和社会变革有某种重合,考虑到和平与发展是时代主流,故可忽略社会变革的影响。自身传承因素中的传承方式和传承习俗两个因子可合并。

第三,评价指标体系不精确问题。社会因素和市场因素是两个联系较紧密的概念,明确相关概念,进一步优化表达方式,真实反映具体的含义。

表4-2所示为非物质文化遗产濒危评价指标体系(最终表)。

表4-2 非物质文化遗产濒危评价指标体系(最终表)

目标层	准则层	因子层
A 安义古村群非物质文化遗产濒危评价因子体系	B1 社会因素	C1 政策环境
		C2 社区居民对非物质文化遗产的识别程度
		C3 非物质文化遗产对日常生活的影响程度
		C4 外界关注度
	B2 市场因素	C5 区域经济环境
		C6 开发利用适宜度
		C7 推广难易程度
		C8 受众与目标市场
	B3 文化因素	C9 文化环境的变迁
		C10 非物质文化遗产文化价值
		C11 文化活动的丰度
		C12 文化真实性程度
	B4 自身传承因素	C13 传承方式和习俗
		C14 传承人地域分布状况
		C15 传承人数量与年龄水平
		C16 传承人文化水平
		C17 传承人的保护和培养机制
		C18 非物质文化遗产表现形式
		C19 非物质文化遗产知名度
		C20 自身生存创新能力

4.3 基于层次分析法的指标权重确定

4.3.1 层次分析法原理概述

在对非物质文化遗产进行濒危性评价时,常面临一个相互联系、相互制约、由众多因素构成的复杂而缺少定量数据的系统。层次分析法(AHP)为这类问题的决策和排序提供了一种新的简洁实用的方法。层次分析法主要是通过构建一个两两判断矩阵 $A=(a_{ij})_{n\times n}$,对各因子进行两两比较来确定权重的,主要步骤如下。

首先,计算相对权重 W_i,即

$$W_i = \frac{1}{n}\sum_{j=1}^{n}\frac{a_{ij}}{\sum_{k=1}^{n}a_{kj}} \quad (i=1,2,3,\cdots,n) \tag{4-1}$$

其次,求出矩阵 A 的最大特征根 $\lambda_{\max}$,即

$$\lambda_{\max} = \frac{1}{n}\sum_{i=1}^{n}\frac{\sum_{j=1}^{n}a_{ij}W_j}{W_i} \tag{4-2}$$

再次,一致性检验。使用公式 CR=CI/RI 确定一致性,其中

$$CI = \frac{\lambda_{\max}-n}{n-1} \tag{4-3}$$

然后,查找相应的平均随机一致性指标 RI(见表 4-3),如果 CR<0.1,说明具有较为满意的一致性。

表 4-3 平均随机一致性指标

阶数	1	2	3	4	5	6	7	8	9	10	11	12
RI	0	0	0.58	0.9	1.12	1.24	1.32	1.41	1.45	1.49	1.52	1.54

最后,计算因子层相对于整个决策的合成权重值,即

$$W_i^{(x)} = \sum_{j=1}^{n} p_{ji}^{(x)} W_j^{(x-1)} \tag{4-4}$$

式中,$W_i^{(x)}$ 表示第 x 层 i 元素在整个决策中的权重值,$p_{ji}^{(x)}$ 表示第 x 层 j 因

素下 i 因子在本层的权重值，$W_j^{(x-1)}$ 表示第 $x-1$ 层 j 要素在本层的权重值。

4.3.2 层次分析法求权重的过程

1. 权重确定的过程

根据层次分析法，将邀请到的 10 位调查对象以填表的方式，对判断矩阵表格中的因素进行两两比较（详见附录 B）。由于层次分析法的人工计算过程复杂，工作量较大且容易出错，所以本书选择使用前述的计算方法并结合层次分析法软件 yaahp V0.5.3 建立层次结构图，如图 4-1 所示。

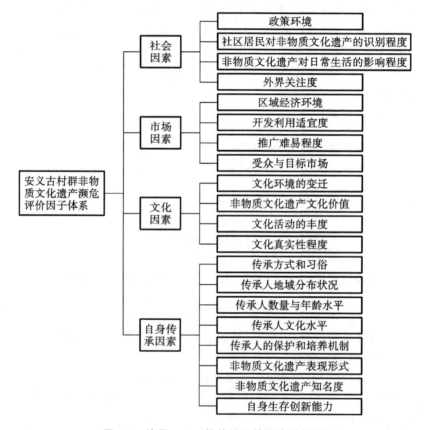

图 4-1 使用 yaahp 软件建立的层次结构图

然后，输入搜集到的原始数据，进行专家群决策，可知矩阵的总一致性比率 CR＝0.050 0＜0.1，具有满意的一致性。表 4-4 至表 4-9 所示分别为目标层因子判断矩阵及权重、准则层 B1 因子判断矩阵及权重、准则层 B2 因子判断矩阵及权重、准则层 B3 因子判断矩阵及权重、准则层 B4 因子判断矩阵及

第 4 章 非物质文化遗产濒危评价因子体系构建研究

权重、非物质文化遗产濒危评价因子权重分配。

表 4-4 目标层因子判断矩阵及权重

A	B1	B2	B3	B4	W（权重）	CR
B1	1.00	2.00	2.00	0.20	0.185 8	
B2	0.50	1.00	1.00	0.33	0.125 5	0.052
B3	0.50	1.00	1.00	0.20	0.110 5	
B4	5.00	3.00	5.00	1.00	0.578 2	

表 4-5 准则层 B1 因子判断矩阵及权重

B1	C1	C2	C3	C4	W（权重）	CR
C1	1.00	4.00	1.00	0.20	0.172 7	
C2	0.25	1.00	0.33	0.142 9	0.060 3	0.035 7
C3	1.00	3.00	1.00	0.333	0.182 6	
C4	5.00	7.00	3.00	1.00	0.584 4	

表 4-6 准则层 B2 因子判断矩阵及权重

B2	C5	C6	C7	C8	W（权重）	CR
C5	1.00	2.00	5.00	1.00	0.414 7	
C6	0.50	1.00	1.00	1.00	0.196 1	0.093 9
C7	0.20	1.00	1.00	1.00	0.156 0	
C8	1.00	1.00	1.00	1.00	0.233 2	

表 4-7 准则层 B3 因子判断矩阵及权重

B3	C9	C10	C11	C12	W（权重）	CR
C9	1.00	5.00	6.00	3.00	0.567 8	
C10	0.20	1.00	0.33	0.25	0.066 2	0.061 2
C11	0.166 7	3.00	1.00	0.50	0.130 4	
C12	0.33	4.00	2.00	1.00	0.235 6	

表 4-8　准则层 B4 因子判断矩阵及权重

B4	C13	C14	C15	C16	C17	C18	C19	C20	W（权重）	CR
C13	1.0	1.0	0.33	0.167	0.125	0.143	0.50	0.111	0.022 7	
C14	1.0	1.0	1.0	0.20	0.11	0.125	0.50	0.111	0.025 8	
C15	3.0	1.00	1.00	1.0	0.142 9	0.25	5.0	0.142 9	0.056 0	
C16	6.0	5.0	1.0	1.0	0.25	0.33	3.0	0.167	0.079 4	
C17	8.0	9.0	7.0	4.0	1.0	2.0	9.0	1.0	0.286 8	0.054
C18	7.0	8.0	4.0	3.0	0.50	1.0	7.0	0.33	0.177 6	
C19	2.0	2.0	0.2	0.33	0.11	0.142 9	1.0	0.11	0.029 6	
C20	9.0	9.0	7.0	6.0	1.0	3.0	9.0	1.0	0.322 1	

表 4-9　非物质文化遗产濒危评价因子权重分配

目标层	准则层	权重	因子层	权重	总权重
A 安义古村群非物质文化遗产濒危评价因子体系	B1 社会因素	0.185 8	C1 政策环境	0.172 7	0.032 1
			C2 社区居民对非物质文化遗产的识别程度	0.060 3	0.108 6
			C3 非物质文化遗产对日常生活的影响程度	0.182 6	0.011 2
			C4 外界关注度	0.584 4	0.033 9
	B2 市场因素	0.125 5	C5 区域经济环境	0.414 7	0.024 6
			C6 开发利用适宜度	0.196 1	0.052 1
			C7 推广难易程度	0.156 0	0.019 6
			C8 受众与目标市场	0.233 2	0.029 3
	B3 文化因素	0.110 5	C9 文化环境的变迁	0.567 8	0.007 3
			C10 非物质文化遗产文化价值	0.066 2	0.062 7
			C11 文化活动的丰度	0.130 4	0.014 4
			C12 文化真实性程度	0.235 6	0.026 0
	B4 自身传承因素	0.578 2	C13 传承方式和习俗	0.022 7	0.032 4
			C14 传承人地域分布状况	0.025 8	0.014 9
			C15 传承人数量与年龄水平	0.056 0	0.013 1
			C16 传承人文化水平	0.079 4	0.045 9
			C17 传承人的保护和培养机制	0.286 8	0.102 7
			C18 非物质文化遗产表现形式	0.177 6	0.017 1
			C19 非物质文化遗产知名度	0.029 6	0.165 8
			C20 自身生存创新能力	0.322 1	0.186 2

2. 评价因子分析

从表 4-4 中可以看出,在安义古村群非物质文化遗产濒危评价指标体系中,自身传承因素占比最大,为 0.578 2,这说明非物质文化遗产的自身传承因素决定其濒危性;社会因素和市场因素指标的权重值分别为 0.185 8、0.125 5,它们也有着重要的影响,这指导我们在安义古村群非物质文化遗产的保护过程中,应注重社会效益和经济效益的统一。

图 4-2 所示为安义古村群非物质文化遗产濒危评价因子权重值,由图分析可知,权重值排名在前六位的评价因子分别为自身生存创新能力 0.186 2、非物质文化遗产知名度 0.165 8、社区居民对非物质文化遗产的识别程度 0.108 6、传承人的保护和培养机制 0.102 7、非物质文化遗产文化价值 0.062 7、开发利用适宜度 0.052 1,它们之和为 0.678 1,对非物质文化遗产的濒危起到了关键作用。其余因子对非物质文化遗产濒危的影响不具有决定性。

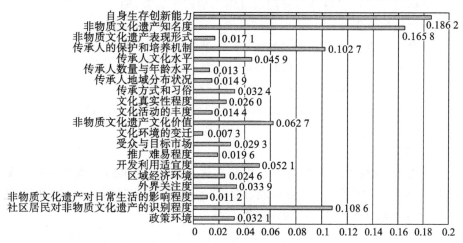

图 4-2　安义古村群非物质文化遗产濒危评价因子权重值

4.4 模糊综合评价法的评价过程

4.4.1　模糊综合评价法的评价步骤

1) 建立因素集和评语集

运用模糊综合评价法研究非物质文化遗产的濒危性时,首先要确定因素集和评语集。因素集也叫指标因素集合 $U = \{u_1, u_2, u_3, \cdots, u_i\}$；评语集是专家对非物质文化遗产濒危性的评语，也是指标评价的等级集合 $V = \{v_1, v_2, v_3, \cdots, v_i\}$。

2）确定评价要素量化矩阵

通过对非物质文化遗产濒危评价指标的问卷调查数据进行初步分析，可得到因素集对评语集的模糊关系判断矩阵，即

$$R = \begin{bmatrix} r_{11} & r_{12} & \cdots & r_{1n} \\ r_{21} & r_{22} & \cdots & r_{2n} \\ \vdots & \vdots & & \vdots \\ r_{n1} & r_{n2} & \cdots & r_{nn} \end{bmatrix}$$

3）确定指标权重集合

根据表4-4，可以得到目标层和准则层的权重集合，即

目标层权重集合：$W = (0.185\ 8, 0.125\ 5, 0.110\ 5, 0.578\ 2)$

准则层权重集合：$W_1 = (0.172\ 7, 0.060\ 3, 0.182\ 6, 0.584\ 4)$

$W_2 = (0.414\ 7, 0.196\ 1, 0.156\ 0, 0.233\ 2)$

$W_3 = (0.567\ 8, 0.066\ 2, 0.130\ 4, 0.235\ 6)$

$W_4 = (0.022\ 7, 0.025\ 8, 0.056\ 0, 0.079\ 4, 0.286\ 8, 0.177\ 6, 0.029\ 6, 0.322\ 1)$

4）计算评价结果

首先，将模糊关系判断矩阵与指标权重相乘，分别求出三级指标评价集 B_i 和二级指标评价集 A_i；然后，通过公式 $P = C * V^T$ 求得目标的评语值，其中 C 为各级指标评价集，V 为评语集。

4.4.2 评价结果分析

在确定非物质文化遗产濒危性评价值之后，将各级评价值和之前确定的评语集进行比较，结合实际分析非物质文化遗产的现状，并从旅游视角思考非物质文化遗产的保护途径，为濒危非物质文化遗产旅游保护提供可行的建议。

第 5 章 安义古村群非物质文化遗产濒危评价与保护

5.1 安义古村群概况

5.1.1 安义古村群区位基本概况

1. 区域地理环境

安义古村群位于江西省南昌市郊西山梅岭脚下,距南昌市区 60 公里,距昌北机场 30 公里。它由罗田古村、水南古村和京台古村三大古村落呈三角形式构成。安义古村群所在的安义县素来有"南昌后花园"美称,气候宜人,植被丰茂,森林覆盖率为 40%,年均气温 17 ℃。安义古村绿化率高,空气质量指标和环境污染指数常年保持在一级优良水平,为天然"氧吧",景区毗邻梅岭国家森林公园。图 5-1 所示为安义古村群区位示意图,图 5-2 所示为安义古村群空间分布图。

图 5-1　安义古村群区位示意图

图 5-2　安义古村群空间分布图

2. 历史文化背景

自唐末战乱以来,历经 1400 多年历史的安义古村历久弥新,正焕发着新的精神面貌。京台、罗田、水南三大古村至今保存着许多历史遗迹,古色古香的街道和传统村落美景让人流连忘返。表 5-1 所示为安义古村群历史状况。

表 5-1　安义古村群历史状况

村落 \ 类别	历　史	宗　族	文化特点
京台古村	1400 多年	刘姓村民:汉刘向后裔,公元 618 年迁居于此。李姓村民:明初朝廷授封于此地	农耕
罗田古村	1200 多年	黄姓村民:相传为祝融帝后裔,晚唐为躲避战火由湖北蕲州迁于此	商贾
水南古村	600 多年	罗田村黄氏分支后裔,公元 1369 年族祖能公于此开新基拓新村	农耕和商贾兼具

安义古村群集中反映了江南农村民俗文化的特点,是赣文化和赣商文化的完美结合。它给后人留下了丰厚的历史文化遗产,为人们研究赣商文化、赣派建筑提供了极有价值的珍贵材料。目前,安义古村群正在积极进行转型

和升级发展,继续更好地为江西省经济发展作出贡献。图 5-3 所示为安义古村街景。

图 5-3　安义古村街景

3. 社会经济状况

安义古村所属的安义县全境 666 平方公里,辖 7 镇 3 乡 1 场,共 109 个行政村,人口 26 万,绝大多数为农业人口,主要以汉族为主,其凭借优越的地理环境和多元的经济模式,经济和社会事业取得了长足进步。2015 年上半年全县实现地区收入 44.1 亿元,同比增长 9.2%,社会消费品零售总额 15.53 亿元,增长 12.5%,城镇居民人均可支配收入 25 472 元,增长 10%,完成第三产业投资 5.26 亿元,同比增长 36.6%。第三产业投资额占全县固定资产投资总额的比重为 17.8%,同比增加 2.3%。投资额的增大和投资结构的进一步优化为全县第三产业的发展提供强劲的"引擎"。随着安义县经济实力的不断增强,当地人民不断增强的消费意愿为安义古村群旅游业的发展创造了丰富的客源条件①。表 5-2 所示为安义县 2011—2015 年经济指标。

表 5-2　安义县经济指标(2011—2015 年)

年份 指标/亿元	2011	2012	2013	2014	2015
全地区生产总值	66.14	80.1	87.3	94.5	91.29
财政收入	5.23	6.78	8.22	9.66	11.27

---

① http://xxgk.nc.gov.cn/ayx/bmgkxx/tjj/gzdt/tjsj/

续表

指标/亿元 \ 年份	2011	2012	2013	2014	2015
规模以上工业增加值	13.49	17.6	23.65	29.7	40
社会消费品零售总额	12.04	12.9	14.535	16.17	15.53

2006年,安义县成立安义县古村群管委会,协调解决景区发展所面临的困境,随后引进政企合作模式,与香港恒茂集团共同组建江西安义古村旅游开发有限公司,负责景区总体开发。安义县把安义古村群作为旅游发展的龙头和开发建设的重点,严格按照国家旅游景区质量等级标准,全面推进安义古村群相关配套措施的完善,景区管理不断规范,服务水平不断提高。2010年,安义古村群被评定为国家3A级风景名胜区。目前,安义县正在规划安义古村群旅游开发项目,总投资5亿元,项目规划面积约3平方公里,主要包括古村景观大道,古建筑维修、开发利用,民俗博物馆、演艺中心建设,商业特色街、宾馆客栈建设,停车场、游步道建设,观光农业开发等。项目建成后,安义古村群年接待游客可达200万人次,以现在的门票价格60元/人次计算,年门票收入可达1.2亿元,游客餐饮住宿每年收入为2028万元,除去管理成本2000万元,年利润可达1.2亿元。作为安义县重点打造的龙头旅游项目,安义古村群正以创建国家4A级旅游景区为目标,快速带动安义旅游产业发展。

5.1.2 安义古村群非物质文化遗产概况

近年来,社会各界广泛关注非物质文化遗产的保护,江西省也按照国家的统一要求和部署建立了"国家+省+市+县"的四级非物质文化遗产名录和代表性传承人体系。江西省建立了多样化的保护传承基本模式,是国家级文化生态保护实验区和国家级生产性保护示范基地数量最多的省份,有78个非物质文化遗产展示馆和保护基地。为了便于非物质文化遗产的统计和保护,江西省还利用现代化网络技术建立了专门的非物质文化遗产网站和非物质文化遗产数据库。依托省非物质文化遗产资源平台,南昌市对全市非物质文化遗产开展普查工作,截至2015年10月,安义县地区共有县级非物质文化遗产12项,其中入围省级非物质文化遗产名录共5项[①]。

---

① http://www.jxfysjk.com/list.asp?classid=10

1. 安义古村群区域非物质文化遗产类别

表 5-3 安义古村群区域非物质文化遗产汇总表

级别/批次	项目名称	项目类别
省级第一批	安义黄洲宗山米粉制作技艺	民间手工技艺
省级第二批	安义匾额书法雕刻技艺	民间手工技艺
	安义糕点印模雕刻技艺	
	安义唢呐	民间音乐
省级第三批	安义开大炉踩金砖	民俗
县级	安义京台古戏台古建制作工艺	民间手工技艺
	安义世大夫第古建制作工艺	
	石鼻雪枣坯制作技艺	
	石鼻郭家刀制作技艺	
	新民花鼓龙	民俗
	新民嗦戏	民间戏剧
	万埠板龙灯	民俗

安义古村群非物质文化遗产共涉及民间手工技艺、民间音乐、民俗、民间戏剧等四大类，主要以民间手工技艺、民俗为主，包括安义黄洲宗山米粉制作技艺、安义匾额书法雕刻技艺、安义糕点印模雕刻技艺、安义开大炉踩金砖等共计 12 项，如表 5-3 所示。

2. 安义古村群非物质文化遗产特点

1) 种类、数量较为集中

在对安义古村群非物质文化遗产代表作的种类和数量进行梳理的基础上，对安义古村群非物质文化遗产做进一步研究。安义古村群非物质文化遗产主要集中在民间手工技艺和民俗这两类上，这也是乡村地区以农业和手工业为主的生产经营方式的外在表现，在一定程度上反映了乡村非物质文化遗产濒危程度。在生产社会化和城镇化不断扩大的情况下，对经济利益的追求使得民间传统手工技艺首当其冲。

2) 形式丰富多样

安义古村群非物质文化遗产表现形式多样，主要包括民间手工技艺、民间音乐、民间戏剧、民俗等。《保护非物质文化遗产公约》[①]所列出来的非物质

---

① 联合国教科文组织：《保护非物质文化遗产公约》，2003 年。

文化遗产大类,安义古村群几乎都有。

3) 原生态性强

安义古村群非物质文化遗产地域特色鲜明,乡土气息浓厚。这些非物质文化遗产都产生于劳动人民生产生活实践中,具有很强的操作性和实践性。比如安义黄洲宗山米粉就是当地的特色饮食,当地人把饮食和娱乐结合在一起,提高了观赏性和参与性,更体现了普通劳动人民对美好生活的向往。

4) 艺术欣赏价值高

古建制作工艺、民俗歌舞、民间手工技艺等都是安义古村群劳动人民智慧的集中体现,让人惊叹不已,具有很高的艺术欣赏价值。比如京台古戏台就有极高的欣赏价值,它具有典型的江南建筑特色。戏台坐南朝北,由台基、台身及屋顶组成,墙面采用空斗式,屋顶为四阿斗状,前台飞檐翘角,台基上安装有石挂,檐口下装有木质槽道。戏台中央设有藻井,由210个龙头斗拱层层叠叠地托起四方形的藻井盖。戏台台柱与桁梁的斜撑,全部是雕刻的狮子、鹿、凤凰等装饰件,所有附属装饰都雕刻着百姓喜闻乐见且寓意深刻的图案。戏台布景区有一幅古画,古画采用单线描平涂法,描绘了一个喜庆丰收的农家乐场面。

5) 体验性高

文化源于生活,在时代发展过程中,具有不同价值取向的人们在传承非物质文化遗产的过程中加入了人们喜闻乐见的表现形式,提高了非物质文化遗产的体验性。比如,安义唢呐音色豪放、刚劲,不仅让唢呐这种民间乐器登上了大雅之堂,也逐渐形成了地域风格,在吸引游客参与时,互动较为丰富,参与性较强。除了能够带给人们传统文化的不同感受外,还能充分发挥安义古村群非物质文化遗产的经济价值。

6) 产业特征明显

安义古村群非物质文化遗产是安义县地区文化的重要组成部分。按照旅游资源倾向来看,安义古村群区域的民间音乐、民间戏剧、曲艺、民俗都具有高度的观赏性、体验性、参与性,在经济产业中具有不同的提升作用,能够给安义古村群地区文化产业的发展提供雄厚的文化基础,并能够和该地区的古楼、古村、古景等古风融为一体,促进安义古村群成为综合性旅游胜地。

7) 失传危险性高

随着生产的社会化和城镇化进程的不断加快,当地传统非物质文化遗产生存空间被不断挤压,具体体现在以下三个方面:第一,当地居民对非物质文化遗产缺乏认知和价值重视,教育与文化遗产保护传承脱节,各种新型娱乐形式出现在农村,逐渐削弱了唢呐的演出地位,民间唢呐的传承已然处于十

第 5 章 安义古村群非物质文化遗产濒危评价与保护

分尴尬的局面;第二,一些传统技能和民间技艺由于年轻人没有兴趣学习而面临着失传的可能;第三,地区经济发展和社会环境的变迁,使当地居民的生活方式发生了巨大变化。当地传统的婚礼仪式细节逐渐被淡忘,取而代之的是现代西式婚礼仪式。

5.2 安义古村群非物质文化遗产濒危性评价

5.2.1 问卷调查

为了评价安义古村群非物质文化遗产的濒危现状,本书在非物质文化遗产濒危评价体系的基础上,制订了"安义古村群非物质文化遗产濒危性意见征询表"(详见附录 C)。为了保证问卷调查的真实性和数据的可靠性,此次问卷调查在安义古村群景区发放,作者对当地非物质文化遗产从业人员、游客及当地居民共计 120 人进行有关安义古村群非物质文化遗产的问卷调查,收回有效问卷 112 份。针对这 112 份有效问卷的数据,使用 SPSS Statistics 17.0 软件进行信度分析,结果如表 5-4 所示。

表 5-4 可靠性统计量

cronbach's alpha	基于标准化项的 cronbach's alpha	项数
0.924	0.924	25

从表 5-4 中可以看出,cronbach's alpha 值为 0.924,由此可以说明此次问卷调查具有较高的信度。

1) 性别方面

在本次的 112 份有效问卷中,男性人数为 58 人,比例为 52%;女性人数为 54 人,比例为 48%,性别比例比较平衡,如图 5-4 所示。

2) 年龄方面

在本次问卷调查中,18~25 岁的人数为 50 人,占比为 45%;26~35 岁的人数为 39 人,占比为 35%;36 岁及以上的人数为 23 人,占比为 20%,如图 5-5 所示。其中 18~35 岁的年龄分布比例为 80%,说明本次问卷调查的年龄分布合理,为数据分析结果提供较为可靠的数据支持。

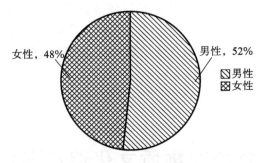

图 5-4　问卷调查的性别比例

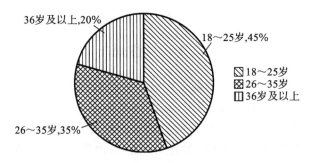

图 5-5　问卷调查的年龄分布区间图

3) 教育程度方面

在回收的问卷中,被调查对象的学历主要为高中及以下、专科、本科、硕士及以上。其中高中及以下人数为 24 人,比例为 21%;本、专科人数为 67 人,占比为 60%;硕士及以上人数为 21 人,比例为 19%,如图 5-6 所示。由此可以看出,被调查对象的学历分布层次具有多样性,保证了问卷数据的有效性。

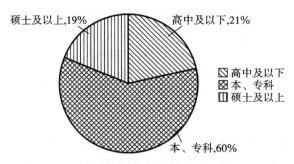

图 5-6　问卷调查的受教育程度分布状况

第5章 安义古村群非物质文化遗产濒危评价与保护

5.2.2 模糊综合评价结果

1. 安义古村群非物质文化遗产濒危性评价因素集的确定

在已确定的指标体系的基础上,确定安义古村群非物质文化遗产濒危性评价因素集。社会因素、市场因素、文化因素、自身传承因素分别为 U_1,U_2,U_3,U_4,即 $U = \{U_1,U_2,U_3,U_4\}$ = {社会因素,市场因素,文化因素,自身传承因素};因子层因素集 $U_1 = \{U_{11},U_{12},U_{13},U_{14}\}$ = {政策环境,社区居民对非物质文化遗产的识别程度,非物质文化遗产对日常生活的影响程度,外界关注度},$U_2 = \{U_{21},U_{22},U_{23},U_{24}\}$ = {区域经济环境,开发利用适宜度,推广难易程度,受众与目标市场},$U_3 = \{U_{31},U_{32},U_{33},U_{34}\}$ = {文化环境的变迁,非物质文化遗产文化价值,文化活动的丰度,文化真实性程度},$U_4 = \{U_{41},U_{42},U_{43},U_{44},U_{45},U_{46},U_{47},U_{48}\}$ = {传承方式和习俗,传承人地域分布状况,传承人数量与年龄水平,传承人文化水平,传承人的保护和培养机制,非物质文化遗产表现形式,非物质文化遗产知名度,自身生存创新能力}。

2. 安义古村群非物质文化遗产濒危性评语集的确定

本书根据实际情况将评语集分为五个等级,即 $V = \{V_1,V_2,V_3,V_4,V_5\}$ = {非常濒危,比较濒危,一般濒危,比较不濒危,完全不濒危}。

3. 安义古村群非物质文化遗产濒危性模糊综合评价

本书以安义黄洲宗山米粉制作技艺为例进行模糊综合评价,分析安义古村群非物质文化遗产的濒危现状。表 5-5 所示为安义黄洲宗山米粉制作技艺调查统计表。

表 5-5 安义黄洲宗山米粉制作技艺调查统计表

评价指标		安义黄洲宗山米粉制作技艺濒危性				
准则层	因子层	非常濒危	比较濒危	一般濒危	比较不濒危	完全不濒危
社会因素	政策环境	10	12	25	35	30
	社区居民对非物质文化遗产的识别程度	12	28	25	16	28
	非物质文化遗产对日常生活的影响程度	26	6	28	40	12
	外界关注度	6	6	28	66	6

续表

评价指标		安义黄洲宗山米粉制作技艺濒危性				
准则层	因子层	非常濒危	比较濒危	一般濒危	比较不濒危	完全不濒危
市场因素	区域经济环境	5	7	30	25	45
	开发利用适宜度	10	20	25	12	45
	推广难易程度	6	33	40	6	27
	受众与目标市场	6	40	17	6	43
文化因素	文化环境的变迁	12	28	28	28	16
	非物质文化遗产文化价值	12	25	20	30	25
	文化活动的丰度	12	15	10	40	35
	文化真实性程度	9	8	45	20	30
自身传承因素	传承方式和习俗	23	8	40	35	6
	传承人地域分布状况	6	6	30	25	45
	传承人数量与年龄水平	7	7	25	65	8
	传承人文化水平	25	7	35	15	30
	传承人的保护和培养机制	5	7	43	12	45
	非物质文化遗产表现形式	12	27	16	40	17
	非物质文化遗产知名度	12	30	30	34	6
	自身生存创新能力	5	12	5	40	50

采用模糊统计理论,借助软件进行频率分析,从而可以得到模糊评价矩阵 R_i,即

$$R_1 = \begin{bmatrix} 0.09 & 0.11 & 0.22 & 0.31 & 0.27 \\ 0.11 & 0.25 & 0.25 & 0.14 & 0.25 \\ 0.23 & 0.05 & 0.25 & 0.36 & 0.11 \\ 0.05 & 0.05 & 0.25 & 0.59 & 0.05 \end{bmatrix}$$

$$R_2 = \begin{bmatrix} 0.04 & 0.06 & 0.27 & 0.22 & 0.40 \\ 0.09 & 0.18 & 0.22 & 0.11 & 0.40 \\ 0.05 & 0.29 & 0.36 & 0.05 & 0.24 \\ 0.05 & 0.36 & 0.15 & 0.05 & 0.38 \end{bmatrix}$$

第 5 章 | 安义古村群非物质文化遗产濒危评价与保护

$$R_3 = \begin{bmatrix} 0.11 & 0.25 & 0.25 & 0.25 & 0.14 \\ 0.11 & 0.22 & 0.18 & 0.27 & 0.22 \\ 0.11 & 0.13 & 0.09 & 0.36 & 0.31 \\ 0.08 & 0.07 & 0.40 & 0.18 & 0.27 \end{bmatrix}$$

$$R_4 = \begin{bmatrix} 0.21 & 0.07 & 0.36 & 0.31 & 0.05 \\ 0.05 & 0.05 & 0.27 & 0.22 & 0.40 \\ 0.06 & 0.06 & 0.22 & 0.58 & 0.07 \\ 0.22 & 0.06 & 0.31 & 0.13 & 0.27 \\ 0.04 & 0.06 & 0.38 & 0.11 & 0.40 \\ 0.11 & 0.24 & 0.14 & 0.36 & 0.15 \\ 0.11 & 0.27 & 0.27 & 0.30 & 0.05 \\ 0.04 & 0.11 & 0.04 & 0.36 & 0.45 \end{bmatrix}$$

然后将各准则层因子指标权重与模糊关系判断矩阵相乘,得到安义古村群非物质文化遗产濒危性评价因子层的指标评价集 B_i。其中 W_i 为因子指标权重,R_i 为模糊关系判断矩阵。

$B_1 = W_1 * R_1 = (0.131 \quad 0.132 \quad 0.245 \quad 0.316 \quad 0.176)$
$B_2 = W_2 * R_2 = (0.067 \quad 0.216 \quad 0.236 \quad 0.109 \quad 0.373)$
$B_3 = W_3 * R_3 = (0.101 \quad 0.178 \quad 0.224 \quad 0.257 \quad 0.240)$
$B_4 = W_4 * R_4 = (0.088 \quad 0.141 \quad 0.220 \quad 0.279 \quad 0.271)$

将以上评价集与评语集相乘,可以得到准则层的评价值;将其与评语集进行对比分析,可以得到评价结果。准则层的评价值如下

$P_1 = B_1 * V^T = B_1 * (5 \quad 4 \quad 3 \quad 2 \quad 1)^T = 2.726$
$P_2 = B_2 * V^T = B_2 * (5 \quad 4 \quad 3 \quad 2 \quad 1)^T = 2.459$
$P_3 = B_3 * V^T = B_3 * (5 \quad 4 \quad 3 \quad 2 \quad 1)^T = 2.642$
$P_4 = B_4 * V^T = B_4 * (5 \quad 4 \quad 3 \quad 2 \quad 1)^T = 2.497$

以上求出的是准则层的评价值。同理,将准则层的指标权重 W 与因子层的指标评价集 B_i 相乘,可得到目标层的评价集 B,即

$B = W * B_i = (0.095 \quad 0.153 \quad 0.227 \quad 0.262 \quad 0.263)$

综上所述,评价集反映了濒危性的分布状况。为了将总目标反映的濒危性情况与总目标进行对比分析,本书基于总目标的濒危性评语集,采用加权平均法,计算得出目标层的评价值,即

$P = B * V^T = 2.555$

将目标层的评价值与评语集进行对比分析,可以得知安义黄洲宗山米粉制作技艺处于比较不濒危到一般濒危之间。重复上面的步骤,可以得出安义

古村群非物质文化遗产的濒危性。表 5-6 所示为安义古村群非物质文化遗产濒危性得分表。

表 5-6 安义古村群非物质文化遗产濒危性得分表

级别/批次	项目名称	项目类别	濒危性得分
省级第一批	安义黄洲宗山米粉制作技艺	民间手工技艺	2.555
省级第二批	安义匾额书法雕刻技艺	民间手工技艺	3.021
省级第二批	安义糕点印模雕刻技艺	民间手工技艺	3.175
省级第二批	安义唢呐	民间音乐	2.873
省级第三批	安义开大炉踩金砖	民俗	4.026
县级	安义京台古戏台古建制作工艺	民间手工技艺	3.083
县级	安义世大夫第古建制作工艺	民间手工技艺	3.183
县级	石鼻雪枣坯制作技艺	民间手工技艺	3.095
县级	石鼻郭家刀制作技艺	民间手工技艺	3.000
县级	新民花鼓龙	民俗	3.118
县级	新民嗲戏	民间戏剧	3.932
县级	万埠板龙灯	民俗	3.051

5.2.3 评价结果分析

综上所述,从对安义古村群非物质文化遗产濒危性得分情况来看,有 9 项非物质文化遗产处于一般濒危到比较濒危之间,1 项非物质文化遗产处于比较濒危的境地,2 项非物质文化遗产处于比较不濒危到一般濒危之间。

其中两项得分较低的非物质文化遗产的特点是,都具有一定的知名度和文化影响力,社会影响力大,市场空间广阔,与当地人民的生活息息相关。比如,在普遍以米粉作为重要食物的南昌市乃至整个江南地区,增加了安义黄洲宗山米粉的品牌知名度和影响力;而唢呐作为中国知名的且有影响力的传统音乐表现形式,安义唢呐以其独特的区域特色性,增加了其在当地的人气。虽然两项得分属于比较不濒危的范围,但是可以看到它们趋向一般濒危的程度较大,需要采取一定的措施防止它们的濒危性继续朝不利的方向发展。

一项得分较高的非物质文化遗产具有鲜明的民族特色,产生于当地人民的日常生活之中,具有区域的封闭性,不能广泛传播,增加了外部文化了解其民族特色文化价值的难度。另外,作为一种当地民俗的表现形式,由于其无

第5章 安义古村群非物质文化遗产濒危评价与保护

法适应现代生活方式,它在当地人们的生活中处于越来越不重要的尴尬境地。

十二项安义古村群濒危非物质文化遗产具有较高的文化价值,种类大致为民间手工技艺、民间音乐、民俗、民间戏剧等。这些濒危非物质文化遗产具有较高的文化真实性要求,经济效益、社会效益和文化效益不明显,传承人不断地流失,自身生存发展能力较弱,并且远离现代人们的生活圈,当地居民对这些濒危非物质文化遗产的感知能力较差,开发利用模式单一,无法形成合力,又加之部分过度商业化,导致非物质文化遗产的价值严重失真,无法吸引游客的兴趣,这些都加快了它们趋向濒危的速度。

5.3 安义古村群濒危非物质文化遗产保护现状

5.3.1 规划体系不健全,保护模式单一

在安义古村群非物质文化遗产濒危性评价的基础上,作者对十二项安义古村群面临濒危的非物质文化遗产进行深入调查研究,以归纳出安义古村群面临濒危的非物质文化遗产的现状和问题,为提出从旅游视角保护、利用安义古村群濒危非物质文化遗产模式奠定基础。

安义古村群濒危非物质文化遗产旅游保护的方式主要有节庆活动、场景展演等。诸如"千年古村米粉节""金花旅游文化节",虽然对非物质文化遗产的传播具有良好的效果,使游客能够参与并充分融入当地文化之中,这也是人们较喜闻乐见的一种生活方式,但这些保护模式单一地集中在一起,没有形成资源整合效力。更重要的是,这种节庆展演的方式受制于时空的限制,影响的时间和范围有限。就目前的形势来看,安义古村群非物质文化遗产的保护工作刻不容缓。濒危非物质文化遗产保护的目的主要是在未来能够持续发挥其价值和影响力。安义古村群针对濒危非物质文化遗产的规划工作落实效果不明显,保护工作尚未系统化,不利于发挥濒危非物质文化遗产的价值。

安义古村群濒危非物质文化遗产分布较为集中,但并没有带来集群效应的规模经济,资源主体利益不明,导致安义古村群濒危非物质文化遗产资源以单独形式展现,未能形成分类的濒危非物质文化遗产资源的规模效应。同时安义古村群濒危非物质文化遗产资源与其所处的周边旅游资源缺乏有效、

统一的规划整合,游客主要集中在古村的美景等周边旅游资源上,濒危非物质文化遗产资源与周边旅游资源相互促进的协同作用不明显。这样简单粗糙的保护模式不仅不能挖掘出安义古村群濒危非物质文化遗产的厚重文化价值,还不能保持持续的吸引游客的能力,对恢复安义古村群非物质文化遗产的历史文化价值的作用有限。

5.3.2　传承人发展面临困境,失传现象严重

传承人对濒危非物质文化遗产能否继续保持其价值具有决定性作用。作者借助政府网站公共服务平台查询,截至目前,安义古村群非物质文化遗产代表性传承人有16人。安义古村群地处欠发达地区,由于当地居民缺乏对非物质文化遗产的认知,在城镇化不断加速的背景下,非物质文化遗产传承人面临着艰难的生存困境,他们大多年事已高,身体状况不好,由于看不到经济效益,大多数年轻人不愿意传承这样的非物质文化遗产。现代传媒无孔不入的冲击,使得依靠文化多样性和经验性生存的非物质文化遗产的生存空间不断缩小。再加上,大部分的非物质文化遗产由于种种原因不具有生产性的市场因素,无法通过市场开发的方式进行传承,这也恶化了非物质文化遗产传承人的整体生存环境。

非物质文化遗产的活态流变特点,决定了非物质文化遗产传承保护不能是固态的模式,传承人的独特作用就表现出来了。传承人作为非物质文化遗产传承的重要载体,由此原因导致的非物质文化遗产失传现象频发。由于安义古村群地区的非物质文化遗产基本都是手工技艺类,它们不可能脱离人这种重要的载体,虽然安义县也建立了非物质文化遗产代表性传承人名录,但资助保护力度不足,很多原来从事非物质文化遗产工作的人员慢慢地脱离了这些行业。在这12种非物质文化遗产中,有6项由于离人们的生活越来越远、传承人流失严重而处于非常严峻的失传状况。

5.3.3　文化开发利用失真,宣传力度不足

根据舞台真实理论,濒危非物质文化遗产吸引外部人群、影响其价值认知的重要途径是依靠其独特的地域性。安义古村群濒危非物质文化遗产在保护、挖掘过程中,由于对文化内涵的理解不准,时常出现文化失真的现象。比如安义古村群旅游区有些旅游商品价格畸高又不具有实用性,从而让游客望而却步;有些游玩观赏型的非物质文化遗产节目以各种名目收费,也降低了游客的参与兴致。诸如此类的过度商业化导致非物质文化遗产表现形式

第5章 安义古村群非物质文化遗产濒危评价与保护

趋同,无法吸引外来游客的兴趣,导致旅游开发和保护利用的效果大打折扣。

安义古村群的形象宣传主要集中在古村淳朴自然的美景、古色古香的村落建筑等在今天所谓的"逆城市化"浪潮下的独特旅游资源,较少涉及濒危非物质文化遗产。尤其在网络发达的今天,随着体验经济成为一种潮流,安义古村群濒危非物质文化遗产旅游资源的宣传工作没有与时俱进,特别是没有充分利用新媒体。通过作者的查看,安义古村群的微博粉丝仅有1466人,几乎没有互动,微博和微信公众号也大多推送美景和古迹,对非物质文化遗产的关注度较低。

5.4 安义古村群濒危非物质文化遗产保护对策

5.4.1 健全规划体系,创新保护模式

由于非物质文化遗产具有天然的地域性和民族性,安义古村群濒危非物质文化遗产也是在传统文化的基础上通过生产实践加工发展起来的。建立安义古村群濒危非物质文化遗产旅游保护模式要从其濒危非物质文化遗产的生存现状出发,根据安义古村群濒危非物质文化遗产的具体特征,有针对性地将旅游保护和旅游开发利用结合起来,找到能够适合安义古村群濒危非物质文化遗产旅游保护的模式。本书根据安义古村群濒危非物质文化遗产旅游资源性质和游客感知方式,提出了四种濒危非物质文化遗产旅游开发保护模式,如表5-7所示。

表5-7 濒危非物质文化遗产旅游开发保护模式

模式类型	具体形式	特 点
活态文化产业开发模式	特色民俗产业	对非物质文化遗产进行文化品牌开发,旅游商业化,从而形成完善的文化产业链
	旅游商品	
	民俗旅游街	
	文化创意产业	
博物馆动态展览模式	民俗专题博物馆	收集、整理非物质文化遗产,集中于博物馆展览

续表

模式类型	具体形式	特　点
社区居民参与模式	"非遗"保护协会	集思广益,发挥居民主人翁作用
文化生态保护区模式	戏曲文化生态旅游区	将非物质文化遗产保存在原生状态下展示,建立相应的生态旅游保护区
	生态博物馆	

1) 活态文化产业开发模式

通过分析不难发现,具有较高市场价值的非物质文化遗产的再生能力较强。因此,我们应该深入挖掘安义古村群非物质文化遗产的市场潜力,扩大濒危非物质文化遗产的影响力,从整个产业链综合考虑濒危非物质文化遗产的市场价值,以便采用经济手段实现濒危非物质文化遗产的旅游保护。

濒危非物质文化遗产是当地文化的重要组成部分,其表现形式比较多样。安义古村群非物质文化遗产种类较多,保护方式传统单一,以粗加工的方式简单包装濒危非物质文化遗产是旅游开发利用的主要方式,未能对其进行深层次的利用。除此之外,对濒危非物质文化遗产有着重要影响的文化,在旅游开发保护过程中也未给予足够的考虑。表 5-8 所示为安义古村群濒危非物质文化遗产旅游产品表。

表 5-8　安义古村群濒危非物质文化遗产旅游产品表

项目名称	项目类别	旅游产品
安义唢呐	民间音乐	安义古村风情旅游产品
新民嗲戏	民间戏剧	
安义黄洲宗山米粉制作技艺	民间手工技艺	传统文化旅游产品
安义匾额书法雕刻技艺		
安义糕点印模雕刻技艺		
安义京台古戏台古建制作工艺		
安义世大夫第古建制作工艺		
石鼻雪枣坯制作技艺		
石鼻郭家刀制作技艺		
新民花鼓龙	民俗	民俗体验旅游产品
安义开大炉踩金砖		
万埠板龙灯		

第5章 安义古村群非物质文化遗产濒危评价与保护

活态文化产业要取得更大的发展，必须提高旅游商品的产业化规模。安义古村群旅游应根据濒危非物质文化遗产价值的特征以及地域特色，打造具有古村浓郁风情的濒危非物质文化遗产旅游商品。在打造安义古村群濒危非物质文化遗产旅游商品时应注意发挥文化创意，形成具有古村特色的旅游商品品牌。表5-9所示为安义古村群濒危非物质文化遗产旅游商品表。

表 5-9　安义古村群濒危非物质文化遗产旅游商品表

旅游商品名称	设 计 思 路
古村米粉	依据现有的米粉制作技艺，引进先进的生产制作保存工艺，尽可能使游客离开古村时也能品尝到安义米粉的独特风味
古村匾额书法雕刻纪念品	将传统书法文化与现代科技结合，设计出独具特色和创意的匾额书法雕刻纪念品
古村糕点	利用糕点受人喜爱的特性，将安义糕点整个制作流程进行展示，让游客参与其中，体验制作工艺
石鼻雪枣	建立安义古村石鼻雪枣合作社，形成原料、生产、销售为一体的产业链，提高石鼻雪枣旅游商品的效益
石鼻郭家刀	对现有的安义古村群石鼻郭家刀进行创意设计，形成各种郭家刀文化艺术品，针对不同消费群体进行打造，拓展其旅游商品市场

从某种程度来讲，濒危非物质文化遗产的开发利用价值主要体现在其所具有的影响范围和文化价值。从濒危角度来看，安义古村群濒危非物质文化遗产所包含的文化价值意义具有一定的独特性，这一独特性使得在开发安义古村群非物质文化遗产时，能够创造出独具特色的文化符号，能够提高文化的知名度和影响力。依托安义古村群古村落旅游开发保护的成功经验以及资源优势，安义古村群濒危非物质文化遗产具有较高的市场开发潜力。

文化创意产业是文化产业和创意产业在知识经济时代结合的产物，也是新兴战略产业之一。安义古村群要结合自己的现状，坚持"政府主导、园区中心、联动周边、集约发展"的模式，因地制宜地引进国内外资金技术合作，学习国内外先进经验，形成具有古村特色的文化创意产业园。比如，安义古村群可以将匾额书法雕刻产业与创意产业结合，建立相应的文化产业园区，形成集约化的发展模式。此外，作为文化创意产业的重要表现形式，影视业和动漫网络技术是最具影响力的传媒手段，通过这样的手段将非物质文化遗产展示给公众，不仅可以让更多的人了解、认识非物质文化遗产，还可以让非物质文化遗产走出博物馆，走入人们的生活中。安义古村群是独特少见的千年古村群落,有着厚重的文化历史,也有着旖旎的乡村自然风光,可以尝试将安义古村群打造成影视拍摄基地。安义古村群中的一些濒危非物质文化遗产,如安义世大夫第古建制作工艺、安义京台古戏台古建制作工艺等,可以以纪录片的形式拍摄制作出来。这样不仅可以传播安义古村群优秀的文化,还可以增加安义古村群的文化旅游特色,吸引更多的游客到来。网络是年轻人生活中必不可少的组成部分,可以考虑将濒危非物质文化遗产制作成生动、活泼的网络视频并在网上发布,可以取得极大的普及效果。

2) 博物馆动态展览模式

博物馆展览这种重要的非物质文化遗产保护模式,以其有形性弥补了非物质文化遗产的无形性。它以自身专业的技术可以最大限度地保留非物质文化遗产的遗存,为后人的参观、研习提供一个绝佳场所。

整体而言,建立安义古村群濒危非物质文化遗产博物馆,不仅增加了一个景点,还增加了一个了解当地文化、认识当地居民的场所,更可以全面普查安义古村群濒危非物质文化遗产,搜集安义古村群非物质文化遗产的相关资料,利用互联网技术建立安义古村群濒危非物质文化遗产资源数据库,以文字、图片、影音等方式,记录活动时间和地点、分布状况、发展情况、传承方式、表现形式等信息,真实展示濒危非物质文化遗产情况,为保护非物质文化遗产奠定基础。同时也应该建立濒危非物质文化遗产传承人档案,详细掌握濒危非物质文化遗产传承人的具体情况。

在安义古村群濒危非物质文化遗产博物馆动态展览模式中,要注意体验的原真性。通过对安义古村群非物质文化遗产的研究,分析其物质层面和意识层面的特点,开发出接近原真性的体验项目,进而保护其真实性。根据之前提到的建立安义古村群濒危非物质文化遗产数据库,确定濒危非物质文化遗产发生的具体时空,并模拟这种文化空间的体验活动,这样一方面能够吸引游客参与进来,另一方面文化与生活相互联系,也有利于保护濒危非物质文化遗产的真实性。

3) 社区居民参与模式

通过对安义古村群非物质文化遗产进行濒危性评价,以及作者在安义古村群进行走访调查,发现当地社区居民对濒危非物质文化遗产未能充分了解,尤其是年轻人对其更是无从知晓,这也反映出当地社区居民没有能够参与到濒危非物质文化遗产保护工作中。根据利益相关者理论,应充分调动当地居民等利益相关者的积极性,建立安义古村群非物质文化遗产社区居民参与模式。

社区居民参与模式主要是根据利益相关者理论来针对濒危非物质文化

遗产社区内的相关利益者(主要有各级政府、当地居民、传承人、旅游开发商、游客)。在安义古村群濒危非物质文化遗产保护和利用过程中,应建立旅游协会性质的工作小组,协调各有关利益者的相关利益,集思广益,充分发挥各界人士的群体智慧,整体上探讨安义古村群濒危非物质文化遗产保护和旅游开发的方式,制定安义古村群濒危非物质文化遗产保护和利用总体规划布局,把握安义古村群非物质文化遗产发展方向。要根据具体职能划分成立相应的工作小组,发挥专业优势,保障安义古村群濒危非物质文化遗产保护和开发工作的顺利进行。工作小组应该制定安义古村群濒危非物质文化遗产评价机制,以及对安义古村群区域内濒危非物质文化遗产保护和开发工作情况进行走访调查,开展濒危非物质文化遗产科学普查工作,让居民更加了解区域内的濒危非物质文化遗产,定期召开专门会议来商讨、研究、制定下一步工作规划。图5-7所示为社区居民参与模式下的利益相关者关系图。

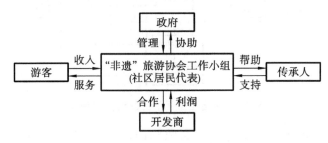

图 5-7　社区居民参与模式下的利益相关者关系图

4) 文化生态保护区模式

文化生态保护区对非物质文化遗产的保护具有十分重要的作用。它最大的意义即是在原生状态下以灵活的方式和手段来展示非物质文化遗产,既将分散于人们生活与生产过程中的非物质文化遗产资源整合到了一起来集中展示,提高了非物质文化遗产资源的单位丰富度,又没有使它们脱离现实的生活,保持了其真实性。分析安义古村群非物质文化遗产的特点及规律,依据濒危程度,有区别地建立非物质文化遗产生态保护区,使非物质文化遗产与区域内的经济环境、社会环境、文化环境和谐相处,有效推动安义古村群濒危非物质文化遗产的科学发展。

文化生态保护区总体规划可大致分为三个层次:非物质文化遗产的地域形态保护、文化生态系统健康维护、区域社会经济协调发展。最为重要的是整体保护,在规划建立安义古村群文化生态保护区时应该注意这一点,以实现非物质文化遗产的原真性。图5-8所示为文化生态保护区规划技术路径。

本书以安义唢呐为例,设立安义唢呐生态保护区,将安义唢呐原状保存

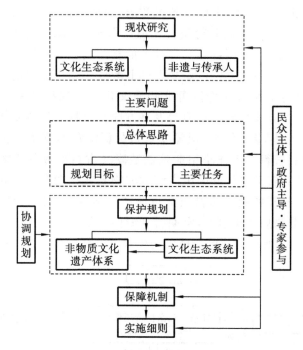

图 5-8 文化生态保护区规划技术路径

在其所处的环境当中,注重保护安义唢呐的活态性,规划建设这样的一种文化生态保护区,为安义唢呐旅游开发与保护提供了一种持续旅游模式。在唢呐资料查看观赏区,通过图文并茂、生动形象的方式向游客介绍安义唢呐,让游客对安义唢呐有初步的了解和认识,满足文化旅游者对知识的需求;在唢呐音乐欣赏区,由安义古村群当地的唢呐表演队表演,精选演出剧目,合理浓缩,保证原真的情节和内容,满足游客的需要;随着体验经济时代的到来,游客参与性与体验性的需求不断提高,在唢呐音乐体验区,可以由当地的传承人作为师傅进行指导,培训唢呐学员,游客也可以跟随师傅初步学习;作为旅游活动中必不可少的购物要素,设立特产购物区的目的是给安义古村群当地非物质文化遗产旅游商品提供一个可交易的市场,对于全方位保护安义古村群濒危非物质文化遗产有着重要意义;在保存安义古村群乡村特色的前提下,也应注重旅游配套设施的完善,除了基建交通外,还要注意优美的环境、干净的卫生,住宿、餐饮等服务也应该按照一流的标准来要求建设,以此提升安义古村群的旅游形象,打造安义古村群旅游品牌。图 5-9 所示为安义唢呐生态保护区规划图。

当然,除了安义唢呐生态保护区的开发之外,还可以利用新民花鼓龙、万

第5章 安义古村群非物质文化遗产濒危评价与保护

图 5-9　安义唢呐生态保护区规划图

埠板龙灯、安义匾额书法雕刻技艺等建立文化生态保护区,这样单一的文化生态保护区最终组成安义古村群文化生态保护区。文化生态保护区的建立能够丰富安义古村群文化产品,满足游客旅游中的文化体验诉求,同时还能更好地传承和保护濒危非物质文化遗产。在此过程中要更重视政府的作用,统一管辖和整合安义古村群旅游资源,实现安义古村群旅游整体化发展,提升安义古村群的旅游形象,树立安义古村群旅游品牌。

总之,安义古村群文化生态保护区的建设,有利于整合区域内的现有文化资源,培育新的旅游产品,促进安义古村群旅游区域向外延伸,拓展游客在安义古村群的旅游空间,对于巩固和进一步扩大安义古村群旅游业的优越地位,实现安义古村群旅游的大发展具有重要的意义。

5.4.2　加大传承人保护力度,恢复失传文化

根据非物质文化遗产保护原则,在对濒危非物质文化遗产进行保护的过程中,要围绕传承人及其时空区域,确保濒危非物质文化遗产能够在载体中动态生产。安义古村群要重视传承人对非物质文化遗产传承的重要性,在政策上要向他们倾斜,给予他们一定的社会地位和声望;在经济上要补贴他们一部分生活费用,设立专门的文化传承基金,传承人可以申请与非物质文化遗产传承保护有关的活动经费。另外,可以考虑将传承人纳入专门的社保,尤其是大病医疗保险,延长传承人的生命,让他们能够更好地工作;也可以依托信息化技术,抢救传承人的非物质文化遗产,以文字、图片、影音等方式记录传承人的非物质文化遗产的分布状况、发展情况、传承方式、表现形式等信息,真实展示濒危非物质文化遗产的情况,为保护非物质文化遗产奠定基础;同时也应该建立濒危非物质文化遗产传承人档案,详细掌握濒危非物质文化遗产传承人的具体情况。按照文化生态保护的要求,可以考虑让传承人在适

宜的文化环境中作为"师傅"与游客互动,让游客成为非物质文化遗产传承的流动"使者"。对于市场前景广阔的非物质文化遗产,其生产性较强,可以考虑授予传承人部分专利权,使这种文化财富能够代代相传,持续发挥影响力。

由于安义古村群的一些非物质文化遗产失传不久,对于传承人已经很久不从事此类工作的,要想方设法将他们的手工技能通过数字化技术保留下来,这对于恢复失传的非物质文化遗产具有重要的意义;还可以通过调查走访和参阅博物馆资料,采取实验考古学的方法恢复失传已久的非物质文化遗产,特别是安义古村群手工技艺类的非物质文化遗产,在恢复失传手工技艺和工艺流程的基础上,将已恢复的失传手工技艺物化并展示给游客,这样能够起到良好的传承作用。

5.4.3 保护文化原真性,加大宣传力度

非物质文化遗产的魅力在于其原生态的文化表现形式,应避免过度开发和修饰,保持非物质文化遗产外在表现和内在意义的一致性。安义古村群濒危非物质文化遗产的原真性保护也是可持续发展重要理念的体现,既要满足游客和当地居民的需求,也要顾虑到资源限制和代际公平,不损害后代利益。由于非物质文化遗产自身特点的制约,其旅游利用保护应该在深入研究、科学论证的前提下合理开展,以确保旅游资源可持续原真性地传承。

本地传统文化和外来文化之间相互作用、发展,最终形成独具区域特色的非物质文化遗产。赣商文化和农耕文化在安义古村群千年积淀,无论是从表现形式还是内容上来看,都具有显著的江南农村文化特点。安义黄洲宗山米粉制作技艺、安义唢呐、安义匾额书法雕刻技艺等非物质文化遗产是安义古村群代代相传的非物质文化遗产的典型代表,具有鲜明的地域特色和文化真实表现形式,集中体现了安义古村群文化的精华,展现了安义古村群濒危非物质文化遗产的价值。

在旅游开发利用保护过程中,要结合安义古村群濒危非物质文化遗产资源特点,深入挖掘其价值,并进行有针对性的旅游产品开发设计。但在开发设计过程中要注意保护其文化真实性,根据不同市场目标定位开发设计不同的产品,注重濒危非物质文化遗产价值的发挥和传承,展现濒危非物质文化遗产的文化底蕴,从而扩大安义古村群濒危非物质文化遗产的影响力。同时,也要重视传承人对保护濒危非物质文化遗产的重要作用,要多走进游客中间,了解他们对非物质文化遗产的认知,并有目地普及安义古村群濒危非物质文化遗产有关知识,激发游客的兴趣,最大限度地保留濒危非物质文化遗产的真实性。

第 5 章 | 安义古村群非物质文化遗产濒危评价与保护

对安义古村群非物质文化遗产的宣传,除了通过节庆活动举办节目的形式传播外,还要注重电视、网络的宣传。对于安义古村群旅游开发有限公司门户网站,除了展示古村古景外,还应该以图文并茂的专栏形式在醒目的位置展示安义古村群的非物质文化遗产,吸引游客的注意力,积极与游客互动。还可以考虑建立 3D 景区浏览,以运用虚拟现实技术实现游客亲身参与相关活动的形式进行宣传。除此之外,更要注重"微"营销,比如可以通过手机 APP 客户端及时更新、推送相关的活动,加大濒危非物质文化遗产的宣传力度。还可以利用微博、微信公众号推送相关讯息,定期举行有奖活动,调动游客参与的积极性,及时更新相关信息,扩大影响力,与"粉丝"积极留言互动,并主动引发相关话题,吸引游客参与其中,不断增强安义古村群非物质文化遗产的影响力。

第 6 章
国外非物质文化遗产数字化保护的经验与借鉴

6.1 发达国家非物质文化遗产数字化保护的经验

与国际上的一些发达国家相比,我国在开展非物质文化遗产数字化保护的工作上,启动的时间相对比较晚。对于我国而言,欧美、日韩在非物质文化遗产数字化保护上,其发展非常迅速。此外,其历史渊源深厚,在非物质文化遗产数字化保护上有不少方面是值得借鉴和吸收的。"借他山之石,来为自己攻玉",在本书中,这句话的意思就是认真学习别的国家的成功经验,并运用到我国的非物质文化遗产的保护工作当中,使我国非物质文化遗产数字化保护工作能够进展得更加顺利。因此,作者主要选择美国、法国和日本在数字化保护方面的经验,以便于找到对中国非物质文化遗产数字化保护有益的内容。

6.1.1 美国

美国是一个高度发达的资本主义大国,它的政治、经济、军事、文化等实力领先于全世界。纵观美国本土的非物质文化遗产,虽然其数量没有那么地惊人,但是在非物质文化遗产的数字化保护方面,却取得了令各国瞩目的成就。最早,美国的非物质文化遗产数字化保护,应该从"美国记忆"工程研究起,此工程被公认为美国的虚拟图书馆。其目的就是利用计算机制作出关于美国印象的资料信息,其表现形式以文字、声音或者视频为主。这些是对所有公众市民开放的,具有一定的公益性,对民众的学习乃至教育起到了至关重要的作用。2000 年,此项工程针对美国许多重要的历史资料进行了数字化,资料主要有音乐、照片及图书等,数量大约为几百万。从这一年之后,美国对非物质文化遗产数字化方面的研究更加地突飞猛进了,国会图书馆相关人士全身心地投入研究,功夫不负有心人,胜利的果实落入了美国人的手中。

第6章 国外非物质文化遗产数字化保护的经验与借鉴

在那期间,借助数字化建设的力量,研究者把将近一千万份信息资料的任务成功地完成了。通过数字化技术,不用花一分钱便可以检索不少资料库。此外,美国的这个庞大资料库包括许多内容,比如民间文学、妇女运动史及美国的宗教等,其数量难以估量。从美国的非物质文化遗产数字化保护的成就中,我们获取了一定的经验,我国也需要努力对非物质文化遗产的档案资料进行数字化整理,并可以随时随地地通过互联网资料库进行相关非物质文化遗产的检索。

6.1.2 法国

追溯法国的历史,在最开始的非物质文化遗产数字化保护工作中,成效比较显著的就数法国国家图书馆了。2003年,"加利卡"项目利用了数字化技术将法国的古籍图画完成了。随后其获得的优秀成果数量居多,包括查理五世的相关资料、百万种书刊等。2010年,文化数字化工程在法国启动,法国的文化部在此项工程中,极力支持把数字化技术应用到文化乃至教育等方面。这项工程的预计开支高达数亿欧元,后人把这项工程称作是对法国将来的一种投资,其主要涉及电影、游戏及图书等领域。基于数字化的高科技技术,法国尝试利用数字化的方式将非物质文化遗产保护起来,以便更好地拾起历史中的文化碎片,并且重新整理。从法国的非物质文化遗产数字化保护的成就中,我们获取了一定的经验,那就是:我国也需要努力对非物质文化遗产的相关文化产业领域进行数字化保护,使非物质文化遗产数字化保护的成果符合市场经济的需要。与此同时,国家需要大力开发更多的符合市场经济需要的非物质文化遗产数字化产品。

6.1.3 日本

日本是亚洲历史文化遗产保护的先行者,最早提出了非物质文化遗产数字化保护的内容,时间可以追溯到20世纪。当时《文化财保护法》这部法律是由日本制定的,主要是针对如何保护国家的文化遗产。有形文化财和无形文化财的总结分类,都在这部法律里面有所体现。2002年,日本国内的某图书馆参与了数字化的保护工作,数据库形式代替了本馆现有的非物质文化遗产实物资源。在相对重要的数据库中,该项目创设了名为日本江户时代的图像数据库,并把时间定于19世纪前的一些日本文化图像进行了归纳整理,制作成了数据库。通过资料的反馈,图像的搜集总数达到三万多张,发布的图像以小图标和中等分辨率的图为主。以这种形式的图像进行上传,图像上传速度极快,最后用简洁的话语进行解释,得到了使用者的一致好评。日本年历资源库在创设时期是根据"美国记忆"的成果获得启示的。此后,日本的专业人士便把此数据库定义为"旧本记忆",以展示此项成果的伟大之处。这种数据库的内容通俗易懂,符合大众的基本文化水平,便于浏览以及深入地研究,其实质内容是为了展现日本的历史文化。从日本的非物质文化遗产数字化保护的成就中,我们获取了一定的经验,那就是:我们需要在数字化技术方面向日本虚心学习,比如在设计图像方面,把图片处理成什么等级的分辨率以及如何提高运行速度等。总之,如果我国研究人员在学习了日本的这方面先进技术之后,也许可以更好地为我国人民大众服务。

6.2 国外非物质文化遗产数字化保护经验对我国的借鉴

6.2.1 制定非物质文化遗产数字化保护制度

中国不仅是一个文化底蕴深厚的国家,更是一个虚心学习的国家,从国外非物质文化遗产数字化保护制度中获得了相应的启发,我国将这种启发与目前的现实状况进行融合,尝试制定出属于本国的法律制度。2011年,《中华人民共和国非物质文化遗产法》正式实施,此项法律认为非物质文化遗产的相关数据库的建立是当今时代的需要,此项事务应当由负责文化的相关组织接手,数据库应向每一位市民公众开放,并随时随地地向公众提供查阅的便利途径。此项法律是由全国人民代表大会全体人员通过的,代表着一定的权威性,同时这种权威性也是法律所具备的基本特性。由此可以看出,我国非物质文化遗产数字化保护从此有了法律参照,进入了一种有法可依的境地。在此基础上,我国政府还应该通过完善立法来对其相关的法则加以确定,以使我国的非物质文化遗产在数字化保护方面顺风顺水。

6.2.2 建立专门的非物质文化遗产数字化保护机构

当前,由于受到发达国家文化的强烈影响,中国一部分民众对非物质文化遗产的保护日益重视起来,并认为通过数字化可以全面体现保护的优越性。近年来,陕西的西安美术学院内有一拨人,他们组织了一个社会团体,就

第6章 国外非物质文化遗产数字化保护的经验与借鉴

是所谓的"陕西省非物质文化遗产研究会"。这个团体的任务就是研究非物质文化遗产保护,以及用不同的方法和措施对非物质文化遗产进行保护,其中使用的方法、措施就包括数字化技术。在国内的一些机构中,相关的技术人员通过有效地运用数字化技术,开始去拯救我国的非物质文化遗产。"发掘出自身的优势,进行一致的运行路径",这是非物质文化遗产数字化保护机构所具有的共同特性。我国建成的这些机构中,以浙江的比较有名,其在开展研究的同时,还顺利地将研究内容商业化,最后跟当前市场经济接轨,从而加快了我国非物质文化遗产的正常发展。由此看来,我们尝试着借鉴发达国家的胜利果实,可促进国内相关保护机构的建立。

6.2.3 培养非物质文化遗产数字化保护方面的技术人才

通过学习了美国、法国和日本在数字化领域获得的成功经验,作者认为非物质文化遗产具备活态的特性,并与人类的生存活动交织在一起,依附于人这一物种而存在。由此可以看出,我国应开展非物质文化遗产保护工作,更要对非物质文化遗产数字化技术方面的人才加以重视,促使其能够得到正确的培养。当前,通过网络调研手段,作者了解到浙江师范大学的浙江省非物质文化遗产研究基地,在从事非物质文化遗产保护项目研究的人员中,专业人士的学科背景有美术、计算机及音乐等,也有一些对此项目感兴趣的非专业人员。把专业人员和非专业人员加起来,一共有40多人。在国内大环境之下,参与研究的人员数量非常可观。"人心齐,泰山移",这些有效的人力资源在创建数字化模式的重要时期能够提供有效的资源整合。由此看来,在非物质文化遗产数字化保护工作中,起到极为重要作用的就是人才的力量。这些人才具备了复合型人才的特点,可以细分为复合型制作人才、复合型管理人才及复合型创作人才等。其中,复合型制作人才就是在数字化的指导下,会熟练运用数字化技术,对设计的定义和内容要理解透彻,涉及的知识面既宽又广,能够把技术和想法相融合的一种制作人才;复合型管理人才需要掌握尖端的设计思维,会很好地运用调配人才和物资的能力,对非物质文化遗产保护市场的未来发展具有前瞻性的一种新型管理人才;复合型创作人才可以这样理解,那就是头脑中拥有无数个创意点子,需要时便可信手拈来,并且创作经验十分丰富,能熟练掌握数字化基本技术手法的创作人才。借鉴国外优秀经验,将各种类型的复合型人才征集起来,有助于构建实力强大的数字化保护团队,更有助于今后我国人才强国计划的实施。

6.3 非物质文化遗产数字化保护的利弊

6.3.1 变无形为"有形"

现代数字化技术强大的辅助实现功能,使得数字资源具有了很强的记录、呈现与创造能力,一定程度上可以实现将非物质文化遗产项目的无形变为"有形",在非物质文化遗产项目出现非正常状态的变异、缺损甚至消失前,将非物质文化遗产项目以可视、可听的非物质文化遗产数字资源的形式进行固化,从而成为辅助传承和抢救性保护重要资料的保障。例如,海南省民族研究所在 2013 年 3 月启动的非物质文化遗产项目"黎族服饰"数字资料片拍摄,就是以保障传承为目的的非物质文化遗产影像资料记录行为。

6.3.2 动态性的实现程度高

虽然非物质文化遗产有物质的因素、物质的载体,但其价值并非主要通过物质形态体现出来,它属于人类行为活动的范畴,有的需要借助于行动才能展示出来,有的需要通过技艺才能被创造和传承下来。非物质文化遗产的表现、传承都需要语言和行为,都是动态的过程。一般而言,非物质文化遗产项目是动态实现的过程,这就需要采取数字化手段完整记录这个过程。音视频记录时空演进过程具有无可替代的优势,这也是音视频设备普及以来,很早就被引入民俗田野调查、口述历史记录等领域的一个原因。例如,传统表演艺术类的非物质文化遗产项目,其主要的数字化记录媒介就是音视频,需要利用摄像和录音设备将表演的画面与声音全过程完整、高保真地记录下来。当今数字化音视频设备能够实现高保真、高清录音与摄像,加之多机位拍摄技术、多媒体呈现技术等,非物质文化遗产的动态性在数字资源中的实现程度越来越高。近年来,也有学者开始专门研究非物质文化遗产的影像化保护。影像记录的确是满足非物质文化遗产动态性需求的最优手段。

6.3.3 数字化记录没有行动指南

但是,非物质文化遗产的数字化记录在现阶段存在着一些弊端。非物质

第6章 国外非物质文化遗产数字化保护的经验与借鉴

文化遗产的数字化与物质文化遗产的数字化相比,起步晚了不少。例如,我国文物博物馆系统信息化建设始于20世纪80年代中期,数字化保存、数字化展示等也已然发展了十余年,而非物质文化遗产保护还属于新兴领域,本身只有十余年的发展史。非物质文化遗产数字化方面的基本理论研究、各类标准的制定日趋完善,官方和民间的实践也非常多,如故宫博物院的数字影像技术、南京博物院的多媒体和虚拟现实技术应用等;而非物质文化遗产数字化相关国家标准尚处于试点阶段,但以静止图像等方式保存的记录手段在文博领域以及图书档案领域都存在着许多可借鉴的成熟经验,可以在非物质文化遗产数字化保存中沿用。国际博物馆协会(ICOM)也认为,博物馆可在记录和转录(recordings and transcriptions)等方面为非物质文化遗产的保护作出显著的贡献。但是,非物质文化遗产在使用得更多的音视频以及现代数字科技手段方面还处于探索阶段,可直接遵循的标准和可借鉴的做法都比较少,需要加强有针对性的研究。

6.3.4 音视频在全感官体验方面存在缺陷

非物质文化遗产的无形还体现在视听之外的嗅觉、味觉、触觉及情感体验领域,这些很难通过数字化保存与呈现来直接记录与传播。例如,要记录酒、醋等的制作技艺,不可或缺的是每道特殊工序中扑鼻而来的气味;要记录大江南北各具特色的节庆风俗,只拍摄仪式本身,也无法将蕴含在其中的传统信仰与质朴情感记录与传达出来。因而,一方面,我们在创建与这些特殊感官体验密切相关的非物质文化遗产项目数字资源时,要着眼于特殊感官体验的间接记录,弥补数字化技术还难以实现的一些短板;另一方面,在展示与传播环节,也可引入数字建模、虚拟现实等新技术,提供更为全面而真切的感官体验。

6.3.5 虚拟再现的利与弊

数字资源在某种程度上是存在于计算机虚拟环境中的非实体资源,也具有其局限性,要捕捉与保存无形的非物质文化遗产项目的核心内容并不容易,需要对非物质文化遗产有一个正确的概念认识与价值判断。例如,传统节庆仪式类的非物质文化遗产项目,由于数字化对象是一个贯穿时空、多维立体的类似"文化空间",所以,除音视频记录之外,在资金与技术有保障的情况下,可尝试采取数字化多媒体领域的新技术手段,如三维动画、虚拟现实等。但是,在数字环境中"创造"非物质文化遗产项目表现形式、展示过程和存在环境等,又与真实性这一存档保护的前提相违背,较为可靠的做法是将"虚拟现实"建立在对现实世界真实、全面的记录的基础上,充分尊重遗产形态与存在环境的真实状况。就非物质文化遗产的共享与传播而言,我们也要看到,引进新技术实现超现实的、全息化的非物质文化遗产数字资源访问体验代表着未来发展的方向,将逐步发展成为辅助保护与传承行为的重要手段。

6.4 非物质文化遗产数字化保护的思考

6.4.1 要注意纪录片与影像档案的区别

以非物质文化遗产为题材的现代纪录片,与以保存或者存档为目的的非物质文化遗产影像记录是有区别的,主要体现在以下三个方面。

1)记录目的的差异性

这直接影响成片影像记录的着眼点、完整性。其中一种解决方法就是将拍摄素材整理存档,而非只将用于播出的纪录片成片存档。

2)保存格式的差异性

近年来,播出级纪录片普遍都是超高清制式的,影像质量非常高,因而适于非物质文化遗产影像的永久保存;但与此同时,这类影像资料的生成与存储成本相对较高,对存储空间的需求也大。

3)单纯的客观记录与有思想的客观记录的差异性

纪录片通常有其隐含的拍摄立意,传递着制片人、编剧、导演、摄像等的个人思想与情感,有时这种主观意图与情绪会左右记录的视角与内容,影响记录的完整性与真实性。这样一来,画面精美、制作精良的纪录片也无法完成非物质文化遗产影像存档的历史使命。

6.4.2 要注重数字化对象的选择,不盲目数字化

数字化保存投入较大,因而考虑到非物质文化遗产的流变性等,在实施数字化保护之前要做好判定与规划。首先,要借助已有的研究成果、项目专家论证等手段,提前掌握具体项目的流变情况,确认传承源头,从而将数字化

第6章 国外非物质文化遗产数字化保护的经验与借鉴

记录的主要对象定位为传承源头,注重记录项目的精髓,保留最原汁原味的项目传承形态;其次,非物质文化遗产数字化记录的对象是传统的非物质文化遗产项目,而不是利用非物质文化遗产元素进行的当代艺术创作,在进行数字化记录时,一定要严格区分传统非物质文化遗产与当代艺术产品,严格把控记录的对象与范围,要充分遵从原貌来进行数字化记录,杜绝以数字化效果为目的的改变项目原有呈现形态的"摆拍""演绎"行为。例如,在拍摄舞龙舞狮、高跷抬阁等项目时,为使摄录画面美观整齐,对表演者进行人为"包装",统一置装,甚至脱离日常的表演场所,组织到"条件更好"的大剧院进行表演和拍摄,这些都是违背客观记录原则的不可取行为。

6.4.3 要围绕非物质文化遗产传承人开展数字化记录

人类是非物质文化遗产的主体,传承人及项目技艺的持有人是非物质文化遗产项目赖以存在的核心,因而要充分认识传承人在非物质文化遗产保护中的特殊地位与堪忧现状。正因为传承人与非物质文化遗产项目的特殊、紧密关系,我们在进行数字化记录时,一定要充分认识到围绕传承人开展记录的必要性,全面、立体保存传承人信息数据。例如,对于传统工艺美术类和部分传统生产、生活知识与技能类的非物质文化遗产项目,除了利用摄像设备拍摄工艺制作过程之外,更需要通过口述历史记录等方式,将传承人对该项工艺的理解保存下来。具体而言,应做到以下几点:①尽量避免对传承人正常的传承行为和生产生活产生影响,绝对要避免对传承人生计的直接和间接破坏。②完善知识产权保障与隐私保护程序,通过加强记录数据的安全管理,在数据库中设置核心知识、技艺虚拟存储专区,并设置严格的访问权限控制,在保障传承人权益与数据安全的前提下,最大限度地收集非物质文化遗产项目的核心智慧与技艺。③利用数字互联网技术,通过搭建网络传播平台、互动交流平台、咨询服务平台等,将部分传承人与传承行为的困境反映出来,促进保护与传承过程中的信息交互与信息支持,促进各类保护措施的及时实施。例如,印度 Chanderi(昌德瑞)的传统服饰"纱丽"编织技艺,就是因为数字化技术而迎来了传承与保护的新契机。这一名为 Chanderiyaan 的项目推出了电子商务门户网站,为传统手工业提供了市场桥接及商务平台搭建与维护等服务,使得当地平均月收入不超过 3000 卢比的织造家庭的生计大大改观。④将数字化的成果转化为传承人权益保障的有力工具,通过非物质文化遗产项目所有者信息、知识产权信息等的透明发布,推动非物质文化遗产知识产权、所有权保护。

6.4.4 要慎重选择数字化保存格式与介质

在数字化记录开展之初,就要明确数据安全的首要地位。首先要确保数据存储的物理介质(例如磁带、录像带、光盘、硬盘等)和数字文件的物理安全性和长期可用性。比如,中国唱片集团有限公司就通过数字化模式及时转录和保存珍贵的母带及老唱片,其中就包括了五四运动以来的京剧等传统戏曲类名家的原声。例如,要使用高清、无压缩、安全稳定的视频格式实施拍摄,使用适于长期保存的视频格式进行存储,转录成适于网络传播的视频格式来提供访问。比如视频采录标准,目前美国联邦政府数字化指南倡议采用 MXF 格式。MXF 格式的优点是具有开放性,体现了美国在视频格式统一化方面的发展愿景,它相当于搭建了一个桥梁,使得各软件平台都能进行编码和解码,其读取方式有利于其成为存储通用格式。美国联邦政府数字化指南倡议发布的《保存和归档的 MXF 格式应用规范(MXF Application Specification for Archiving and Preservation)(AS-AP/AS-07)》,已被美国国会图书馆采用,作为其视频保存格式的依据标准。但是该格式在我国并不普及,国内比较普及的为 MPEG 格式。MPEG 格式作为国际标准组织(ISO)认可的视频媒体封装形式,为大部分硬件所支持,且存储与应用都比较便捷,但其各项技术指标还需要进一步评估。

此外,在指定非物质文化遗产数字视频推荐格式标准时,还要充分结合国内视频格式的流通性。例如,在美国发布的音频保存指导性文件中,从高保真、无压缩的角度看,目前推荐使用 WAV 格式和 AIFF 格式,并且在不同的文件材料中都强调了不建议使用公司独家发布的格式类型。①WAV 格式历史悠久,是目前最普及的音频格式,其高保真的特性适合长期保存珍贵的音频记录,因而在国内将其作为目前推荐的音频格式是可行的,而且就常用设备而言,目前专业录音机输出的主流格式也是 WAV 格式。②苹果公司的 AIFF 格式,虽然是目前比较新的音频编码格式,但是它是企业标准音频编码格式。在我国,由于版权问题,AIFF 格式并不普及,因而,AIFF 格式在现阶段不适合成为标准推荐格式。我们要充分注意到采用企业标准格式可能存在的危害性,因为相关解码器在流通市场的消失,在过去已经造成了许多不可挽回的珍贵音视频资料无法打开与转录的情况。③MP3 格式在国内仍旧是最为普及的音频格式,其普及的最主要原因是没有版权问题,但是 MP3 格式一般都为压缩、非高保真的。事实上,MP3 格式也有高保真的编码,通过一般的音响设备播放,人耳很难分辨 MP3 格式和 WAV 格式。因而,是否推荐或允许使用 MP3 这种存在压缩的格式,是非物质文化遗产数字音频格式技术标准研究需要思考的问题。普遍认为,录音的发展已经到了一个临界点,一些独特的原始录音资料正在迅速消失,而功能强大的数字录音技术迅猛发展,随之而来的便是模拟格式的音频媒介的衰退。因而,音频设备的选取也是采集标准的重要组成部分。美国民俗中心发布的有关田野调查的规范性指南对数字录音进行了举例说明,其中提到了美国口述历史协会网站提供的一系列的指南性介绍,包括数字录音技术、比较常用的便携式数字录音机、其他优秀录音设备的信息来源及一些实例等。

6.4.5 要加强与相关领域知识技术的结合

非物质文化遗产的数字化记录不仅需要非物质文化遗产保护理论、数字化相关技术的支撑,还需要音视频摄录技术、知识产权实用知识、舞台照明知识等多种领域知识和技术的辅助。例如,口述历史记录要保存受访者及项目的智力核心、实地工作者对项目的意见和思考等指导精神,通过音频或视频记录展现项目的核心主题和受访人的核心观点;同时也要注意数字化记录实施阶段的一些技术问题,如视频拍摄时的照明条件要求、音频录音时的同期声要求等。又例如,在进行传统工艺流程数字化拍摄时,除了拍摄内容与技术要求外,最重要的还包括要通过核心工艺、技艺拍摄保密协议等一系列配套规程,确保商业秘密与知识产权不受侵害。再如,拍摄传统表演艺术项目时,要了解舞台摄像与照明、多机位摄录、同期声录制等方面的技术要求;而拍摄大型节庆活动则更为复杂一些,要掌握多机位摄录、跟踪拍摄、纪实拍摄、空镜头拍摄等的技术要点,还要了解自然光与辅助照明、画面构图等方面的实践知识。

第7章
我国非物质文化遗产数字化保护现状与存在的问题

7.1 我国非物质文化遗产数字化保护现状

2006年,国务院公布了一批非物质文化遗产的名录,它们属于首批具备国家级资格的文化遗产。此件事情标志着在中国境内已正式启动了对非物质文化遗产保护的研究。此研究的开展需要借助于其他领域的力量,尤其是高速发展的科技领域,比如数字化技术领域。在研究国家级非物质文化遗产数字化保护现状时,首先要明白什么是所谓的非物质文化遗产的数字化保护。作者通过对非物质文化遗产保护和数字化信息技术的多方面研究,总结出非物质文化遗产数字化保护的方法,这种方法需要借助当前存在的数字化技术,这些数字化技术包括扫描、拍摄及网络引擎等。为了使非物质文化遗产能够更好地保存,采取数据库创设的办法,将其进行相关文字与声音等的转换,这就是非物质文化遗产的数字化保护。那么目前来说,在国家层面,非物质文化遗产数字化保护的现状是什么样的呢?作者通过以下几个方面来进行总结。

1) 国家推广的数字化虚拟博物馆得到了民众的普遍认可

信息时代,博物馆的数字化模式已经成为一种时尚和潮流,这是一种科学技术与文化的合作。国内的研究水平促使不少博物馆共同商讨了一件事情,那就是积极地参与到计算机技术的研究当中,向数字化模式发展,从而使博物馆的展示领域发展得更迅速。在对比了以往的传统形式之后,发现数字化博物馆有一定的优越性,总结如下:首先,在数字化博物馆中,专业的数字化技术人员把馆内的众多资料借助于计算机等设备,科学地组合成各式各样的信息,这样做的好处是,参观者在参观博物馆珍藏的历史文化信息时,能更加直观地获得信息;其次,博物馆还展示出历史文物模型,这些模型是运用数字化技术制作而成的,观众可以更便捷地观察;最后,数字化博物馆还具备整

第7章 我国非物质文化遗产数字化保护现状与存在的问题

合资源的优势,方便参观者在足不出户的情况下,借助于互联网检索到有用的信息,这样对传播的范围进行了延伸,将延伸的速度发挥到了极致。山东大学考古数字化博物馆就是这样一个真实的事例,国内还有很多有名的范例。可见,目前在国家大力推广下,数字化博物馆得到了民众的广泛认可。

2) 国家对数字化辅助设计图案符合当前市场的需要表示大力支持

结合市场的发展,为了迎合市场需求,数字化辅助设计图案逐渐衍生成为一种商业模式,这种模式得到了政府的大力支持。早年,在国家重要研究时期,潘云鹤老师便竖起了研究数字化辅助设计图案的先锋旗帜。后来,沈默君老师的团队对其进行学科上的创新,这些学科有计算机辅助设计与计算机图形学等,他们将多种学科融合在一起,在有效融合之后有了巨大的收获。以刺绣画稿创作为实例,其借助了数字化辅助设计,运用了许多先进的技术,这些技术包括图稿输入系统等。后期,沈默君老师的团队以刺绣画稿的主要特征为研究对象,设计出了有一定章法可循的数据库。在数字化工具有力的辅助下,刺绣画稿顺利进入创新领域,并且打开了一扇通往市场经济的大门。在国内商业市场中,具备数字化图案的产品简直是供不应求,尤其是在义乌小商品市场,这些产品都被大量地出口到大洋彼岸,促进了我国对外贸易的往来,进而促进了国际之间的友谊。另外,数字化辅助设计图案的制作模式得到政府大力支持,这加大了文化创新的发展力度,使得符合时代需求的艺术作品会越来越多。而且,这样的结果对国家发展有积极意义,更好地促进了非物质文化遗产的保护乃至传承。

3) 国家对数字化存档在社会的广泛运用给予肯定

以前,在非物质文化遗产保护中,国家只能借助传统的保护手段,比如摄影或者录像等方法。在物质与非物质文化遗产的发展过程中,这种保护手段的相关技术曾经在历史上是独一无二的,对人类社会的贡献巨大,使得当时历史上许多重要的文化遗产资源得到了完好保护,如某些地域的戏剧、民间舞蹈及剪纸等。然而,时代在不断地前进,科学技术在极速地发展,同时也在影响着文化,现实中社会需求的方法已经完全超越了传统的保护方法,传统方法漏洞百出,很容易让人看出破绽,这些破绽就是一些重要的历史资料在保存中不能如愿地克服时间的印记,或者这些资料在被复制的过程中或多或少地出现了失真现象。数字化存档技术的出现,意味着技术更新时代的到来。此外,数字化资料的搜集对存档工作具有重要的意义。国内某研究院是这样开展此项工作的:在文物保护中如果遇到平面的文物,如书法作品、绘画作品及剪纸等,对文物进行数字化处理时,需要借助专业的数字相机以及扫描仪,把平面的文物扫描为图像,然后便可以用图像处理技术处理了。除此之外,面对一些立体的文物时,就是在三维空间内开展数字化工作,比如雕塑和古代陶器等珍贵文物,可通过多角度拍摄来实现数字化存档工作。因此,数字化存档在社会上得到了广泛运用,国家对其给予了充分的肯定。

目前,从我国非物质文化遗产数字化保护现状来分析,一些优秀的保护成果已经得到了国家有关部门的大力支持,并且给予了许多有利条件来对其进行推广。然而,在喜悦的同时也伴随着担忧,那就是这种现状也面临着困难,比如在研究中缺乏专项技术,以及国内的发展并不成熟等。所以说,基于当前的研究现状,在国家非物质文化遗产数字化保护过程中,一些问题仍需要我们去认真解决。

4)生存环境的变迁

我国非物质文化遗产大多反映了我国群众对生活、生命、生产及自然的独特理解,这和我国的生活环境以及传统风俗息息相关。中国自古以来都以农业经济与农业文明为主,这种较为封闭且发展缓慢的经济环境与文化环境孕育了独特的民族文化。而自改革开放以来,我国的经济体制从计划经济走入了市场经济,且在加入WTO后与世界经济发展密切相关,经济结构出现了重大变化,对民族地区的生产、生活、科教文卫等领域造成了深刻影响,我国传统文化需要面对新的发展环境。与此同时,国家西部大开发战略虽然带动了民族地区的经济发展,但民族地区的传统文化出现了传承危机,许多长期以来赖以为生的传统手工业被现代工业替代,传统习俗被更世俗化的现代社交礼仪替代,传统游戏竞技被现代体育和其他娱乐休闲方式替代,传统口头文学更是濒临消失。这些非物质文化遗产大多是在改革开放后式微,有相当一部分在进入21世纪后便开始失传,其失传速度之快、失传类型之广泛,都值得我国非物质文化遗产保护者重点关注。例如许多民族村寨的孩子在20世纪80年代中期还会参加少年歌队,在歌手师傅的教导下学习民族歌谣(如侗族大歌歌队),然而,受近年来农村外出务工潮的影响,民族地区的青年人开始前往大城市或沿海地区务工,能够进行大型表演的人逐渐减少,加上青年人离开后,老年人承担了家中务农生产的重任,体力消耗严重,无暇再开展对歌表演活动。到了年节,青年人回乡过年,却因接触了大量新鲜的现代文化而对传统民族文化不再感兴趣,歌队组织难度越来越大,歌手师傅也只能另谋生路。由此可见,环境与时代的变化,严重影响了我国非物质文化遗产的传承。

5)传承人的危机

传承是我国非物质文化遗产充满旺盛活力的重要保证。传承人的口传心授是重要的传承方式,所有具有旺盛生命力的非物质文化遗产,如藏族长

第 7 章 我国非物质文化遗产数字化保护现状与存在的问题

篇英雄史诗《格萨尔王传》、侗族大歌、壮族铜鼓舞等,都是依靠传承人的言传身教而得以代代传递、延续和发展至今的,这体现了传承人在非物质文化遗产传承中的价值,而如此重要的传承人却在今天面临着断代危机。传承主要有两种:一种是群体性传承,另一种是个人传承。需要集体表演的主要是前者,一般以家族或村落为单位,其练习、学习需要耗费大量的时间和精力,容易使传承人与现代文化、学校教育脱节,而一旦演出市场出现波动,还可能衣食无着,上述提到的侗族大歌以及壮族铜鼓舞便面临着这类窘境。难度较大的特殊技艺一般为后者,但在传统手工工艺品市场份额不断缩小的今天,一方面,青年人不愿意耗费时间、精力学习难以转化为物质财富的高难度技艺,认为进城务工更为现实,更容易致富;另一方面,能够教导有兴趣的青年人的技艺大师们年龄太大,他们一旦离世便极难再找回这些技艺,村寨中也缺乏可相互切磋技艺的人,如热贡艺术的熟练传承人平均年龄超过 70 岁,这一批艺术家一旦谢世便再难传承热贡艺术。具有同样传承困难的还有藏族吟游诗人,《格萨尔王传》享誉世界,但目前国内能够完整表演的艺人不足百人。蒙古族长调民歌中的某些元素虽然被运用到了现代音乐中,但能够完整演奏、吟唱经典曲目的歌手却越来越少。侗族大歌中原有的许多经典曲目已经无人知晓,空留曲名。"人亡艺绝"是我国许多非物质文化遗产在今天需要面对的现实问题。

6) 外来文化的冲击

全球化带来的不仅是世界各国经济发展进程的改变,也对各民族文化带来了巨大的冲击。改革开放后,西方的文化产品随着工业产品一起进入中国,无论是商业电影、流行歌曲还是"洋快餐"、电子游戏软件、互联网,都极大地改变了我国群众原本对世界和文化的认知,也逐渐转变了他们的生产生活方式,而这种转变恰恰是不可逆的。当我国传统的村寨遇到现代化生活时,传统的手工工艺开始逐渐被更为便利的生产生活工具所取代,传统的民族歌舞难以抵御流行歌舞的影响,传统的地方戏曲不敌明星主演的电视剧,传统的民俗音乐被随身听里的流行歌曲掩盖,传统的服饰被时髦的洋装替换,传统的语言换成了普通话和英语,传统的墟日、节日被情人节或圣诞节替代。环境的变化、外来文化的冲击导致人们兴趣的改变,使得我国传统文化的生存空间越来越窄。在今天,我国出生于村寨的青年人开始厌倦了家乡一成不变的平静生活,厌倦了去学习复杂艰涩的传统文化与技艺,甚至有些青年人认为非物质文化遗产的传承无关紧要,但事实上我国许多青年人未曾真正感受到自己所属民族传统文化的优秀之处,未曾体会自己所属民族传统文化"原生态"的魅力。这些问题的存在都让我国非物质文化遗产的传承面临着后继乏人的窘境。

7.2 我国非物质文化遗产数字化保护存在的问题

7.2.1 我国针对非物质文化遗产数字化保护领域的法律制度不完善

在中国社会背景下,依法治国作为中国的一项基本国策,社会各个领域都必须遵循,文化领域也不例外。法律肩负着重要职责,它的权利至高无上,在非物质文化遗产数字化保护中,法律也起到了一定的积极作用。随着国家文化体制的不断健全,运用数字化技术对非物质文化遗产开展保护,标志着社会进入新的时代。从国家的视角来审视,政府也制定了一系列的政策制度,这些政策制度在不断实践的过程中得到了完善,促使相关法律有了正确的改变,从而更加人性化。进入新世纪以来,在我国非物质文化遗产保护方面,国家制定了专门的相关保护法,这些法律以及制度在保护过程中的各个时期,都或多或少地起到了一定的作用。这些法律制度有《中华人民共和国非物质文化遗产法》《中华人民共和国文物保护法》《中华人民共和国著作权法》《国务院关于加强文化遗产保护的通知》等。纵观这些法律制度,虽然国家层面的非物质文化遗产法律保护状况日益得到改善,但是作者却发现目前出台的政策并不多,代表性不强。此外,这些政策在实施过程中,很多地方并不完善,有些仅仅局限于理论层面,没有具体到实践的高度。1997年,国务院发布了《传统工艺美术保护条例》,此条例重点提出了传承的重要性。在之前的某一年,韩国面向世界各国开发布会,声称活字印刷术是韩国古代的成果,并且直接向联合国申报,将其作为韩国的一项非物质文化遗产。之后,韩国的行为更加地肆无忌惮,又把端午节据为己有,也要申报为本国的传统节日。这些行为已经使我国民众为之唾弃。然而这并不算什么,其他一些国家也开始蠢蠢欲动,想把我国的某些非物质文化遗产数字化保护成果作为自己国家的专利,进而占为己有。一些抹黑我国的事件接二连三地发生,他们申请了专利,却剥夺了我国的自主权利。2011年,《中华人民共和国非物质文化遗产法》出台,国家把此项遗产法作为一种专门的法律来对非物质文化遗产进行保护,为非物质文化遗产数字化保护的实施提供了重要的法律依据,可谓是

第 7 章 我国非物质文化遗产数字化保护现状与存在的问题

有法可依了。然而,近年来国家根据实施法律的内容,发现此法的宏观性相对过强,在落实过程中遇到了不少现实性的难题,导致有法却不能用的尴尬局面。由此我们可以总结出,现阶段的法律建设问题重重,仍然满足不了非物质文化遗产数字化保护的真正需要。

7.2.2 我国非物质文化遗产数字化保护投入机制匮乏

基于非物质文化遗产数字化保护层面,作者运用比较的研究方法,对非物质文化遗产数字化保护投入机制进行了实质性研究,从而发现了一个普遍现象,那就是在一些发达国家,政府对非物质文化遗产保护的资金投入巨大,此外参与资金投入的还有非政府组织机构、慈善机构和志愿者等。这些国家在资金投入方面,参与的组织机构众多,为非物质文化遗产数字化保护提供了巨大的便利条件。一些具有代表性的国家,比如意大利、法国及英国等,其国内的各种组织机构给该国的非物质文化遗产数字化保护提供了有利的途径。相比之下,当前,我国在非物质文化遗产数字化建设方面投入的经费主要由国家提供,国家支付多少,就大概投入多少,目前就是这样的现状,几乎没有非政府组织机构乃至私人的投入,这使得在非物质文化遗产数字化保护过程中,物资建设和人力投入都面临着不足的困境。最基本的人力和物力都不能得到保障,更别说数字化技术的使用了,甚至连新时代科学技术的脚步也赶不上了。所以,针对非物质文化遗产数字化保护工作,众多相关研究机构正在呼吁人民大众的参与,而国家投入机制的匮乏,目前是一个非常严重的问题,亟须国家重视和解决。

7.2.3 我国数字化专业人才培养机构不成熟

基于数字化技术的运行,非物质文化遗产的保护工作成为时代科学技术生产力的象征,在实践过程中它的科技含量非常高。当今时代处于快速发展阶段,数字化保护模式需要一代又一代的人来掌握,在遵循原有模式的基础上,国家需要对此进行创新。当务之急是非物质文化遗产数字化保护技术的专业人才培养,这成为当前国家开展的重点工作。在《中华人民共和国非物质文化遗产法》中早已创设了相关的制度,在学校的学习课程中,非物质文化遗产保护的相关知识应该作为学习内容,融入学生的学习任务中。在一些中小学的课程安排上,将非物质文化遗产的相关知识作为教学内容,最后得到的结果比较成功,学生们也集体反映学会了。但是,作者通过实地的调查,发现存在着一些问题,比如开设的课程比较零散,教师的相关知识体系不完善,所教授的知识过于简单,以及教学只讲理论知识,不知道如何推行实践。由此我们认为,这些学校只能传授一些零星的非物质文化遗产保护的相关知识,与培训人才的目的不相符。"人才"是21世纪所有产业的共同需求,人才的培养被认为是重要的,也是最缺乏的。然而,对于人才的培养,它离不开教育,并且需要针对性的教学。作者纵观教书育人的行业,国内开展的非物质文化遗产相关课程非常稀少,更别说对其进行数字化保护的领域了。面对这样的问题,国家教育部对此给予了高度重视,中央民族大学、南京大学及中山大学等,已经开始全面研究民间艺术,开展课堂上的学习,在大学生教学中获得了不错的效果。然而,也存在一些问题,那就是这些高校的课程不够集中,作为专业课来学习又不具有专业性;当作课外选修课的话,并不能起到传承的作用。某些省市开设的专业培训机构,由于没有明确的目的和动力,学生的学习兴趣提不上来,导致学习效果不乐观。总而言之,非物质文化遗产数字化保护的人才培养机构的不成熟,学习者对传统文化的关注度不够,都严重影响了非物质文化遗产的数字化保护和传承。

7.2.4 地方政府对非物质文化遗产保护工作的疏漏导致其日益流失

当社会前进的步伐走得越来越快的时候,人们对社会中的各种文化的需求也在逐渐升温。目前从各个地区来看,非物质文化遗产数字化保护是一项复杂的现代技术与文化相结合的工作,研究的交叉范围比较广,上升的空间非常的巨大,因此地方政府需要给予重视,并提供相应的支持。面对这样一个浮躁的社会,非物质文化遗产相关的保护工程在开展过程中不能产生客观的收入,对于商人来说,眼前的利用价值极低,便对非物质文化遗产的保护失去信心。这种人类意识上的片面性,严重影响了保护工作的顺利开展;这种工作的疏漏,将会造成我国文化的严重损失。比如,世代相传的手工艺模式,从远古延续至今,其中家族的传承占的分量比较大。但是根据实地调查发现,一些传承人的后人对传承家族的这种文化事业丝毫不感兴趣。然而,社会中却有一部分人,他们对这种文化的传承兴趣浓厚,甚至几近痴迷,可是他们的家族没有这样的环境,缺乏这种便利的条件。因此有些非物质文化遗产不能顺利地传承下去。如果一味地讲究家族式的传承,那么该项保护工作有可能半路终止。

7.2.5 本土掌握数字化技术的人才不足

当前,在针对非物质文化遗产保护的工作中,几近濒危的非物质文化遗

第 7 章 我国非物质文化遗产数字化保护现状与存在的问题

产在做最后的挣扎,保护工作的开展遇到了许多问题,这些都是让人揪心的状况。针对这些困境,各地方政府开始大力地推广先进的保护技术。伴随着地方经济的发展,数字化技术的应用越来越普遍。然而,一个重要的难题就是缺少人才,尤其是从事数字化保护工作的人才,造成这种现状的原因有很多。在本书中,作者认为掌握数字化技术的专业人士中不乏有识之士,但大部分受到传统观念的影响,他们的思想意识比较模糊,这阻碍了数字化技术的学习与研究的进程。除此之外,便是人才培养机制仅限于理论层面,在实际操作方面经受不住实践的考验。地方政府给予的财力和物力的投入欠缺,艰苦的条件致使研究组织机构留不住人才,一些非专业人士便乘虚而入,于是出现了滥竽充数的局面。总而言之,掌握数字化技术的专业人才极度缺乏,在这一问题的困扰下,非物质文化遗产的保护工作便很难开展。

7.2.6 非物质文化遗产数字化保护标准有待确定

非物质文化遗产数字化保护工程启动后,虽已着手进行非物质文化遗产数字化保护标准规范的制定,但其主要为民间文学类、传统戏剧类、传统美术类、传统技艺类的标准,还未涉及民俗类非物质文化遗产的数字化保护标准。由于民俗类非物质文化遗产展现载体的多样性,在数字化保护的运用和实践中,以何种标准、何种技术确定采集对象和进行采集,并未真正明确。当前全国由上至下纷纷建立非物质文化遗产数据库,来对非物质文化遗产相关材料和信息进行存储、管理、展示和传播。但此类电子网站的子项内容并未统一,非物质文化遗产项目的收录标准也呈现多元化。基于不同地域、民族、文化传统而造就的非物质文化遗产,其多样性是非物质文化遗产本身的特点,但为了更好地利用数字化保护方式对非物质文化遗产进行全面、系统的保护,有必要在分类、收录、组织和管理上进行规范化和标准化的确定。同时数字化保护的最终目的是开发和利用,而非物质文化遗产数字化保护的科学、合理的标准化建设,也是文化遗产人性化、体验式开发的前提和基础。

7.2.7 非物质文化遗产资源共享机制缺失

非物质文化遗产展示依托的载体有传承人、文字、仪式、活动、特定技艺展示等,非物质文化遗产数字化保护单位有国家层面的和地方层面的。无论是从非物质文化遗产项目需存储素材的工作量,还是从非物质文化遗产数字化保护单位的角度而言,非物质文化遗产资源共享机制的确立都有益于非物质文化遗产收集、整理的完整性和系统性。然而,目前国家和地方各级政府在加大投入非物质文化遗产数字化保护与开发的人力、物力、财力的同时,也存在着"信息孤岛"、资源浪费的现象。

纵观各个层级的非物质文化遗产数字化保护资料库,错位信息时常可见,如"中国非物质文化遗产网·中国非物质文化遗产数字博物馆"和"福建省非物质文化遗产保护中心"对于福建省第一批国家级非物质文化遗产项目的条目数就分别呈现 37 项和 14 项,两个网站在栏目"法规文件"和"政策法规"中对"国家级"和"联合国"文件的数量统计也不吻合。共享机制的缺失、错位信息的传递,直接降低了数字资料库对于文化传播的可信性和真实有效性,也造成了数据库平台建设的资源浪费。

7.2.8 过度数字化导致非物质文化遗产失真

处理数字化技术运用与文化生态发展方面的关系,一直是数字化保护关注的重点。民俗类非物质文化遗产的重要组成部分即为地方信俗,而地方信俗主要通过系列活动流程予以诠释,因而在利用数字化技术进行保护的过程中,常采用虚拟现实、三维动画等技术对保存有信俗的当地环境和参与居民进行创设。囿于信俗仪式举办的时间和地域环境,虚拟环境的创设和信俗仪式的电子化展示在文化展示和传播上具有重要的作用,但即使是最为完备的数字化展示,也无法为游客营造活动仪式举办的氛围。民俗类非物质文化遗产的过度数字化,容易造成非物质文化遗产文化展示的失真和体验重点的偏颇。数字化保护是非物质文化遗产的重要保护与开发模式,但随着民俗类非物质文化遗产的不断发展与变化,鼓励和带动游客实地参与、体验与传承才是保持非物质文化遗产本真的关键。

第 8 章
数字环境对非物质文化遗产影响因素的分析

非物质文化遗产及其生存环境和载体是相对脆弱的,现代数字化技术给非物质文化遗产带来的变革性影响,既有好的一面,也有令人担忧的一面。本章本着积极、开放、谨慎的态度,从移场、错位、转译、赋权、改变、忽视、再现、传承、传播、认同等方面来审视和阐述数字媒介对非物质文化遗产的影响。

8.1 移场与错位

8.1.1 移场:物理场—数字场

场的概念源于物理学的概念。该领域认为:物质有"场"与"实物"两种存在方式,场是其中之一。随着科学的发展,物质不再被看作是静止的、不连续的统一体,而被看作是连续的场态,场便成为物质唯一的存在方式。科学家爱因斯坦曾言:在新的物理学中,不许有场与实物两种状态,故而场是唯一的存在方式。可见,现实世界的本质特征就是"场"的特征。从社会领域来看,也存在着各式各样的社会场。但此场并非物质场,它是将信息作为核心内容的信息场。该场有多种表现形式,其最基本的表现形式就是文化信息场(或称为文化场),它是由自然场演化并派生的。基本场与派生场、派生场与派生场之间再进行复杂的交合作用,又形成了更多元的次生场。如果社会场是从自然场的复杂的交合作用中派生出来的,那么文化信息场则是从社会场的复杂的交合作用中演化出来的。

法国学者皮埃尔·布迪厄(Pierre Bourdieu)提出的场域理论认为:它是由社会公众按照一定的逻辑关系共同构建起来的,是社会成员参与各类社会活动的主要场所,并将之定义为各种位置之间的客观关系的网络结构。现实社会中存在各种各样的场域,而且由于社会分化而被区隔为多样化的场域,因此布迪厄将社会分化的过程看作是场域的区隔化过程。这种区隔本质上是某个场域摆脱其他场域约束的过程,并在此过程中表现出自身固有的特征。为了阐释场域的区隔化,布迪厄区别了某个给定的社会空间中的两种"生产场域"——"限定性生产场域"与"大规模的生产场域"。"限定性生产场域"是与场域本身的特殊化共同拓展的,而"大规模的生产场域"是社会场域的扩大,外在影响因素不断涌入,社会各种力量不断渗透,该场域边界逐渐变得模糊不清,特殊化程度不高。

此处的"场"主要是指非物质文化遗产赖以存在和发展的场所或空间,包括物理场所、社会空间及文化空间。从物理学上来看,非物质文化遗产的"场"是一个实体的物理空间,非物质文化遗产在现实中存在必须依赖实体,非物质文化遗产是在一定的地理区域及特定的生产方式中孕育产生的,物理场是非物质文化遗产的原生场域(基本场域),也可称之为"限定性生产场域"。随着非物质文化遗产生存的社会环境与社会结构的变化,原生场域逐渐被压缩,非物质文化遗产面临着生存危机。在社会因素(包括媒介)的影响和制度安排的主导下,在基本场域中逐渐派生出次生场域,次生场域承接了非物质文化遗产的生存与发展。在保护和利用非物质文化遗产的前提下,政府在官方话语体系下,开办了多种非遗传习班、传习所、传习基地,以及将非遗的培训学习纳入了地方教育体系之中,从而实现了非物质文化遗产的"移场"。借用布迪厄的场域观点,可以将之称为"扩大化的场域"——由个体传承场域、社区传承场域转移到社会化的场域。这种移场终究还是在"限定性生产场域"中,即非遗的生存、保护与传承还限定在一定的文化场域之中。随着数字化技术的介入,非物质文化遗产面临着更大规模的移场。

媒介环境学派代表性人物波兹曼认为,媒介对整个社会文化的塑造具有决定性和关键性的作用,一种新媒介可能会改变整个社会的话语结构。在他看来,文化是以媒介为基础的"会话",文化遗产则是以媒介为基础进行传播的。数字传播不仅专注对文化遗产器物层面的信息呈现,更是利用数字化技术的手段和方法阐释文化符号及其内涵。数字化技术加快了非物质文化遗产的传播速度。以往的传播是以原子为基础物理空间,它们的流通速度受到时空的物理因素的限制,而当遗产被数字化为比特之后,可以放到数字媒介之中进行传播,其影响范围也就从过去的局部地域变成了全球网民,且几乎没有时间差地抵达目的地。这样就完成了另外一种"移场"——由原生物理场、次生社会场转移至数字文化场。如上所述,无论是原生场、次生场还是数字场,均由自然场派生出来,而且各个场域之间存在着各种复杂的关系。

现在主要是传承场地的问题,有的是在学校里,有的是在传承人家里,有的是在传承人生活的村里,还有的就是在政府所批准的传承班、传习基地、传

第 8 章 数字环境对非物质文化遗产影响因素的分析

习所里,这些场所大都不是非遗的原生场地,缺少了一种情境。比如民歌,以前都是民众不知不觉地从长辈或同辈那里学到,而且都是有一定生活情境的,如老人哄小孩的时候、婚丧嫁娶的时候等,而现在学民歌,可能都是在特定的或指定的场所里。

8.1.2 错位:时空—主体错乱

数字化技术促成的"场域"转移,必然会带来非物质文化遗产的各种错位。首先是空间错位。数字化技术将非物质文化遗产在地化,并将其转移到数字媒介中,在地性文化知识脱离了日常情境,使之成为"抛弃现实世界"的虚拟化。从真实物质到数字构建,文化遗产转化为符号语言,成为新空间的文化景观和虚拟物。将非物质文化遗产从互动的地方文化语境中"移出",数字符号对非物质文化遗产的空间性和地方性进行了"消解",并在数字空间范围内进行重组,形成了新的文化意义空间。其次是时间错位。非物质文化遗产是在地化、及时性的表演、制作,经过数字化的编码与处理,使之具备了时间性的偏向,在线性和异步性传播与展示成为可能,作为异文化的"他者",可以在任意时间内进行观赏与学习。

在错位的时空内,非物质文化遗产会随着数字传播的范围空间进行"再地方化""再表述",非物质文化遗产的地方性和文化性在新的语境中被重新解释或认识。数字媒介为非物质文化遗产提供了不同的传播与穿越方式,这些在数字空间的文化想象消融了非物质文化遗产的历史性、文化性与主体性,打破了非物质文化遗产自身的固定性和限定性。同时,时空的错位也带来了文化心理认知的错位。不同时空的人在接触数字化非物质文化遗产时,必然会产生对非物质文化遗产的想象,以及扩散到对非物质文化遗产主体的认知,这种"超真实性"的数字化非物质文化遗产成为"他者"认知、了解、想象非物质文化遗产主体的符号,可能会产生真实的非物质文化遗产及主体与数字化非物质文化遗产的认知错位。正如布迪厄提出的场域理论所说,场域里活动的行动者是有知觉、有意识、有精神属性的人,每个场域都有属于自己的"性情倾向系统",即文化;每种文化只能在场域中存在,并且每种文化和产生它的场域是对应的关系;此场域的文化和彼场域的文化之间存在着"不吻合"现象,把此场域形成的文化简单地"移植"到彼场域中,可能会造成不合拍的现象。在非物质文化遗产数字传播与展示过程中,不同文化主体在接触异文化时存在心理排斥性与误解性。

8.2 转译与赋权

8.2.1 转译：以今译古

数字化技术的介入,给非物质文化遗产提供了另一种表达工具和传播介质。对于非物质文化遗产的表达和传播,首先要按照数字媒介的话语体系去编码,即转译。非物质文化遗产的转译就是文化信息的生产过程,无论是非物质文化遗产活动、非物质文化遗产器物还是非物质文化遗产传承人,都可以经过数字化技术进行文化信息提取、抽象与编码,对其进行信息化加工和传播,且只有将非物质文化遗产进行数字信息的转译,才能使之符合数字媒介载体或信道的传播。非物质文化遗产的数字化转译,包括文化语言体系的转译、文化形式的转译、文化内容的转译及文化系统框架的转译。

首先是文化语言体系的转译。文化语言体系的转译是指以新的数字语言和表征符号去表达非物质文化遗产。上文提及的数字媒介的文化表达与传播是指在脱域化的时空中去理解和阐释非物质文化遗产,但这个过程是相对困难的,当丰富的现实世界被归纳到一种语言表征系统中,其丰富而感性的知识就被线性化了。语言的转译涉及多次不同的语言体系的转译:首先将非物质文化遗产的民间叙事语言(生活语言——传承人表达)转译为学术语言(学术表达),然后转译为数字语言(技术表达)。其次是文化形式的转译。每一种文化都有自己特定的语言形式和文化形式,例如舞蹈、民歌等,数字媒介要根据不同的文化进行解构,对所有的构件要用新的媒介形式进行重组,以使媒介形式符合文化真实。第三是关于文化内容的转译。文化内容是非物质文化遗产的核心,不同的文化内容需要进行不同路径的转译。非物质文化遗产的活态、具象经过数字化技术(录音、录像、三维建模扫描、动作捕捉等关键环节),转换为文本、声音、音视频内容等。其中,对文化隐性化知识的转译是最困难的。隐性化知识不容易被高效地编码,不能用清晰的语言阐释清楚,但并不代表隐性化知识无法有效编码,运用适当的技术便可以使之得以表征,从而有助于文化内容的转译。第四是文化系统框架的转译。文化系统框架的转译是指以一种数字化知识框架转换非物质文化遗产系统。人们是以自己的方式接近文化场所并解读其意义的,他们利用不同的信号与符号来

第 8 章 | 数字环境对非物质文化遗产影响因素的分析

构建属于自己的意义。因此公众理解非物质文化遗产的能力各不相同,信息能否如非物质文化遗产本身所期望的方式或程度被理解和接收,并不能得到任何保证。转译不仅是非物质文化遗产的转译,更是文化范式的转译——营造数字遗产环境,培育数字化的遗产传承和消费,将非物质文化遗产纳入现代体系,在新的数字环境中去传承、理解和利用非物质文化遗产。

8.2.2 赋权:自我增能

"赋权"最早源于 20 世纪中期的美国。基于对歧视主题的研究,美国学者首次提出了赋权的理念并将之界定为一种专业的社会活动,其目的是帮助被社会歧视的弱势群体对抗不公正待遇,以降低自身的无能和无权感,进而增强该群体的权利和能力。从一般意义理解,赋权是在信息技术进步的作用下,弱势群体积极获得信息资源,拥有更多的话语权力,以提升自己的各种社会能力,进而参与到社会活动之中。这种赋权也就是通常所说的技术赋权,在数字媒介环境下,也被称为数字赋权,它是指信息技术进步赋予个体、群体一种生存与发展的权利。

麦克卢汉认为,通信技术延伸了人的感官(如触觉、视觉、听觉等),各种交通工具延伸了人的双脚。数字化技术的出现,不仅大大延伸了人的"手""眼",更延伸了人的"脑"。相对于其他技术手段,数字化技术最大的优势在于可以海量储存、高速传播,用虚拟符号展示丰富的实物,并且改变了人的认知、生活、生产模式。在一定程度上,数字赋权的效能要高于技术赋权的效能,或者说它更像是一种文化赋权和传播赋权。当人们在使用数字媒介技术时,感受着参与传播过程所带来的效能感的提升,并在该过程中形成新的文化认同感。因此,数字化技术有机会融入赋权理论所提倡的"参与式传播"过程中。这种传播模式的目标是共享社会资源的分配和改善社会权力的分布。数字媒介技术的普及在某种程度上弥补了技术鸿沟,文化个体或群体都可以在这个空间中进行创意创作和表达。一些游离于主流视线之外的文化越来越被社会所关注,例如非物质文化遗产。

对于非物质文化遗产,数字赋权主要表现在以下三个方面。一是提高了非物质文化遗产的传播力。原生在社会环境中的非物质文化遗产的传播范围较窄,受众群体较少,文化传播受制于传统媒介的选择性。数字媒介的技术赋权,使传承人或在地民众拥有发声与传播的技术,这是实现文化话语权最基本的保障,使得非物质文化遗产在数字空间内能够相对自由地表达和传递。同时,传承人或在地民众可以运用数字媒介技术主动呈现自己,展现自己的文化观点,以扩大自身文化的生存空间,让外界正确了解在地的特色文化。其次,数字媒介赋予传承人以发展力。目前非物质文化遗产的经济价值并未凸显,其文化价值也仅局限在特定的区域,不少非物质文化遗产项目传承动力不足,关键是未能给传承人带来经济上的满足,仅靠制度上的补贴不足以促进非物质文化遗产的有效传承。数字媒介为非物质文化遗产传承人带来了发展的推动力,增强了传承人在互联网中的活跃程度,传播了特色文化,提升了自我效能感。当下互联网兴起的网络众筹,也为部分非物质文化遗产找到了经济利益的增长点。2016年,淘宝众筹联手文化部非物质文化遗产司开展阿里年货节非遗合作,汇聚了百余家中华老字号,还推出了多场保护非物质文化遗产的众筹活动。通过"众筹"模式,不少非物质文化遗产项目被网民所了解。有的项目上线半天,其筹款就超过筹款目标的150%。三是赋予非物质文化遗产所在区域影响力。互联网、移动媒体的兴起,对于非物质文化遗产的数字传播,不仅是对文化的宣传,更是对非物质文化遗产项目所在地的推介,甚至将非物质文化遗产项目打造成一个区域的文化名片,形成了文化品牌,提升了区域的美名度和知名度,在文化经济方面增强了地方发展动力。

8.3 改变与忽视

8.3.1 改变:整体性变革

技术变革不是数量上增减损益的变革,而是整体的生态变革;一种新技术不是某种程度上的增减损益,而是改变了一切。数字化技术的介入改变并影响了非物质文化遗产的"整体性生态",包括对非物质文化遗产的认知方式、表现方式、表达方式、传承方式,甚至是非物质文化遗产本身的呈现方式。数字媒介带来的解构性、自由性、创造性,已然成为非物质文化遗产生存与发展不可忽视的特征。数字媒介首先改变了非物质文化遗产的叙事表达模式。在传统环境下,非物质文化遗产的叙事具有典型的时间结构,某项非物质文化遗产的叙述从开始到结束贯穿着线性时间的结构;而在数字环境中,非物质文化遗产的表达具备了非线性和超链接性,可以根据受众的兴趣点和目的性对非物质文化遗产进行有选择性的读取,可不必按照时间顺序。其次,数字媒介技术和终端设备改变了受众对非物质文化遗产的认知模式,它们不仅

第 8 章 | 数字环境对非物质文化遗产影响因素的分析

改变了社会,而且把线性化、区隔化、一元化的社会形态送进了历史,并营造了多元共存、纷杂并存、时空同步、远距离互动的新型社会,同时调动了人所有的感官去立体化感知周围世界,催生出一种直觉把握的系统的认知方式。受众的认知模式从以线性思维为主的习惯模式逐渐向个性化、多元化及解构性的模式改变。正如麦克卢汉所说,每一种文化都有它自身的感知与认知模式。第三,数字媒介技术改变了非物质文化遗产的生存、生产及传承场域。正如上文所述,数字化技术使非物质文化遗产移场,从物理场到比特场,从原生场到次生场。同时,数字媒介将非物质文化遗产移场到网络空间,使文化象征意义产生异化,原本属于在地民众的日常文化,在网络上可能会演变为一种文化奇观。

8.3.2 忽视:选择性记忆

数字媒介作为一种工具或载体,无论是其本身特性(数字化技术因素),还是利用数字媒介的人(人为因素),对所要表达和传播的内容,可能都会产生"盲视"——忽略相关的信息。非物质文化遗产在数字媒介环境中亦不可避免地造成不同程度的"忽视"。首先是对非物质文化遗产地方感的忽视。地方性的非物质文化遗产是由特定人群与特定地方之间的有机互动而形成的,并形成了特有的"地方感"(place sense),体现了地方生活传统、地方文化记忆、地方历史传说等,也是维系文化生态的重要力量。在数字媒介中非物质文化遗产处于一种"脱域化"状态。数字媒介使非物质文化遗产离开源生地,造成"地方感"的迷失。数字媒介会屏蔽非物质文化遗产的自然环境与社会环境,筛选并过滤掉大量的信息,从而淡化了非物质文化遗产的"本土意象"和"文化特色"。但是,只有文化"地方感"才能形成"我"与"他者"的差异。其次,忽视了非物质文化遗产的主体性。在数字媒介中,由于受众教育背景和主观态度等原因,他们更多地关注的是非物质文化遗产的内容及表现形式,而忽视了对非物质文化遗产传承人或文化现象背后的意义的关注。非物质文化遗产的诸多知识是系统的、缄默的,若仅仅采用声音、视频、3D模型、动作捕捉等数字化表现形式,则难以完整地反映出错综复杂的文化逻辑关系。例如,通过影像或动画的形式可以了解某种非物质文化遗产的形式及内容,但却依然无法获取文化知识的来源、传承演化的历史过程,以及它的时间性和地域性特征等内容。第三,忽视了非物质文化遗产的周边信息。数字媒介具有选择性,它会选择所谓的非物质文化遗产的"关键信息",而忽视了非物质文化遗产的相关信息。一项非物质文化遗产是由一系列的周边信息积累组成的,包括物理信息、文化信息、生态信息、相关信息。数字媒介对所选择的信息进行放大,而忽视了其他信息内容。当然,在数字媒介中构建完全客观的实体也是不可能的。另外一种忽视就是,数字媒介上所产生的信息呈现递增态势。在数字媒介上的各种非物质文化遗产的信息很容易被淹没,如何能在海量信息中凸显非物质文化遗产,使得受众有效、便捷地接收到非物质文化遗产的相关信息成为难题。

8.4 再现与传承

8.4.1 再现:数字载体呈现

凡是文化,都面临着一个呈现的问题,即如何表现或再现,如何让人感知。在过去,传统文化主要是通过口头、印刷纸张、舞台表演、影像音像等传播给公众的。但到了数字化时代,由于新媒介及各种网络应用的开发和发展,文化遗产呈现的方式也不断得到创新。数字媒介环境里的文化遗产新的呈现方式有两个特征。一是数字媒体多方式呈现,这是就载体而言的。数字媒介时代,非物质文化遗产除了口头、印刷纸张、舞台表演、电影、音乐等传统的呈现方式以外,还可以通过移动手机、网络、户外广告屏、数字杂志、数字广播、数字电视等来进行传播,其中尤为重要的数字媒体是互联网。通过这些数字媒介,传统文化以文字、图片、音频、视频及其组合(如虚拟现实 VR、增强现实 AR、混合现实 MR)的形式呈现,可将非物质文化遗产进行重新组织和编排,公众不必再按部就班地接收信息,而是可以根据自己的需要随心所欲地在文化信息之间跳转。由于这种信息组织方式更加符合人类大脑的特点,因此它将更有助于非物质文化遗产信息的呈现。数字媒介具备了使非物质文化遗产完整再现的感官体验能力。现在普通的多媒体技术就已经能很好地将视觉和听觉结合在一起,虚拟现实技术中所用的三维传感设备也已经能跟踪动作的变化,甚至连嗅觉和味觉的数字化也已经有了成功的案例,数字化再现与展示促进了文化的沟通。二是创意呈现,这是就内容和形式而言的。这是一个创意传播的时代,只有符合受众心理、抓住受众眼球的东西才能得以广泛传播。数字媒介改变了遗产的文化意义和对遗产表现的诠释路径,使遗产增加了全新的展示内容,成了现代社会再生产的"新产品"。数字再现技术的进步通常能够带来前所未有的模仿能力,以及使"远距离存在"成为现

第 8 章　数字环境对非物质文化遗产影响因素的分析

实,在某种程度上取代了现实世界,呈现的内容根据输入的不同而不断变化。虚拟现实技术运用数字形式构建文化并生产数字创意产品,在线上与线下之间出现了越来越多的共鸣和转换。

8.4.2　传承:扩大数字受众

数字媒介的传播特性为传统文化的传承和学习带来了一场学习与传播革命。过去的师徒面授、现场观摩等学习和传播方式略显落伍,而通过数字媒介技术,非物质文化遗产的相关知识可以随时随地在数字媒介上上传和下载,并通过互联网、移动终端扩散,所有感兴趣的人只要有一台接入设备,便可以任意浏览、学习自己感兴趣的内容。当然,这也要求在数字媒介环境中,原先掌握了传统文化知识和技艺的那一批人要积极主动地参与传统文化的解释和传播,为数字媒介学习搭建平台。以网络公开课为例,当前各大门户网站,如新浪、网易、腾讯、搜狐等,都相继推出了网络公开课,供大众学习,在所提供的公开课中,就有不少来自世界和国内的精品文化课程,涵盖了文化传播、艺术、古典建筑等学科领域。基于数字媒介的传播特性,有学者甚至提出,在数字媒介时代,还应当构建常态化学习与传播传统文化机制,以具备互动性、便捷性、可拓展性、可移植性的数字媒介为平台,引导社会公众进行常态化学习和传播优秀传统文化,是具有可操作性与可行性的。由此可见,数字媒介拓展了非物质文化遗产的传承渠道和途径。

另外一个层面是,数字媒介还扩大了非物质文化遗产的传承人范围。根据学者阮艳萍的研究,在数字时代,数字媒介构建的平等化、自由化、多元化的信息平台,为文化遗产的多元化传承提供了一个便捷、低廉、低门槛的技术前提。文化遗产的传承出现了一种新型主体——数字传承人,它是指掌握并运用数字信息技术对非物质文化遗产进行数字化加工、整理、再现、阐释、存储、共享与传播的主体。全国政协委员冯骥才先生曾在两会期间发言:"民间文化的传承人每分钟都在逝去,民间文化每一分钟都在消亡。"调查发现,民间文化处于最危险的境遇,表现在两个方面:一是少数民族的传统民间文化,二是传承人呈现后继无人的局面。特别是在少数民族地区,传承人的状况更为明显,最需关注。除了传承人的逝去外,不少民间传承人的传承意愿也相对弱化,失去了传承的动力。萨林斯曾说过,文化在我们探索如何去理解、诠释它时随之消失,接着又将会以我们未曾想象过的方式再现出来。在当下数字化情境中,传承人可以利用自身在数字信息技术方面的优势,促使非物质文化遗产在电视、电脑、手机等数字载体上传播、传承。在此过程中,非物质文化遗产从专属性、唯一性、地域性的传统文化变成了可共享的、可再生的、脱域的现代文化,数字传承人可与在地民间传承人进行沟通交流,从而实现良性互动传承。

8.5 传播与认同

8.5.1 传播:媒介即传播

传播是一个意义丰富的概念,其中,文化与传播的交织是丰富性的重要来源。吴予敏教授分析得出"文化"与"传播"具有内在的统一性。传播学家施拉姆曾引用人类学家萨丕尔的话说,每一种文化形式和社会行为都或清晰或模糊地涉及传播,他把传播与文化放在了同一个框架中,他还明确提出传播是社会得以形成的有效工具。拉斯韦尔在其论文《传播在社会中的结构与功能》中对传播的功能所作出的归纳,一直被公认为是传播学界的经典论述,其中之一就是"传递遗产"。在全球化、数字化时代,为实现传统文化与现代社会的良性互动,"时空并置、纵横交合"的传播观不知不觉地影响到了遗产的传承观,遗产除了在遗产所属地的跨时间代际传承之外,亦可实现遗产横向跨空间、跨地域传播,这种文化的传承指向是文化遗产跨越时间和空间在任何时空范围内的多元化传播。从传统视角来看,非物质文化遗产一般是在地性(不脱离原生性的自然、社会环境)、即时性(遗产的表演展示与传播同步)传播,它作为一种活态的文化样本而存在。虽然电视、电影、广播等媒介可以进行异地化传输,但它们不具有数字媒介的互动性、在线性,传播范围、速度和广度受到客观条件的限制。在数字媒介环境中,非物质文化遗产的传播必然具有数字化传播的特征。数字媒介的传播方式的最大优势在于跨越了时空,既可以异地在线传播,也可以异步传播。从传播流向来看,在数字媒介普及之前,口语传播、文字传播、印刷传播乃至电子传播,大多为点对点或点对面的单向传播模式,受众处于被动接受状态。随着数字媒介的普及,受众由相对被动的消费者与接收者转换成更加主动的使用者、选择者和产消者(prosumer),能够积极利用数字媒介进行内容生产和传播实践。从传播的过程来看,数字媒介的传播过程不仅仅是从生产者到消费者的线性、单向的过程,传播的"扩散观""传递观"进一步演化为传播的"互动观"。

一方面,数字媒介创造了新的概念系统、新的社会互动与语言表达体系,

第8章 数字环境对非物质文化遗产影响因素的分析

打破了传播的时空规定性,开启了更为互动的传播范式;另一方面,传播内容与传播过程均是在特定的社会文化情境中发生的,公众有权选择如何生产、创造、理解和应用。对于非物质文化遗产,通过全景扫描或3D摄像,将民间文化记忆或传统手工艺制作全过程通过数字化编码构建非物质文化遗产数据库,并进行分类、加工、整理,通过媒介融合,生成多元化文化产品形式,以实现动态传播。同时,遗产传播是一个增值过程,在数字媒介的作用下,遗产的传播价值和效用更大,文化如同知识,越是分享,其价值和效用越大。在此对文化遗产传播价值的增值做一个公式化描述,即

$$V=(CH+P)^C$$

遗产传播价值在于遗产信息与知识在公众之间的分享与传递,包括横向传播扩散和纵向传承与传递。在公式中,"V"表示value,是指文化遗产经过共享、传递、传播,加之接收者自身的理解和加工而产生的社会价值、审美价值、科学价值、经济价值等;"CH"表示culture heritage,是指某种文化遗产所有的信息点,如上文所述的文化遗产的传播内容;"+"表示digital media,是指数字传播载体;"P"表示person,是指掌握某种文化遗产知识或信息的所有人或组织,包括专家、政府、公益组织、传承人、利益相关者等;"C"表示communication,即遗产信息内容在不同主体之间的有效传播。遗产的数字媒介传播是以网络为基础的,即公式中的"C"(传播与共享)符合梅特卡夫定律。遗产传播主体愈多,则遗产价值就愈大;传播范围越广、受众越多,其效果和效应就越好。让社会力量参与到遗产保护与发展中来,使公众能够更加广泛、深刻地认识遗产,培养遗产保护意识,合理利用遗产,给予公众文化熏陶和文化体验,提高社会公众的遗产素养,从而使遗产得到更好的保护和传承。

8.5.2 认同:认识"我"

认同(identity)通常被译为身份或同一性,以表达"我"或"我们"是谁——个体或群体的归属。认同从本质上来看,是对文化意义的认同,这种文化意义又可以被看作是"集体记忆"。认同是社会构建的产物,一个人要在与他人的交往中构建个体的认同,就必须要和这些人共同生活在集体想象的"文化意义体系"中。如何将这种文化意义或者"集体记忆"循环或再生产,使之得以被传递和认同?在传统环境中,身体被视为文化记忆的载体和媒介,作为身体语言和头脑记忆,把文化形态转变成某种习惯,使回忆变得稳固,并且通过强烈的情感力量使记忆得到加强。非物质文化遗产正是通过口传身授的方式进行传递与传承的,它作为一种文化记忆,是当代人得以产生认同的"文化意义体系"。就目前的文化生态而言,非物质文化遗产的循环、传递及再生

产必须要借助外力——介质载体,随着这些媒介的不断变化,记忆的形态也不可避免地随之发生变化——口传、书籍、电子、数字,每种媒介都会打开一个通向文化记忆的特有通道。当下管理和传递非物质文化遗产的,不再仅是族长、家长或遗产传承人,而是时代载体——数字媒介等。

利用数字媒介对非物质文化遗产产生的认同,表现为以下三种类型。第一,代际认同。利用不同的数字载体从不同角度多维阐述某项非物质文化遗产,这种不断重复展现起到了文化记忆的涵化作用,在文化熏陶下的本土年轻一代不自觉地习得、确认和传承了地方文化,进而形成文化自信和认同。第二,异地"我者"认同。本土民众进行了迁徙,在异域环境中生活与发展,利用数字媒介接收和认同"根文化",在数字空间中形成一种文化归属感,进而产生文化意义上的"在地方化"。第三,扩大他者认同。社会文化的差异与相似的最有力的解释是传播。数字媒介可以促成深刻的文化身份认同,因为它以有效的、有用的和娱乐性的方式,使他人乐于接受。数字媒介扩大了非物质文化遗产的传播广度和深度,促使各个地方的民众得以交流与沟通,消除了文化误解,降低了文化理解折扣,达到了"美人之美"的和谐状态,扩大了本土文化的他者认同。

第 9 章

非物质文化遗产数据库的构建

如何存储、共享、管理及应用数字化之后的非物质文化遗产数据?对此,本章主要论述非物质文化遗产数字化的核心载体——数据库。本章论及的数据库仅从功能上构想,并非从具体技术上讨论。非物质文化遗产数据库主要实现两个方面的功能:一是保存与管理非物质文化遗产,为非物质文化遗产的保护与管理提供决策依据;二是为了有效利用非物质文化遗产的数字内容,通过数据系统分析、整合、挖掘非物质文化遗产资源中的有效资源,将文化服务、文化传承与产业利用融为一体,有利于科学研究、经济转型、文化振兴等。

9.1 非物质文化遗产数据库构建意义

科学技术不断发展,数字化技术日新月异,非物质文化遗产的保护、传承与发展也要适应时代的发展,运用新的数字化手段提高非物质文化遗产的保护水平,强化遗产教育传承效果,加大遗产发展与应用的力度。早在2005年,国务院办公厅下发的《国务院办公厅关于加强我国非物质文化遗产保护工作的意见》中明确指出:要运用文字、图片、音像、数字化多媒体等方式,对非物质文化遗产进行系统、真实和全面的记录,建档(档案库)、建库(数据库)。在科学分析、合理构建和有效运行与管理之下的非物质文化遗产数据库,不仅可以系统、真实、全面地记录某个区域的非物质文化遗产全貌,亦可提供便捷的查询、交流与利用非物质文化遗产的数字内容资源等功能,在非物质文化遗产的传承与保护、传播与研究、发展与利用等方面,发挥着基础资料参考与动态辅助决策的价值。

9.1.1 集成与建档

数据库是一种集成。非物质文化遗产种类繁多,复杂多样,近十余年,国家各级政府主管部门的非物质文化遗产普查、名录申报等积累了大量的闲散资料——基本数据信息(表格、文本、图片、音频、视频等)。在安义县调研时,H市非物质文化遗产科负责人告诉作者,目前该科室拥有本市所有县级以上的非遗资料,但大部分资料都是零散的,未曾进行系统性整理,甚至有些资料还是以实物性文本资料存在的,这给非物质文化遗产的统计决策、动态管理带来了很大的障碍。通过数据库的建设与管理,可将这些非物质文化遗产资源纳入数字化保护与管理机制中,有效提高管理效率。但目前非物质文化遗产数字信息来源多为主体化,如各级政府的文化主管部门,各种非物质文化遗产管理与研究机构,高校和研究所,各级各类档案室、图书馆、博物馆,以及传承人等,非物质文化遗产数字资源记录手段不一致(有的录音、有的拍摄、有的数字建模),存储空间分散,信息储存逻辑模式不同(储存格式与标准不同),数据编码标准异构(非物质文化遗产侧重于传统表演艺术、传统造型艺术、传统生产生活知识技能及传统节庆仪式等不同形态,编码标准不一致)等。若想实现数字资料的集成与整合,就要实现不同数据结构之间的数字信息资料、硬件设备资源等的合并与共享,以分散、局部的信息数据为基础,通过非物质文化遗产数字元数据标准等建立具有统一标准的数据集合。

从每一个非物质文化遗产项目层面来看,可以利用数据库对各个项目及其传承人进行建档立卡,虽然非物质文化遗产的保护在于活态性和生活性,但许多非物质文化遗产在当下缺少存续土壤,甚至濒危项目面临着传承中断的状况,建立非物质文化遗产数据库则能准确把握各个项目的存续状态——传承人数量、传承项目的等级、传承区域范围、相关音像等。徽州地区的非物质文化遗产门类齐全,四级名录完备,项目及传承人资料复杂,如果仅是实体资料的整理与管理,无法有效满足现代管理的需要,而数字化立档保护所需时间短,数字记录等易于完成,并随时可对项目数据进行监测、分析和管理,有利于非物质文化遗产的保护与管理。

9.1.2 保护与共享

非物质文化遗产数据库构建的基本意义之一就是保护,通过数字化技术记录并保存非物质文化遗产。世界各国都重视对人类文化记忆的保护,无形文化记忆对当今社会的发展具有不可估量的历史和人文价值。例如:联合国教科文组织发起的"世界记忆工程"主要提倡档案文献实体保护,口头历史记录、影像历史记录等音视频保存,以及数字化资源的长期保存;徽州非物质文化遗产数据库的建立,是对该区域非物质文化遗产进行系统性、完整性的保护,有助于历史文化的保存、传播和交流。

第9章 非物质文化遗产数据库的构建

非物质文化遗产数字化资源相对于非物质文化遗产实体本身来说,就是便于传播和共享。不论是从人对非物质文化遗产资源的需求,还是从社会对非物质文化遗产的认知、保护出发,通过网络信息技术实现资源共享是趋势,而最大限度地实现非物质文化遗产资源保护和共享的手段就是建立数据库。

数据库可以将散存于世的、难以在物理空间集成的文化资料、实物资料通过数字网络技术集中在统一的数据库中,以使非物质文化遗产资源以数字形态整合以及使其利用价值最大化。2002年,文化部、财政部组织实施的"全国文化信息资源共享工程",就是充分利用数字化技术将传统典型的文化信息资源进行数字化采集、加工、处理与集成,从而构建文化信息数据库;建设以互联网为载体的中华优秀文化的网络中心与信息中心,通过覆盖全国各省(自治区、直辖市),大部分地、市、县,以及乡镇、街道或社区的文化信息资源传输系统,来实现优秀文化的数字信息在全国范围内的共建与共享;建立非物质文化遗产数据库,对非物质文化遗产数据进行加工、发布,使数字资源在平台上实现各级搜索与不同权限的浏览,实现非物质文化遗产资源数字形态的最大共享,而且数据的保存与传播也促进了非物质文化遗产所有者信息、知识产权信息的公开。未来非物质文化遗产数据库将成为促进非物质文化遗产资源合法利用与共享、促进传承人权益保护的有力工具。

9.1.3 管理与应用

非物质文化遗产数据库是以非物质文化遗产的数字资源为核心内容的集成仓库。按照非物质文化遗产传承与保护逻辑,构建相对应的非物质文化遗产数据库系统。在非物质文化遗产数据编码采集、数字记录、更新维护及时的情况下,通过非物质文化遗产数据库,可以为非物质文化遗产保护工程提供强大的数据辅助,客观把握非物质文化遗产数字化保护的各项工作进展情况,辅助保护工程科学管理决策。不管是非物质文化遗产保护的整体性规划的推进,还是各类非物质文化遗产项目上的取舍,均是建立在真实信息分析的基础上的。非物质文化遗产数据库可以提供不同区域范围、不同非物质文化遗产类属等数据的集合分析和趋势分析,更好地辅助保护决策,还可以对重点非物质文化遗产项目(濒危项目)进行监测,让非物质文化遗产数据为非物质文化遗产数字化保护管理服务。在大数据时代下,通过对大量相关数据的收集分析,预测会更强大,发现可能会遇到的问题,发出预警信号,对抢救与保护进行提醒,更利于保护决策的进行。数据库未来也会成为预警濒危、辅助传承和主导保护的主要依据。可见,非物质文化遗产数字化保护过程,需要一个集成性的数据库来支持与支撑,将非物质文化遗产数字信息资源进行合理的整合、管理与调用,从而提升非物质文化遗产数字化保护工作的效率与效果,而非物质文化遗产数据库的设计与构想是实现该项工作的最重要、最基本的环节。

非物质文化遗产数据库的建设不仅仅是为了保护,还要考虑到非物质文化遗产数字化发展问题,即非物质文化遗产数字内容的应用。通过数字化技术可以将非物质文化遗产内容以标准化和数字化的形式进行编码储存,建立数字文化遗产资产库,并以其素材数据为基础,以市场需求为导向,灵活开发各类具有自主知识产权的视觉形象、文化元素等,通过版权授权、展览展示、联合开发、教育培训、文化传承等方式实现非物质文化遗产的数字化发展,以延长非物质文化遗产的生命周期。非物质文化遗产数字内容的应用主要表现在文化传承、公益服务和产业融合三大方面。文化传承是非物质文化遗产数字化的题中之意,数字化正是为了保护与保存非物质文化遗产的文化基因而肩负着文化传承的使命,例如通过数字化展示、数字博物馆、学校教育等途径进行文化传承。公益服务是非物质文化遗产数字化的另外一个层面的意义。数字化可促进非物质文化遗产的传播,让非物质文化遗产的数字内容惠及公众,例如通过广播、影视、网络等开展文化公益活动。至于产业融合,它是非物质文化遗产参与社会发展的重要路径,也是非物质文化遗产自身发展的关键。任何文化遗产如果不能满足当下社会的需要,那么它的生命周期将会被压缩,逐渐退出历史舞台。非物质文化遗产数字内容的应用,就是推动文化建设中的传播手段升级,逐步形成以非物质文化遗产数字内容的网上服务为基础的产业融合,并形成新的经济增长点。

9.2 非物质文化遗产数据库构建

9.2.1 非物质文化遗产数据库构建机制:"合作—参与"

非物质文化遗产数据库的构建如同前文所述的非物质文化遗产数字抽象编码一样,并非由某一个人或群体所完成,而是必须依赖协同机制——文化学者、技术人员、政府机构、在地民众(包括非物质文化遗产传承人)等主体合力协作,方能建设有效的非物质文化遗产数据库。就目前全国各个非物质文化遗产数据库的建设情况来看,非物质文化遗产数据库的构建是一种"由上而下"(from the top down),并由外来力量决定当地资料库的建置过程,很少考虑当地人的使用需求,缺乏数据库构建者与使用者、官方与民间的双向互动。本书借用德内格里、托马斯等人提出的"参与光谱"架构来分析非物质文化遗产数据库的构建机制,如图 9-1 所示。

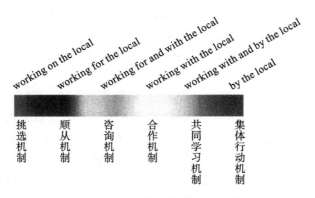

图 9-1 数据库建置"参与光谱"

1)挑选机制

挑选机制是所有机制中相对单面向的参与,他者(官方、非本地学者、技术人员等)片面地选择部分地方代表,通过这些代表了解所需要的非物质文化遗产信息,以推动数据库的规划与建设。通常来说,在地民众没有实质性地介入或参与,对数据库没有任何决定权,数据库建置完毕后,在地民众不一定能看到或使用该数据库的相关成果。这种机制可以称为"对地方所进行的工作"(working on the local)。

2)顺从机制

该机制中,在地民众被动参与到数据库的建置过程中。在地民众在某种外因的诱导下,按照他者指定的工作要求,提供或搜集研究所需材料,由他者决定哪些资料、内容或议题是重要的,在地民众无决定权。数据库建置完毕后,在地民众可能会看到或使用该数据库的相关成果。这种机制可以称为"为当地而工作"(working for the local)。

3)咨询机制

在这种机制中,他者会征询地方人士的意见,参考这些意见,他者加以分析并决定应该如何采取行动。在参与式传播资料库的建立方面,在地民众得以分享关于非物质文化遗产数据库重要议题的观点与意见。数据库建置完毕后,在地民众或许可以看到和使用该数据库的相关成果。这种机制可以称为"为当地以及与当地人一起工作"(working for and with the local)。

4) 合作机制

该机制中,在地民众与他者共同决定数据库的建置,但数据库的建置过程仍然由他者主导。在数据库建置过程中,在地民众与他者一起选择非物质文化遗产内容,由他者进行制作。这种机制具有动态、双向的互动性,在地民众与他者之间可以建立起一个平等对话的机制。然而在地民众仍非数据库的主导者,所以数据库建置完毕后,在地民众并非主要的使用对象。这种机制可以称为"与当地人一起工作"(working with the local)。

5) 共同学习机制

这种机制比合作机制更进一步,由在地民众与他者一同分享非物质文化遗产知识,创造新的认识,并在他者的推动下协同行动。在数据库建置方面,在地民众与他者一起决定非物质文化遗产项目内容,共同建置(但在教育与学习方面,计算机与资料库技术目前仍需要由他者教导当地民众)。数据库建置完毕后,可以分享给在地民众观看或使用,并创造在地知识价值。这种机制可以称为"与当地人一起工作,以及当地人自己做"(working with and by the local)。

6) 集体行动机制

这种机制是比较难以实现的,需要在地民众的文化意识和主动行动,以及成熟的社会贡献观念,才能创造这种自我发展的机制。勿说在地民众,即使是当前的政府文化主管部门,也未必能达到这种文化的自觉性和共享意识。在这种机制中,由在地民众自行设定非物质文化遗产数据库相关议程和重要议题,并在无外来者介入的情况下,动员社群的力量来完成非物质文化遗产数据库的建置目标,创造社群的价值,分享共同构建的数据库成果,并促进改善。这种机制可以称为"当地人自己做"(by the local)。

9.2.2　非物质文化遗产数据库概念数据模型设计:"实体—联系"

非物质文化遗产数据库是庞大的非物质文化遗产信息的集成,内容极其丰富,整合了不同形态和异构性的数字资源。但非物质文化遗产数据库不是简单的非物质文化遗产数字资源的整合,在非物质文化遗产资源采集与加工阶段,需要对采集的非物质文化遗产进行取舍与价值判定,要考虑到数字化技术(媒介)对非物质文化遗产的影响,以及如何进行文化抽象和编码。在技术层面,非物质文化遗产数字资源的审核环节在数据库的构建过程中十分重要,要通过在采集、加工、管理、发布等各个流程中设置专门的审核环节,建立非物质文化遗产研究专家库、专家审核登录账号与平台等,来确保非物质文化遗产数据库内容价值层面的质量水平与整个数据库的专业化和科学化水平。非物质文化遗产数据库要满足非物质文化遗产数字化保护、传承与发展过程中不同层次的用户的需求（存档、查询、管理、决策、传播、应用等），而且随着实践的推进和研究的深入，有的非物质文化遗产需要扩展和调整，因此非物质文化遗产数据库需具备兼容性、扩展性、共享性、海量性等特点。作者由于学科背景的原因，对数据库技术性问题了解比较少，因此本节旨在讨论非物质文化遗产数据库的设计理念和数据库的概念数据模型。非物质文化遗产数据库的设计是一项系统性、多学科、综合性工程。一般来说，非物质文化遗产数据库的设计大致分为五个阶段——数据库规划、数据库需求分析、数据库设计（包括概念结构设计、逻辑结构设计和物理结构设计）、数据库实施及数据库使用与维护，如图9-2所示。

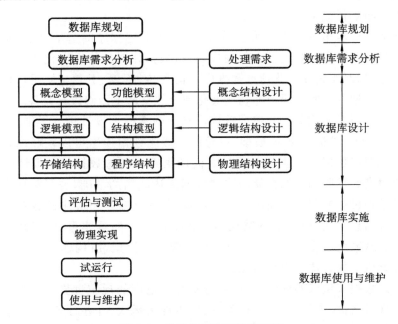

图 9-2　非遗数据库设计流程图

在数据库规划与需求分析阶段，重点解决非物质文化遗产数据库用户的业务目的、构建目标及非物质文化遗产数字内容资源的使用情况等问题，厘清所用数据的类别、范围、数量，以及数字资源在业务活动中的交流情况，并明确用户对非物质文化遗产数据库的使用要求以及各种约束性条件等，从而形成用户需求规约。此阶段需要综合考虑与非物质文化遗产数据库相关利益群体的使用需求。

数据库设计阶段包括三个程序，分别是概念数据模型设计、逻辑结构设计、物理结构设计。概念数据模型设计是依照非物质文化遗产数据库在现实世界的真实描述,对非物质文化遗产实体进行分类、集中和概括,构建与实体相对应的抽象概念数据模型(CDM,concept data model);逻辑结构设计是将现实世界(非物质文化遗产实体)的概念数据模型设计(项目实体、项目实体的属性及实体与实体之间的联系)转化为数据库的一种逻辑模式(非物质文化遗产数据库支持的具体数据模型),即将概念结构转化为一般的关系、网状、层次模型,并使之适应数据库管理系统(DBMS,database management system)支持下的数据模型以及对其进行优化;物理结构设计则是明确数据库的物理结构,在逻辑关系数据库中主要指存取方式、存取结构(包括非物质文化遗产数字化文件格式、索引结构,以及信息数据的存放逻辑与位置等)和存取路径,同时对物理结构进行评价与测试,评价数据库的整体功能,测试数据库的性能与运行效果。

在数据库实施及使用与维护阶段,在完成上述程序的基础之上,完成非物质文化遗产数据信息的整合与集成,运行数据库对非物质文化遗产数据的处理程序(如对非物质文化遗产数据资料的上传、管理、下载与使用),根据运行效果和后期的实际需要对非物质文化遗产数据库不断修改与完善。

本节主要对非物质文化遗产数据库概念数据模型设计进行详细阐述,并绘制"实体-联系"模型(E-R 模型)示意图。概念数据模型可以较好地表达非物质文化遗产数据库各类项目属性之间的关系。概念数据模型设计是非物质文化遗产数据库的数据存储结构和数据描述结构的基础,是逻辑结构设计和物理结构设计的前提。所谓概念数据模型,是将现实世界中的客观实体抽象成某种信息结构,而该信息结构不依赖于计算机的具体系统,它并非某个数据库管理系统所支持的信息模型,而是概念性模型,所构建的模型与数据库在计算机上的具体实现细节无关。

概念数据模型(CDM)是反映非物质文化遗产的现实世界——非物质文化遗产项目名称、项目级别、项目类别、代表性传承人、存在环境、发展情况等信息之间的相互关系,以及各非物质文化遗产项目的相关利益主体对非物质文化遗产数字信息存储、检索、加工与利用的要求等,是针对非物质文化遗产数据库用户的模型设计。它的特点是能真实、充分地反映现实世界。为了将现实世界中的具体非物质文化遗产项目抽象成某种数据库系统所支持的信息模型,通常先将现实世界中的实体抽象为信息世界的语言逻辑,然后再将信息世界的语言逻辑转换为机器世界可读的符码。

由于概念数据模型是用于信息世界的模型,它是将现实世界转换为信息世界的第一次抽象,是用户(政府的非物质文化遗产主管部门、学术机构、传承人等群体)与数据库设计人员之间合作与交流的语言基础,故而概念数据

第 9 章 非物质文化遗产数据库的构建

模型一方面应该具备较强的语义表达能力,能直接、有效地表达应用中的语义信息,另一方面它的表述应具有简明化、清晰化的特点,以便于用户理解。同时,概念数据模型设计是一种充满主观色彩的工作,按照编码/解码理论,不同的人对同一个非物质文化遗产项目的理解和阐述,存在着编码语义、编码技术和编码效度的问题,提炼出来的概念数据模型可能都不一样,故它是受主观认知影响的工作。一般来说,概念数据模型的构建与程序技术人员的关系并不大,可以将此项工作交给具有资深经历的文化学者或专家、传承人,由技术人员进行辅助设计,这也体现了非物质文化遗产数字化学科的交叉性和协同性。

非物质文化遗产数据库的概念数据模型设计主要为实体-联系模型(E-R模型)的设计。E-R模型的基本要素包括实体、属性和关系。

1) 实体(entity)

实体是客观上可以相互区分的事物。实体可以是具体的人和事物,关键在于一个实体能与另一个实体相区别。相同属性的非物质文化遗产项目实体一般具有相同的特征与性质,利用实体名称与属性名称的集合来抽象、刻画和表达同类非物质文化遗产项目实体。在 E-R 模型图中,用矩形表示实体,在矩形框内标示实体名称。非物质文化遗产概念数据模型设计就是确定所构建的非物质文化遗产数据库的所有实体,即具体的非物质文化遗产项目,如绿茶制作技艺、徽州民歌、目连戏等都是实体。非物质文化遗产数据库的核心实体是非物质文化遗产项目数字内容资源,以及非物质文化遗产传承人,非物质文化遗产数据审核者、管理者,学术研究机构,政府主管部门和非物质文化遗产数据库用户等。

2) 属性(attribute)

属性是指非物质文化遗产项目实体所具备的某一项或某一组特征,一个非物质文化遗产项目实体可由若干个属性进行描述。属性是相对于实体而言的,实体是属性的依附载体。在 E-R 模型图中,用椭圆形表示属性,在椭圆形中描述实体的属性特征,比如非物质文化遗产项目的级别、门类、地域等,非物质文化遗产传承人的姓名、性别、年龄、等级、文化程度、所属区域等。用户包括普通公众和权限用户(例如学术机构、文化机构及传承人)等;数据库管理者包括非物质文化遗产数据质量检查、数据格式审核等技术管理员,也包括非物质文化遗产数据内容审核、分级、归类等内容审查员等。

3) 关系(relationship)

关系也称联系,是指在信息世界中反映非物质文化遗产项目实体与实体之间或非物质文化遗产项目实体内部的关联。实体之间的联系是指不同的非物质文化遗产项目实体之间的关系,实体内部的联系是指非物质文化遗产项目实体属性之间的关系。联系在 E-R 模型图中用菱形表示,菱形框内注明联系名。联系可分为三种类型:一对一联系(1∶1),例如一位非物质文化遗产传承人只拥有一个非物质文化遗产项目;一对多联系(1∶n),例如一个数据库管理员可以审核不同的非物质文化遗产数字资源;多对多联系($m∶n$),例如不同的学术研究学者可以对不同的非物质文化遗产项目进行研究。

  非物质文化遗产数据库 E-R 简明示意图(见图 9-3)可以较为清晰地描述非物质文化遗产数据库"现实世界"的相关实体、属性及关系,便于了解非物质文化遗产数字化保护的信息数据结构、数据之间的制约关系,以及存储、管理、访问、加工数据的要求等。

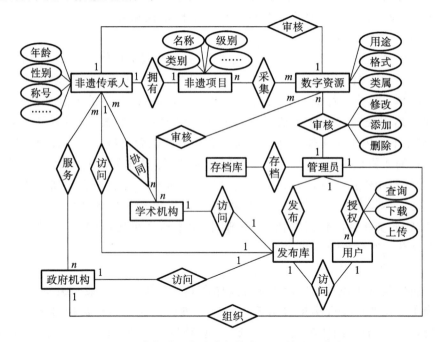

图 9-3　非物质文化遗产数据库 E-R 简明示意图

9.2.3　非物质文化遗产数据库功能架构

  建设非物质文化遗产数据库是提高非物质文化遗产资源利用率的有效途径。文化遗产的数字信息是数据库的基础,也是数据库建设的根本。根据文化生态保护实验区文化遗产资源的总体情况,按照文化遗产的类别、文化脉络、文化内涵,将零散的、难以在物理空间集成的文化资料、实物资料通过数字网络技术集中在统一的数据库中（包括数据整合平台、发布检索平台、互动展示平台、学习下载平台等），如图9-4所示。

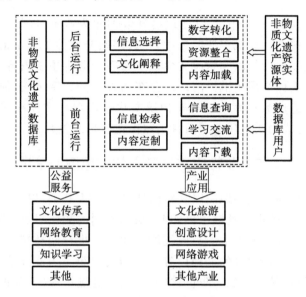

图9-4 非物质文化遗产数据库功能架构图

首先由非物质文化遗产数字化参与主体根据数字化技术标准在数据整合平台上协同，对非物质文化遗产进行项目信息数据梳理、数字编码、整合编辑、数据加工、编目标引等工作；其次由数据库管理者将数据加载到存档库和发布库，支持用户（普通用户、学术研究机构、政府机构、文化企业、图书馆、档案馆等）全文、关键词、音视频检索等，以满足用户的基本需求；然后建立互动展示平台，数字化不仅仅是展示，还应具备人机互动功能，用户可以与数据库进行互动（如徽文化知识互动游戏等），同时此平台应设计为开放式的，根据用户权限可自行添加和补充文化遗产数据，鼓励和推动普通用户和在地民众参与构建数据库内容，其添加和补充的数据由后台协同审核；最后构建内容下载使用平台，非物质文化遗产数据库的功能是传播和传承优秀文化，使文化价值发挥最大效用，这个平台的功能包括在线学习、付费下载、内容定制等，主要为文化公益服务和产业应用提供文化内容和信息数据。

非物质文化遗产数据库的建设，实现了文化遗产的数字资源管理，挖掘了文化遗产资源中的有效资源，将文化保护、传承与产业利用融为一体，有利于科学研究、经济转型、文化振兴等。

9.2.4 非物质文化遗产数字地图的设计

数字地图(digital map)是以地理信息数据库为蓝本,以数字化形式将地理图示信息存储在计算机存储器之中,在数字媒介载体上显示的地图。非物质文化遗产数字地图是以非物质文化遗产数字资源为主要内容,基于非物质文化遗产项目实体在现实世界的地理分布而设计的数字地图,属于一种小型的非物质文化遗产数据库。它是非物质文化遗产项目实体在现实世界的数字表现形式,与非物质文化遗产项目实体存在着映射关系。

9.2.5 非物质文化遗产数字地图的呈现

非物质文化遗产数字地图以真实的地理信息为基础,以当前的省级行政区划为单位,对地图进行县域边界切割,采用不同的颜色以示区别,使得数字地图界域清晰明确。地图上的县域板块之间可以进行超链接,县域板块内部按照非物质文化遗产项目的地理位置添加相关内容。当选择某一个县域时,为了凸显该区域,其他区域为灰色;当点击某一县域板块时,随即弹出该县域板块范围内的所有非物质文化遗产项目菜单,用户可以根据查询需要进行组合性检索,选中任一项目查看详细内容,然后根据需要进一步点击该区域所显示的项目。数字地图呈现的非物质文化遗产项目内容是依据各级非物质文化遗产项目名录的内容来描述的,内容采用文本、图形、图像、音频、视频、3D虚拟等多种方式来表达,每一类非物质文化遗产项目均应具有相应的明确标识,类似于纸质地图中的标志,以增强非物质文化遗产数字地图的识别度和认可度,为相关用户提供更多的有效信息,提高数字管理的效率。

9.2.6 非物质文化遗产数字地图的作用

数字地图是适应"互联网+"的重要表现,随着移动互联网的普及,用户可以通过数字地图进行各类自助服务。非物质文化遗产数字地图承载的信息量大,能够以一种直观的方式向公众展示非物质文化遗产所依存的地理信息及非物质文化遗产资源分布,可供用户进行查询、检索、下载等。非物质文化遗产数字地图是一种小型的数据库,可以在不同的情境下实践应用,如在图书馆、博物馆、文化馆及学校进行展示性和互动性应用,也可用于非物质文化遗产的学习、传承、查询等公益性服务。在非物质文化遗产数字地图的基础上,结合定位算法等对其进行扩展性提升,主要进行地图风格设计、地图切片、移动终端显示及非物质文化遗产项目景点信息添加,以呈现完整的非物

第 9 章 非物质文化遗产数据库的构建

质文化遗产项目相关地理信息定位系统,提升和完善非物质文化遗产数字地图的功能,并进行创意加值,如旅游交通导航、文化旅游购物、地理信息定位等。

第10章 非物质文化遗产数字化保护机制及实现路径

10.1 非物质文化遗产数字化保护机制的构建

10.1.1 构建原则

保护机制的设计涉及两大要素,即机制的战略功能和机制的事务流程。其中,机制的战略功能是非物质文化遗产数字化保护机制在非物质文化遗产数字化保护体系中的总体规定和整体框架,而机制的事务流程则是对系统所处理的管理事务的具体规定。

就非物质文化遗产数字化保护体制而言,技术创新、人才创新、管理创新、制度创新和体制创新是领域内重要的创新影响因子,它们的发展、组合与运用方式将对非物质文化遗产数字化保护产生关键性的影响。可见,非物质文化遗产数字化保护机制的构建原则包括以下四个方面。

1) 规范化保护原则

经过多年的摸索,我国已积累了大量包括文字、音频、视频等多种格式在内的非物质文化遗产数字化信息。但设备、标准和操作流程的多样性,导致数字信息相互不兼容和信息孤岛现象时有发生。为保证非物质文化遗产信息的原真性和非物质文化遗产资源的活态性,应引入元数据研究的有关成果,结合档案学的成熟方法,对非物质文化遗产数字化信息的收集、整理、鉴定、保管、编目和检索提出指导性意见,引导非物质文化遗产数字化信息从无序走向有序,减少人为主观因素对非物质文化遗产数字化保护的影响,实现非物质文化遗产信息的档案化管理和数字化应用,提高全国非物质文化遗产数字化保护的效果。

2) 平台化保护原则

我国非物质文化遗产数字化保护工作已经初具规模,它已具有系统性、

第10章 非物质文化遗产数字化保护机制及实现路径

科学性和规范性的特征。但现有的保护体系偏重于具体项目,对影响保护成果推广应用的数据体系、保存方式、映射关系等关键要素尚未给予足够重视。为此,应在开放性、兼容性和普适性的前提下,建立和规范非物质文化遗产数字化保护标准、保护方式和保护技术,构建与之相适应的融合保护平台,使之成为全国非物质文化遗产数字化保护机制的支撑要素,保障非物质文化遗产数字化保护机制各组成部分的顺利对接和有效运行。

3) 集成化保护原则

随着中国经济社会的快速发展,急需新的保护理念和保护技术来应对非物质文化遗产数字化保护机制所面临的冲击与挑战。就现状而言,现有的研究还局限于较为狭窄的本专业领域空间内,对非物质文化遗产数字化应用的研究较为少见。为此,应以档案学的成熟理论为基础,将研究视野放大,确立非物质文化遗产的文化符号系统、文化结构系统和文化价值系统,结合全球数字化应用的发展趋势,选择并集成虚拟现实、数据管理与分发等高新技术,创新非物质文化遗产数字化保护机制的应用方式与实现途径,建立基于我国非物质文化遗产特性的集成技术标准和集成管理流程。

4) 社会化保护原则

面对社会公众对精神文化需求的日益增长,传统的非物质文化遗产数字化保护方式已不能完全满足社会需要,突破性运用文化资源保护技术,加强非物质文化遗产生产性保护,实现非物质文化遗产的社会价值和经济价值已是当务之急。为此,应结合文物、民俗、宗教等各类典型非物质文化遗产的实际情况,针对非物质文化遗产向多样化、个性化发展的趋势,以构建符合社会需求的非物质文化遗产数字化保护机制集成示范项目为举措,促进社会公众通过文化馆、图书馆、博物馆等公共文化平台享受到非物质文化遗产数字化保护机制的各类成果。

10.1.2 非物质文化遗产数字化保护机制模型

非物质文化遗产数字化保护作为文化遗产学的一个重要组成部分,应处于文化科技发展和顶层设计的战略高度,将技术创新、管理创新、制度创新和体制创新作为非物质文化遗产数字化的基础,采用较为成熟的创新集群理论,推动非物质文化遗产数字化保护机制、非物质文化遗产保障机制与数字化融合保护平台的融合,以形成非物质文化遗产数字化保护机制的结构模型(见图 10-1)。

1) 技术创新是实现基础

非物质文化遗产数字化保护下的技术创新,是把科学研究过程中所采用

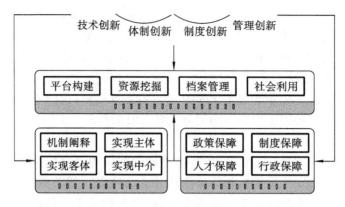

图 10-1　非物质文化遗产数字化保护机制的结构模型

的科学技术,以及社会发展过程中在生产活动中所积累的知识、经验和技能,根据非物质文化遗产数字化保护的需求进行引入、组合与更新的过程。非物质文化遗产数字化保护机制下的科技创新,应以我国非物质文化遗产的属性、所属类型和文化空间为基础,构建以保护为中心、以需求为驱动、以非物质文化遗产传承与发展为内容的开放性的技术创新平台,实现非物质文化遗产数字化保护技术和保护创新应用的并驾齐驱,在最大限度不改变原生环境的条件下,力保非物质文化遗产在不受外界干扰的情况下得以发展和传承。

2)管理创新是推进手段

非物质文化遗产数字化保护机制下的管理创新是运用计划、组织、领导等管理职能,创新各种管理技术和管理方法,对非物质文化遗产数字化保护机制中的人、财、物,以及信息和资源进行调配和整合,以推动非物质文化遗产数字化保护机制内的文化与科技融合的过程。这种富有创造力的融合能够不断地依托新的管理要素,实现组织结构、研究范式和人力资源的三方契合,将文化知识内化为创造性思想,并将其最终转变为非物质文化遗产档案的保护技术、保护方法和保护流程,更加有效地实现非物质文化遗产数字化保护机制的社会价值和经济价值。

3)制度创新是实践保障

非物质文化遗产数字化保护机制的制度创新是支配创新行为和融合关系的规则变更,是非物质文化遗产数字化保护事业与其外部生态环境相互关系的变更。这种变化既包括努力创造优质、高效的研究环境,也包括进一步完善自主创新的综合服务体系,从而在执行好已出台的政策的基础上,制订和完善促进融合创新的政策措施,最终激发人们的创新活力,促使新技术、新资源不断创造和合理配置,最终保障非物质文化遗产数字化保护事业均衡

第10章 非物质文化遗产数字化保护机制及实现路径

发展。

4）体制创新是根本支撑

非物质文化遗产体制创新是在文化与科技的融合下非物质文化遗产数字化保护机制形成的决定因素，它不仅关乎非物质文化遗产保护在文化领域内的整合过程和保护成果，同时也是解决深层次问题、化解现实矛盾的重要基础。为此，体制创新需要在提升国家非物质文化遗产数字化保护实力的基础上，有效动员各界力量，在不断推动非物质文化遗产数字化保护的过程中，激发创新主体的活力和行为，形成良好的政策体系、激励机制和环境氛围，营造出一个鼓励创新的文化和社会环境，使其成为我国加快建设创新型国家的重要举措之一。

10.2 非物质文化遗产数字化保护机制的实现路径

非物质文化遗产数字化保护机制的驱动力源于"以文化行政管理部门为主管、以科技管理部门为主导、以高新技术企业为主体"的管理驱动体系，它将非物质文化遗产数字化保护中的行政管理、科技研发、市场需求与社会传承结合在一起，形成一个互生互动的有机整体，进而有效推动我国非物质文化遗产数字化保护事业纵深发展。

10.2.1 以文化行政管理部门为主管

1. 文化行政管理部门主管的内涵界定

文化行政管理部门主管的界定，是指我国非物质文化遗产数字化保护工作必须在文化行政管理部门的管辖之下，依赖其较高的行政能力及行政权力，从而实现非物质文化遗产数字化保护事业在政治、经济、文化等方面的发展与进步，同时有效确保各种制度的顺利实施，进而有力地推动我国非物质文化遗产数字化保护事业的发展。文化行政管理部门主管的内容包括"行政强度"和"行政能力"两个部分。其中，行政强度是指文化行政管理部门的"权力密度或组织强度"，它包括行政逻辑和行政自主性两方面内容；行政能力是指基于社会机能和社会需求而发展出的一套完整体系，它通过经济、文化、习惯、规范等手段来对社会进行调整和管理，是一种综合机制的体现。在社会运行与管理方面，文化行政管理部门的作用体现在对非物质文化遗产进行整体管理，从而实现其社会公共价值，在保证非物质文化遗产数字化保护正常进行的前提下，为非物质文化遗产数字化保护构筑适宜环境。

文化行政管理部门主管的方式主要体现在对非物质文化遗产数字化保护环境的治理手段上，即运用强制举措或柔性手段来实现管理目标，从而促进非物质文化遗产数字化保护环境的不断优化。其一，采用柔性间接方式，即文化行政管理部门对社会公众的非物质文化遗产数字化保护需求加以引导，利用各种行政手段、经济手段来推动非物质文化遗产数字化保护向文化行政管理部门期望的方向发展。其二，采用强制直接方式，即文化行政管理部门根据自身的权力归属和职责划分，通过制定各项文化行政政策、组织动员各种社会力量，完成文化行政管理部门所辖职责，同时实现非物质文化遗产管理的整体目标。从施政理念上来看，强制直接方式是文化行政管理部门推动非物质文化遗产数字化保护政策长效实施、拓展我国非物质文化遗产数字化保护事业发展空间的重要举措。

2. 文化行政管理部门主管的核心要素

综合上述问题并结合对文化行政管理部门的分析可以看出，文化行政管理部门主管具有其特定的需求和语境。从需求上看，文化行政管理部门需要根据非物质文化遗产数字化保护的需求对文化行政管理工作提出客观要求；从语境上看，文化行政管理部门是国家对非物质文化遗产实施管理和支配的喉舌与工具，它以特定的社会目的和政治角色为内容，绝非一般的民间力量可以取代。由此可见，上述问题的解决必须基于文化行政管理部门主管的政治角色和行政地位，在对我国非物质文化遗产数字化保护事业起绝对性支配和促进作用的基础上进行改革和提升。文化行政管理部门主管的核心要素可以从意识、资源和能力三个方面来表述，如表10-1所示。

表10-1　文化行政管理部门主管的核心要素

核心要素	界定表述	主要内容
意识	加强意识形态管理是文化行政管理部门的核心工作，也是文化与科技融合与非物质文化遗产保护开展的基础	意识形态认知、管理意志认知、社会环境认知、非物质文化遗产保护认知等
资源	在文化行政管理部门的管理过程中，对在文化与科技的融合下非物质文化遗产数字化保护机制的产生与运动的要素进行提炼和整合	政治领袖、官僚群体、中央和地方的权力分配体制、行政手段合法性等

第 10 章 | 非物质文化遗产数字化保护机制及实现路径

续表

核心要素	界定表述	主要内容
能力	文化行政管理部门运用自身的行政权力,通过行政管理、政策导向、机构组织等形式,将非物质文化遗产保护思想融入保护工作之中,实现全国非物质文化遗产保护的整体目标	政府自身维护能力、宏观经济管理能力、社会动员能力和社会控制能力

综上所述,文化行政管理部门主管的作用从本质上来看,就是上述三个核心要素对非物质文化遗产数字化保护机制进行作用的过程与总和。同时,三个核心要素处于不同地位,在文化行政管理部门的实际工作中既彼此影响,又发挥作用,共同制约和决定了文化行政管理部门的管理工作。

3. 文化行政管理部门主管的改革方向

改革开放以来,虽然我国的经济社会和文化事业都获得了长足发展,但对于现行的非物质文化遗产数字化保护机制而言,其改革力度却显得相对滞后,集中体现在现有的非物质文化遗产数字化保护机制中的文化行政管理部门仍为计划经济基础上形成的条块分割体系。其体制性弊端具体表现为:机构设置冗余复杂,条块分割的行政机构导致工作效率低下;管理责权相互交叉,多头管理式的体制导致工作很难协调统一。

上述问题导致了我国文化行政管理部门在管理过程中,常常在具体细节上消耗大量时间,而在行业管理的宏观层面则力度不足。同时,国有非物质文化遗产数字化保护机构在内部管理上依旧实行"大锅饭",不利于调动从业人员的积极性;社会性非物质文化遗产数字化保护机构较少,造成非物质文化遗产数字化保护的投资渠道单一、资金匮乏等问题。可见,文化行政管理部门在工作中如要克服上述困难,需进行针对性改革,即要促进非物质文化遗产数字化保护机制的构建与实现,保证我国非物质文化遗产数字化保护事业的不断开展与创新,不断推动行政体制的改革。具体举措如下。

1) 转变政府职能

我国现行的由文化部和行政部实施的管理方式,容易使非物质文化遗产数字化保护的管理与实施形成"两张皮"的状况,不利于对全国非物质文化遗产数字化保护工作进行统一管理和有效实施。可见,应尽快通过改革来推动我国非物质文化遗产数字化保护与文化产业的融合发展。为此,全国各级人大应积极面向非物质文化遗产数字化保护的现实需求,尽快制定相关法律法规并形成体系,对于非物质文化遗产文化行政管理部门和执行部门,应在法律框架下进行规范,在保障非物质文化遗产传承人和各类非物质文化遗产数字化保护主体利益的同时,开拓非物质文化遗产数字化保护的渠道和方式,改变目前非物质文化遗产文化产业放任自流的状况。此外,非物质文化遗产数字化保护管理工作是检验政府文化执政能力的重要方面,转变政府工作职能、建设社会服务型政府的基础就是推动实现政务和事务分开、企业和政府分开,依照现代社会市场经济原则和政府治理原则来规范各主体的行为。

可见,达到上述要求,首先应推动政企分开和文化事业改革,即文化行政管理部门和文化企事业单位脱钩,让文化行政管理部门专注于文化事业的管理,让文化企事业单位自负盈亏、向市场化发展,放弃从前"既是裁判员,又是运动员"的文化管理思路;其次要强化政府文化部门的管理职能,对现有的文化企事业单位的职责权利进行清理,将行政执法权和监督权同经营权分离,改变过去政企不分的状况;最后要转变工作方式,依靠现代技术手段和社会管理方法,采用行政引导、制度管理等一系列举措,重点帮扶具有先进水平和重要价值的非物质文化遗产文化企业,推动我国非物质文化遗产事业的发展。

2) 强化权力配置

文化行政管理部门主管的本质是运用权力配置资源。遵循市场规律、追求长远效益、实现可持续增长是权力配置资源的核心要素。在不断变化的社会环境中,文化行政管理部门能够获得的信息总量的约束,致使其若采用权力替代市场来进行管控,势必导致用主观的个人意愿替代客观的市场需求,从而造成社会资源的低效配置和浪费。发挥市场在权力配置职能中起到的决定性作用,让市场成为推动非物质文化遗产数字化保护发展的发动机和指南针。遵循市场配置资源机制,改变过去只求政绩、不问成本、不谈收益的计划经济做法,针对投资对象和投资主体的整体实力和运营能力,通过市场机制推动非物质文化遗产相关利益主体的转型与审计。

3) 理顺政企关系

现阶段,根据中央对理顺政企关系的要求和文化市场综合行政执法改革的进程,各级文化行政管理部门应对所辖文化部门、广电部门和新闻部门进行整合,对工作内容进行梳理,对工作流程进行再造,对工作职责进行认定,从而推动政企分开、政事分开的改革,把文化行政管理部门该做的事情做好。

10.2.2 以科技管理部门为主导

1. 科技管理部门主导的内涵界定

纵观人类历史,社会生产力的发展主要取决于两大因素,即人类生产需

第 10 章 ｜ 非物质文化遗产数字化保护机制及实现路径

求的不断增长和科学技术的进步。在我国科技管理部门的主导下,始于1985年的四次指导思想的拓新变革不断推动我国科技事业的发展和进步。在非物质文化遗产数字化保护战略思想指导的新时期,我国科技事业又进入了一个新的阶段。

通过对科技管理部门的历史成绩和工作内容的归纳可以得出,科技管理部门主导是指其综合运用经济手段、法律手段、行政手段等系统性方法,不断完善自身主导能力,鼓励非物质文化遗产科技的持续创新,营造良好的非物质文化遗产研究环境,进而调动社会各方的科技创新积极性,增强我国非物质文化遗产数字化保护科技创新的整体实力。

2. 科技管理部门主导的必然原因

非物质文化遗产数字化保护具有明显的公共性特征,这一特征也昭示着在创新过程中可能会出现研发失灵的状况。这一问题的存在直接导致了社会主体创新积极性的弱化,以及全社会科技资源配置的低效。可见,科技管理部门的主导作用对文化与科技背景下的非物质文化遗产数字化保护机制的发展有着重要影响。其主要内容体现在以下方面。

1) 公共产品性

根据公共经济学理论,公共产品是一种将效用扩展于他人的成本为零,并且无法排除与他人共享的一种特殊产品,如公共设施、科学教育、环境保护、国防、外交等。同时,公共产品具有受益非排他性,即产品生产完成后,生产者无法完全决定其最终归宿和分配方式,这将导致社会公共产品的生产成本日益提高,即越来越少的人愿意提供公共产品。由于非物质文化遗产科技创新不同程度地具有公共产品的性质,加之其在研发、调试、实验等阶段均需要高额投入,在得不到充分补偿的情况下,潜在的非物质文化遗产创新主体可能会通过技术引进而非自主创新来对现有的非物质文化遗产数字化保护科技进行提升,而当所有的非物质文化遗产创新主体都选择这种策略时,就会导致非物质文化遗产科技创新的停滞和失灵。因此,在遇到上述创新扭曲的情况时,对于协调社会与非物质文化遗产创新主体之间的利益关系,科技管理部门的主导干预则非常必要。

2) 创新外部性

非物质文化遗产科技创新的外部性是指企业或个人向非物质文化遗产数字化保护科技研发之外的其他人所强加的成本或利益。从经济学的角度来看,创新的外部性既独立于现代市场机制,也不能简单地通过市场机制来弱化或消除,在现实环境中常常要借助行政管理来予以纠正和弥补。在文化与科技融合的背景下,非物质文化遗产科技创新所表现出来的外部性主要体现为溢出效应,即非物质文化遗产创新主体从事研究开发工作是为了获得非物质文化遗产科技创新成果并将其转化为生产力。但由于科技创新成果具有部分的公共产品性,因此科技创新成果并非完全由非物质文化遗产创新主体所独占,从而产生了科技创新的溢出效应。可见,正向的非物质文化遗产科技创新的外部性将会给全社会创造更高的边际收益。由于科技创新溢出效应的存在,获得非物质文化遗产科技创新的相关效应,可以降低非物质文化遗产研发、创造和革新的总体费用,提高非物质文化遗产数字化保护的整体水平和社会化程度。从另一个角度来看,由于上述创新工作无法使非物质文化遗产数字化保护主体获得经济效益和社会效益,随着时间的推移和收益的下降,非物质文化遗产创新主体从事非物质文化遗产科技创新的动机持续下降,从根本上抑制了创新主体的积极性,降低了整个社会的福利和效率。

因此,必须依赖科技管理部门对非物质文化遗产科技创新的负向外部效应进行修正和改变,从而保证非物质文化遗产科技创新的可持续发展与可持续收益,不断对非物质文化遗产创新主体施加正面引导和利益强化,使非物质文化遗产科技创新得以不断发展和进步。

3) 创新不确定性

非物质文化遗产科技创新是一个曲折复杂的过程,其不确定性主要包括技术不确定性、市场不确定性、收益不确定性和环境不确定性。其中,技术不确定性是指由于存在非物质文化遗产创新技术开发失败的可能、保护工艺开发失败的可能及保护技术效果的不确定性,进而带来的非物质文化遗产科技创新结果的不可预知性;市场不确定性是指非物质文化遗产数字化保护技术创新必须接受实践检验,同时要恰如其分地满足成本、效果和应用难度的需求,而非物质文化遗产数字化保护创新主体对其创新内容的市场前景难以把握;收益不确定性是指由于溢出效应的影响,创新主体无法支配创新成果的全部收益和产权,对未来可能产生的情况也无法预测;环境不确定性是指由于非物质文化遗产创新技术的应用环境主要由政府行为和公众偏好所支配,而政府行为和公众偏好均存在极大的不确定性,从而使得非物质文化遗产科技创新的速度和方向均受到巨大的影响,进而给非物质文化遗产科技创新带来了不确定性。

可见,非物质文化遗产科技创新的不确定性将导致非物质文化遗产科技创新产生高风险,严重影响非物质文化遗产创新主体,特别是私人机构独立承担非物质文化遗产科技创新的积极性,从而导致社会对非物质文化遗产科技创新资源配置的失调,极大地延长非物质文化遗产科技创新成果转化为现实生产力的进程。为此,需要科技管理部门从社会生产力整体发展的高度方面,构建有效的科技创新运行机制,采取各种各样的方式分担科技创新风险,促进科技创新活动的开展,进而刺激非物质文化遗产创新主体投资有风险的非物质文化遗产科技创新活动,不断缩短非物质文化遗产科技创新的时滞。

4) 干预限制性

我国政府在优化非物质文化遗产科技创新环境、提高非物质文化遗产科技创新整体实力、促进高新技术转化应用等方面发挥了巨大的作用。但由于条块分割和政府机制定位不合理,在非物质文化遗产科技创新中政府失灵的现象也颇为明显。一般认为,政府失灵是指由于政府机制的扭曲,政府行为作用的结果降低了市场组织的效率或达不到预期的社会公共目标或带来自身的高成本及低效率。在非物质文化遗产科技创新方面,政府失灵主要表现在两个方面:其一,是对非物质文化遗产科技创新不作为,即科技管理部门实施的科技创新政策无法有效发挥作用,不能充分贯彻国家或政府的方针和策略,导致非物质文化遗产科技创新的研究停滞不前、研究目标难以实现;其二,是对非物质文化遗产科技创新过作为,即科技管理部门对非物质文化遗产科技创新活动过度干预,对非物质文化遗产创新主体的生存环境造成"挤出效应"和"替代效应"。其中,"挤出效应"是指科技管理部门通过增加公共类非物质文化遗产研究的经费支出,来降低以人力资源为代表的边际效用和社会收益,排挤以个人为代表的非物质文化遗产科技创新活动;"替代效应"则是指在政府职能转换期,由于一些特殊因素的影响,非物质文化遗产科技创新支出在科技管理部门的支出中所占的比重较一般时期更大,从而替代了一部分非物质文化遗产科技创新主体的研究支出,从市场角度上扭曲了以个人为代表的非物质文化遗产科技创新资源的配置方式。

可见,只有不断推动科技管理部门的行政体制改革,发挥科技管理部门对非物质文化遗产科技创新的天然技术优势,立足于非物质文化遗产数字化保护的历史机遇和非物质文化遗产科技创新的社会需求,才能在对非物质文化遗产科技创新进行管理的过程中,不断推动我国非物质文化遗产数字化保护事业向更深层次发展。

3. 科技管理部门主导的具体职能

在我国非物质文化遗产数字化保护发展的新时期,非物质文化遗产科技创新不仅关系到基于文化与科技融合下的非物质文化遗产数字化保护机制的实现,更关系到创新型国家战略目标的实现。为了推动科技创新的全面开展,急需建立一套行之有效的运行机制,在科技管理部门的主导下推动各种非物质文化遗产创新要素向非物质文化遗产创新主体集中,从而激发其科技创新的积极性,加速非物质文化遗产创新的实现。为了达到上述目标,科技管理部门应综合采用市场经济和计划控制两种手段,在充分发挥前者优势的基础上,根据行政管理的原则和市场经济发展的方向,面对非物质文化遗产数字化保护的需求,找准科技引导的定位和方向,同时克服完全市场化带来的问题和弊端,防止过度行政管理导致阻碍非物质文化遗产创新的情况出现。可见,科技管理部门主导的职能定位的主要内容是克服市场失灵和矫正政府失灵。

1) 克服市场失灵

综合来看,我国非物质文化遗产科技创新的市场失灵主要源于两个方面:一方面由于受到传统计划经济体制的影响,在这一体制的弊端下,市场机制无法有效发挥其在非物质文化遗产科技资源配置中应有的作用;另一方面则由于市场本身存在缺陷,其难以克服非物质文化遗产科技创新的社会性和不确定性所导致的问题。可见,为避免市场失灵对我国经济社会发展的不利影响,继续深化经济体制改革和服务型政府转型,应优先确保市场机制在非物质文化遗产科技资源中的合理配置。其中,克服市场失灵的具体举措如下。

(1) 调和公共产品与私人产品之间的矛盾。

在科技管理部门的主导下,对非物质文化遗产科技创新进行规划和安排。对于公共产品领域的非物质文化遗产科技创新,应由科技管理部门直接提供资金资助,保证社会供给;对于公共产品和私人产品之间的混合产品,应由科技管理部门鉴别其成果组成,并运用知识产权的方式对综合利益进行保全;对于私人产品领域及其产生的私人价值,科技管理部门应创造良好的非物质文化遗产科技创新环境,制定法律法规,维护市场秩序,使各非物质文化遗产创新主体在公平的环境下展开竞争。

(2) 推动创新成果由外部性向内部性转化。

首先,科技管理部门向非物质文化遗产创新主体提供知识产权保护,采用行政手段对非物质文化遗产创新成果的归属、利用和收益进行界定和规范,在保证创新主体获得收益的同时,兼顾非物质文化遗产科技创新的社会收益,逐步让社会成员享受到非物质文化遗产科技创新带来的好处,即通过法律法规的约束,将科技创新的溢出效应控制并内化在产权关系体中。此外,科技管理部门可通过各类行政手段,如财税激励、经济支持、政策引导等系列举措,以市场需求为导向来吸引外部投资者对非物质文化遗产科技创新注入资金,以吸收全社会各类资金为目标,强化非物质文化遗产创新企业的投、融资能力,增加其对资金的吸收广度与利用深度。再者,通过研究机构、高等学校和企事业单位之间的通力合作,推广以共赢为基础、以优势资源互

第10章 非物质文化遗产数字化保护机制及实现路径

补为条件的合作模式,在运行过程中对目标、期限、规则等关键要素进行界定和规范,明确各方合作者在非物质文化遗产科技创新过程中的职责权利,实现科技创新外部性的内部化。

(3) 逐步缓解科技创新的不确定性与高风险。

科技管理部门需结合国内外发展态势,在充分分析的基础上对非物质文化遗产科技创新的方向进行总体把握,同时鼓励风险投资资金在非物质文化遗产科技创新领域的发展,将政府投资和民间投资相结合,整合各方资源,不断引导和促进社会各方积极参与非物质文化遗产科技创新,从而缓解非物质文化遗产科技创新的不确定性,降低非物质文化遗产科技创新的风险。

2) 矫正政府失灵

综合来看,矫正科技管理部门失灵的思路可以从两个方面来考虑,即发挥市场机制配置资源的作用和建立健全的国家创新体系。就发挥市场机制配置资源的作用来看,科技管理部门失灵可以应用市场机制来缓解和克服。如科技管理部门在对非物质文化遗产科技创新的主导调节过程中,尽量减少行政干预,增强经济引导,将政策引导内化于财政政策、货币政策等经济手段之中,运用市场机制或利益驱动机制实现政府的政策目标,从而实现科技管理部门从"直接干预"向"间接干预"的转变,从"干预行为"向"干预质量"的转变。此外,科技管理部门在自身建设中亦可引入竞争机制,打破条块分割的官僚体系对公共产品的垄断供给,将公共产品类的非物质文化遗产科技创新工作交给社会企业或私人来承担,使科技管理部门从公共产品的唯一生产者,转变为公共产品的协调者和组织者。这一角色的转变,不仅可促使科技管理部门提升工作质量,同时还可以大幅降低政府对非物质文化遗产科技创新的投入总量。

所谓国家创新体系,是指社会、国家或组织机构内部相互关联、共同作用的以创新为目的的网络体系,这一体系的推动要素则是经济发展和科技知识。这种创新体系的建立将有效推动全社会科技资源的合理配置与高效转化,促进非物质文化遗产科技创新在理论和实践之间的互动,有效防范和克服市场失灵和政府失灵。首先,这种创新体系通过强调市场主体在非物质文化遗产科技创新中的主体地位,从而克服科技管理部门的过度干预或错误干预对非物质文化遗产科技创新活动的干扰;其次,这种创新体系为科技管理部门干预非物质文化遗产科技创新提供了一套系统的行为原则和分析框架;再次,这种创新体系通过开展非物质文化遗产科技创新活动,将政府、大学、研究机构和企业等非物质文化遗产创新主体有机结合成一个非物质文化遗产创新链,在该创新链中,各非物质文化遗产创新主体为寻求一系列共同的目标而相互作用、优势互补，从而最大限度地避免了非物质文化遗产创新的外部性，有效推动了非物质文化遗产科技创新的发展。

10.2.3 以高新技术企业为主体

以企业为研发主体，以市场需求为研发导向，逐步建立以生产、学习、研究、开发和引进为一体的研发系统，推动各级各类企事业单位成为技术研究和技术收益的主体，让企业享受到科技研发和技术进步带来的超额效益。这一政策的提出标志着在构建、完善科学的基于文化与科技融合下的非物质文化遗产数字化保护机制过程中，重视高新技术企业在非物质文化遗产数字化保护机制中的重要作用，从根本上改变研发与应用脱节、科技与保护分离的现象，对于激发我国非物质文化遗产数字化保护的科技化浪潮和数字化保护具有重要的作用。高新技术企业作为基于文化与科技融合下的非物质文化遗产数字化保护机制的主体，其具体内涵表现在下列四个方面。

1) 非物质文化遗产数字化保护的实施主体

非物质文化遗产数字化保护机制中，各类非物质文化遗产的实施与实践主体都与非物质文化遗产保护活动相关。同时，各种社会组织和社会角色在这一过程中也会充当机制产生和发展的基础，即以非物质文化遗产数字化保护为需求基础，以行政管理为整体导向，以市场运作为实施方式，同时对上述过程负有管理责任和保存责任的各类组织和个人。根据上述定义可以看出，在非物质文化遗产数字化保护机制的实施过程中，包含如政府、企业、协会、院校、机构等众多社会组织和社会角色，它们都从各自的社会角色、服务对象和社会职能的层面参与到非物质文化遗产数字化保护机制的运行之中。根据机制内各要素的互生互动关系，高新技术企业的主攻方向为对非物质文化遗产数字化保护各环节进行分析和对比，找出最易攻坚和最易盈利的部分加以重点关注和投入，再融合人、财、物等生产要素，从而迎合非物质文化遗产数字化保护的各类需求，为非物质文化遗产数字化保护提供所需的各类专业化服务。

由此可见，高新技术企业是非物质文化遗产数字化保护机制的实施主体。但由于非物质文化遗产数字化保护工作是一项创新性事业，其市场风险较高、投资力度较大，因此在一些关键性的基础研究中，文化行政管理部门需要牵头对其进行合理安排和调控，不能完全放手让市场来运营处理。高新技术企业因为受限于利润回报和人力资源，目前尚未完全成为基于文化与科技融合下的非物质文化遗产数字化保护机制的实施主体，现阶段该领域的实施主体依然是政府及其所属高等院校和科研机构。

第 10 章 非物质文化遗产数字化保护机制及实现路径

所以,非物质文化遗产数字化保护机制的实施主体在本书中是指除某些重大基础性研究和社会公益性研究之外的高新技术企业。高新技术企业成为非物质文化遗产数字化保护机制的实施主体,不仅是我国经济体制改革的必然结果,同时也是非物质文化遗产数字化保护科技化、现代化的现实需求,更是高新技术企业应对市场环境的现实选择。同时,在文化与科技融合背景下的非物质文化遗产数字化保护事业的基础性研究和公益性研究,同样要坚持以非物质文化遗产数字化保护为需求基础、以行政管理为整体导向、以市场运作为实施方式,并通过行政引导和经济激励来积极争取企业的支持及参与。

2)体制改革的发展结果

从非物质文化遗产数字化保护的实施特征来看,非物质文化遗产数字化保护既是一种创新行为,同时也是一种社会行为,更是一种文化与科技一体化的典型社会活动。其中,非物质文化遗产数字化保护需求是其驱动源泉,经济效益和社会效益的共赢是其最终目标,非物质文化遗产数字化保护技术的成功转化则是其成功推动的标志。在现阶段,我国非物质文化遗产数字化保护的研究和实施主要依赖科研院所和大专院校,非物质文化遗产科技创新也遵循政府投入、政府管理和政府实施的思路来运作,各类企事业单位沦为纯粹的实施单元,无法有效激发其对非物质文化遗产数字化保护的积极性,即企业的非物质文化遗产保护活动和非物质文化遗产科技应用完全是在政府行政指令下被动地发生和取得的。这种机制和主体的错位导致了我国非物质文化遗产数字化保护和非物质文化遗产研究的脱节,非物质文化遗产数字化保护研究成果难以实现充分转化。在全面推进行政体制改革的大环境下,中央提出的文化与科技融合战略正是解决上述症结的有效举措。该战略对非物质文化遗产数字化保护实施主体提出了新的要求,包括:其一,非物质文化遗产数字化保护的实施主体应该对非物质文化遗产数字化保护需求保持敏感,能够根据市场原则确定融合方向,获取一定效益,保证有序稳定;其二,非物质文化遗产数字化保护的实施主体应该有一定的研发、生产、销售和服务能力,从而保证非物质文化遗产研发成果能够顺利转化和长期运行;其三,非物质文化遗产数字化保护的实施主体应该有一定的资金实力和金融能力,能在不完全依赖国家投入的前提下保证非物质文化遗产研发的投入,承担文化与科技融合过程中可能存在的风险。由此可见,高新技术企业作为天然的市场主体,在我国非物质文化遗产数字化保护过程中的地位将随我国体制改革步伐的不断加快而日益提升。

3）市场竞争的迫切要求

进入经济全球化时代以来,国际竞争已逐步由冷战时期的政治交锋转变为经济实力的竞争,而经济实力则源于市场经济的发展和科学技术的进步。因此,大力发展社会主义市场经济、加快完善体制结构、转变经济发展方式、推动科学技术的不断进步都是实现文化与科技融合的重要支撑。

通过对高新技术企业市场经济主体地位的阐述,可以看出创新与社会需求之间存在不断满足、不断推进的过程。但从我国高新技术企业的现状来看,其非物质文化遗产数字化保护产品的科技含量、技术水平和竞争实力均较国际先进水平有着一定差距,究其原因主要是我国高新技术企业的创新能力较弱,同文化产业的结合不紧密,导致其生产方式还未有效突破人口、资源和环境的整体制约,从而在产品上缺乏国际竞争力,无法获得竞争优势与主动权。可见,只有充分确立了高新技术企业在非物质文化遗产数字化保护中的实施主体地位,充分发挥我国高新技术企业的本土优势,走文化与科技融合道路,才能在非物质文化遗产数字化保护领域获得竞争的主动权。

4）企业发展的现实选择

改革开放以来,我国早已摆脱了计划经济体制,逐步建成了中国特色社会主义市场经济体制,以企业为主体的市场竞争也已成为社会经济中的常态现象。在非物质文化遗产保护领域,非物质文化遗产数字化保护工作的实施主体——高新技术企业为了在全球化环境中获得技术优势、成本优势和成果优势,必须不断创造出满足非物质文化遗产数字化保护需求的新产品和新服务,不断开发非物质文化遗产数字化保护应用的新热点和新方向。可见,就高新技术企业的整体发展来说,非物质文化遗产数字化保护需求、市场竞争环境和项目运营收益都在不断增强企业对科技创新的动力,企业只有拥有了非物质文化遗产数字化保护实力和研发技术,才能确保其在市场环境中立于不败之地。因此,必须确立高新技术企业在基于文化与科技融合下的非物质文化遗产数字化保护机制中的主体地位。

10.3 文化与科技融合下的非物质文化遗产数字化保护机制的实现制度

合理有效的制度是保证非物质文化遗产数字化保护机制实现的基础。就现代管理学发展趋势来看,管理制度创新、体制制度创新和科技制度创新

第 10 章 非物质文化遗产数字化保护机制及实现路径

是机制构建的重要因素。下面围绕三大制度的创新内涵、实现路径和具体举措进行阐述。

10.3.1 以管理制度创新为基础

1. 非物质文化遗产管理制度创新的界定

1) 创新的界定

1912年,熊彼特提出创新是一个经济范畴内的概念,并阐述了创新在社会经济发展中的重要作用。熊彼特所提出的创新理论是基于经济学领域,重点围绕企业经营的理论,此后,中外学者皆从各自的研究领域入手,对创新理论及其外延进行了多层面、多角度的阐释。其中,克里斯托夫·弗里曼提出了国家创新系统理论,他认为创新是一个涉及多部门、多领域、多行业、多层次的复杂集合和整体系统,同时论证了制度创新和组织创新为社会活动提供信息、指定规则和激励发展的方式与作用;德鲁克则基于管理学提出了对创新的界定,即创新是由技术创新和社会创新构成的,前者是新发明和新发现在社会领域中的应用,后者则是从管理角度出发,对结构、体制和制度等内容进行调整、优化和革新,从而追求效率的最大化和资源配置的最优化。

2) 非物质文化遗产管理制度创新的界定

如前所述,非物质文化遗产数字化保护机制的实现需要依靠政府管理部门,即文化行政管理部门的全程管理。可见,在文化与科技融合的背景下,非物质文化遗产管理制度创新实质上就是各级文化行政管理部门的管理创新。由于文化行政管理部门是隶属于政府的下属机构,因此文化行政管理部门的管理制度创新也可以理解为政府管理制度创新在文化管理领域内的集中体现。现阶段,政府管理制度创新是一个新兴的研究领域,尚未有学者对文化行政管理部门管理制度创新进行界定,但学术界对政府管理制度创新已有一些前沿探讨。

结合非物质文化遗产数字化保护机制的内涵,以及上述学者对政府管理制度创新的内容和形式的界定,作者认为所谓的文化与科技融合背景下的非物质文化遗产管理制度创新,就是在非物质文化遗产数字化保护过程中,各级各类文化行政管理部门对文化部门的管理理念、文化行业的管理模式、文化产业的管理方式的创新改革。

2. 非物质文化遗产管理制度创新的原则与目标

1) 管理制度创新的原则

(1) 规范性原则。

在政府治理领域中,创造性和规范性是一对互生互动的概念,只有将两者结合起来,才能适应社会环境变化和政府职能转换的需要。可见,在制度框架内实施规范化管理是文化行政管理部门实施非物质文化遗产管理制度创新的基础,它将文化行政管理部门在非物质文化遗产管理制度创新过程中所涉及的问题进行整合,并形成一个解决上述问题的标准和流程,使非物质文化遗产管理受到全程的监控和反馈,保证我国非物质文化遗产数字化保护机制的有效实施。

(2) 系统性原则。

就非物质文化遗产数字化保护机制而言,其规则是我国非物质文化遗产资源的决策制度、监督制度、人员制度等。从理念上来看,这些制度推进了管理制度创新思想的发展,其载体则是落实上述思想的具体方法和手段。但由于我国非物质文化遗产总量庞大、分布地域广泛、文化差异较大、区域经济发展不平衡,我国文化行政管理部门很难用一种模式对全国非物质文化遗产进行有效保护。可见,文化行政管理部门作为一个点面相容的复杂系统,其内部的非物质文化遗产管理制度创新必须统筹兼顾,在因地制宜的基础上对全国非物质文化遗产数字化保护现状做出准确评估,避免因武断决策导致的不良后果。

(3) 有效性原则。

从文化行政管理部门的非物质文化遗产管理实践来看,其主导权力的合法性、管理职能的完善性、管理决策的科学性、管控行为的科学性、保护主体的多元性等,都是影响文化行政管理部门对非物质文化遗产数字化保护工作的有效管理的重要因素。可见,文化行政管理部门需要充分考虑非物质文化遗产数字化保护工作中投入与产出的逻辑关系,以提升非物质文化遗产数字化保护的有效性。

(4) 先进性原则。

在文化全球化的时代,我国文化行政管理部门只有凭借开放的心态,吸引多层次、多类型的社会力量的多方参与,同时学习国内外先进的非物质文化遗产数字化保护、非物质文化遗产管理和利用的成功经验,将其因地制宜地纳入和内化到我国非物质文化遗产数字化保护的实战之中,从而保证我国非物质文化遗产能够在不断变化的世界环境中得以延续和发展。

可见,文化行政管理部门在非物质文化遗产管理制度创新过程中应坚持先进性原则,对国内外非物质文化遗产数字化保护事业的有关知识进行认真学习,这样可极大降低试错成本,避免不必要的管理损失,充分提高管理效能。

2) 管理制度创新的目标

(1) 推行法制化管理。

依照《中华人民共和国非物质文化遗产法》的相关要求,对我国各级文化

第10章 非物质文化遗产数字化保护机制及实现路径

行政管理部门的机构设置、工作流程、权力构成等方面进行界定和限定,实施规范合法的管理,即基于专门的法律法规的要求,对政府的各项行政行为的规范性、合法性进行界定、要求、监督和反馈。文化行政管理部门法制化管理的基本目标包括:第一,在我国宪法和专门法的权力限定下,基于我国非物质文化遗产数字化保护的现实需求,在文化行政管理部门中推行规范的行政程序;第二,构建和完善我国各级各类非物质文化遗产法律、法规、条例、规章体系,做到下位法与上位法的统一;第三,文化行政管理部门的行政命令、管理举措、决议文件均不违背既定的非物质文化遗产法律法规条款;第四,文化行政管理部门所辖组织、机构、团体和个人均能按照法律法规和部门规章制度,对非物质文化遗产数字化保护行使管理职权。

(2) 建设服务型政府。

服务型政府是建立在合适的政治基础上,与现代社会和市场经济相适应的基本政府模式,它以服务社会、服务公众为主要目标。可见,文化行政管理部门在全国政府机构向服务型政府转型的过程中,可将非物质文化遗产数字化保护作为整体转型的突破口,进而将成功经验向全系统进行推广,从而实现本部门的转型升级。

文化行政管理部门建设服务型政府的基本目标包括:第一,文化行政管理部门在非物质文化遗产保护工作中的主要职能是向社会提供公共产品,重点在于引导非物质文化遗产数字化保护工作的开展,弥补市场体制难以完成非物质文化遗产数字化保护项目的不足;第二,非物质文化遗产数字化保护是基于非物质文化遗产数字化保护需要和人民群众不断产生和提升的文化生活需求的社会性工作,而不能只根据文化行政管理部门的需求,或者利益团体的需求来制定非物质文化遗产数字化保护政策;第三,非物质文化遗产数字化保护工作的成果是考核文化行政管理部门在非物质文化遗产行政成果上的唯一标准。

(3) 实施民主集中管理。

民主集中制是国家政治管理的基本原则。就具体操作而言,文化行政管理部门的民主集中管理就是通过合理的制度安排,允许社会公众以民主的形式平等地参与到非物质文化遗产数字化保护工作中来,并通过法定程序来保证工作过程的公开和透明。

文化行政管理部门实施民主集中管理的基本目标包括:第一,社会公众具有参与非物质文化遗产数字化保护民主决策的权利;第二,文化行政管理部门为社会公众提供规范化、制度化的参与途径和渠道;第三,在文化行政管理部门对非物质文化遗产实施政策指导的过程中,除依法应保密的活动之外,其他行政活动、政务信息、会议信息等内容应依法公开。

(4) 实现社会多方合作。

逐步缩小行政管辖范围、放开行政审批权限、构建专业化政府,一直以来都是我国行政体制改革的重要方向。政府与社会多方实现合作,从内容上来看,就是放弃过去一言堂式的垄断管理,从政治协商、齐抓共管的角度入手,将一部分社会管理职能分担给除政府之外的其他社会团体和民间组织,从而实现对社会公共事务的共同管理,实现政府的减员增效。

文化行政管理部门实现社会多方合作的基本内容如下。第一,合作对象的平等性。社会多方合作在实施上是指对社会多方一视同仁地开展合作,既包括文化行政管理部门与各类社团组织、公益组织、非政府组织的合作,也包括各类政党与机构之间的合作。第二,合作内容的多元化。由于社会合作在组织上讲求平等,因此层次上应具有包容性,既包括国内外各类组织的横向跨组织联合,也包括国内各部门的纵向条块联合。第三,合作目的的稳固性。合作的本质是稳定发展,它既表现在合作时间的长期性上,也表现在合作内容的规范性和广博性上。

3. 非物质文化遗产管理制度创新的实施举措

文化行政管理部门的管理制度创新是一个系统工程,涉及部门管理的各个领域、各个区域、各个层次,需要通盘考虑、整体设计、统筹兼顾、全面落实。从非物质文化遗产数字化保护机制的运行要求来看,我国文化行政管理部门对非物质文化遗产管理制度创新的实施举措主要集中在以下方面。

1) 依法管理

(1) 明确行政管理主体。

文化行政管理部门作为我国非物质文化遗产数字化保护事业的行政管理主体,是各类非物质文化遗产法律、法规、规章和规范性文件的制定者和执行者。由于这一地位的特殊性,因此要求文化行政管理部门加强规范建设、实行依法行政。2003年8月经十届全国人大常委会第四次会议通过的《中华人民共和国行政许可法》对我国行政管理部门依法行政提出了制度化的要求。随后,为了配合该法的实施,2003年9月,国务院发布了《国务院关于贯彻实施行政许可法的通知》,提出了依法清理行政许可实施机关的要求。由此可见,文化行政管理部门在对非物质文化遗产进行管理的过程中,需遵循国家法律法规,在非物质文化遗产管理的特定领域和特定场合行使自己的行政权力,而不是采用"凭经验、凭感觉、依惯例"的方式来进行管理。在具体工作中,要根据部门职责和法律条款,理顺自身的管理层次和责权归属,做到有法可依、有法必依、执法必严。同时,对各级各类文化行政管理机构的合法

第 10 章 非物质文化遗产数字化保护机制及实现路径

性、有效性进行甄别、判断和清理,并通过一定载体定期向社会公布。

(2) 合理分解管理职权。

由于我国非物质文化遗产数字化保护的对象繁杂且分布广泛,因此文化行政管理部门必须依照行政管理的能级原则,将非物质文化遗产管理工作逐层分解、逐级推进,这样才能在全国范围内保证非物质文化遗产管理权、非物质文化遗产监督权和非物质文化遗产执法权的实现。在文化与科技融合的背景下,对我国文化行政管理部门执法权的分解需注意以下方面。第一,划定管理边界。明确的管理边界是各级文化行政管理部门依法行政的依据。为了避免边界不明、执法随意的问题,需按照现代社会"权力法定"的原则,根据我国非物质文化遗产数字化保护的现实需要,逐项列出文化行政管理部门的"权力清单",让管理主体和管理对象均知晓相应的管理边界和权力限定,这样既增强了文化行政管理部门的管理意识,也有利于增强被监管方的监督意识,有利于我国非物质文化遗产数字化保护工作的更好开展。第二,确定管理跨度。在对文化行政责权进行分解的过程中,为提高我国非物质文化遗产数字化保护的监管效率和指导效果,要尽可能减少行政管理层次,在兼顾管理幅度和协调配合的基础上,避免文化行政管理系统内部不同管理机构和管理岗位的责权交叉。为此,应充分发挥政府机构中直线职能制组织机构的优点,在保证统一指挥的前提下,开拓横向联合和职能综合,充分发挥管理组织的整体效能。同时,根据相关法律法规的要求,对部分管理部门之间存在的不合理的行政关系与隶属关系进行改革,通过管理制度创新来实现科学管理。

(3) 规范行政管理行为。

第一,防止行政不作为。《中华人民共和国行政诉讼法》第二条规定:"公民、法人或者其他组织认为行政机关和行政机关工作人员的行政行为侵犯其合法权益,有权依照本法向人民法院提起诉讼。"第十二条规定:"人民法院受理公民、法人或者其他组织提起的下列诉讼。"这一法律条文明确规定了文化行政管理部门需要承担对行政不作为的法律责任。从行政不作为的内容上来看,它包括具体行政不作为和抽象行政不作为两种情况。其中,具体行政不作为是指文化行政管理部门在授权委托的基础上,应对非物质文化遗产进行行政管理,但又未履行其应有的行政义务时的情况;抽象行政不作为是指我国各级各类文化行政管理部门在对非物质文化遗产施行行政管理的过程中,未对非物质文化遗产进行适合普遍意义和确定规则的管理,并导致未履行其行政义务的情况。第二,规范裁量行为。由于在非物质文化遗产数字化保护过程中,各地保护环境、保护基础和社会经济条件各有特点,因此在非物质文化遗产数字化保护工作中,需要文化行政管理部门对工作进行量体裁衣、管控裁量,这就要求对管理行为的自由度进行规范。首先,对非物质文化遗产保护工作需要有一个整体性的安排,并对自由裁量过程中可能出现的问题作出原则性规定;此外,各级各类文化行政管理部门应根据实际工作,建立一套较为完整的自由裁量基准管理制度,对自由裁量行为的指导标准进行完善和细化,使其更能因地制宜,符合非物质文化遗产数字化保护的时代要求。第三,遵从法定程序。法定程序是指行政执法机关在执法过程中法律规定应遵循的步骤和方式,它是检验具体行政行为是否合法的标准之一。可见,文化行政管理部门对非物质文化遗产实施管辖权时,只有按照法定的要求、步骤和程序,将非物质文化遗产数字化保护工作落到实处,最终才能保证非物质文化遗产数字化保护效果的圆满与优质。

2) 民主管理

(1) 完善民主决策。

非物质文化遗产数字化保护的民主决策是指为了规范非物质文化遗产数字化保护的决策行为而规定的程序、规则和方式。为此,文化行政主管部门可从如下方面着手,推动民主决策工作的开展。其一,完善听证制度。随着我国非物质文化遗产数字化保护事业的不断发展,社会各界同非物质文化遗产之间的关系日益紧密,同时,在非物质文化遗产数字化保护工作的开展过程中,社会公众也不仅仅是被管理的对象,同时更是文化行政管理部门行政权力行使的承担者和实施者。为保证社会公众的非物质文化遗产数字化保护的热情,文化行政管理部门应进一步扩大非物质文化遗产数字化保护听证制度的应用范围,推动听证制度的发展。其二,建立社会参与制度。非物质文化遗产社会化保护的内涵就是在公众参与和政策稳定的前提下,引导和依靠社会公众对非物质文化遗产进行保护的过程。而建立社会参与制度是社会公众参与非物质文化遗产社会化保护的规则和方法,它的有效建立将推动文化行政管理部门在保证社会各方利益的基础上,最终实现非物质文化遗产数字化保护决策的民主化、公开化、公正化和法制化。其三,建立民意调查制度。文化行政管理部门在对非物质文化遗产进行管理决策之前,可对特定项目进行民意调查,一方面可获取社会公众的支持与理解,另一方面还可以达到宣传政策、掌握舆情的效果,从而增加社会公众对文化行政管理部门施政的理解与支持。

(2) 加强民主监督。

其一,确定监督要点。在非物质文化遗产数字化保护工作中,还存在大量需要自由裁量的管理个案。但不恰当的自由裁量又可能会滋生行政管理

第10章 非物质文化遗产数字化保护机制及实现路径

不公的问题,使公众怀疑文化行政管理部门的公平性,同时对管理工作和管理人员采取不配合的态度与方式,进而导致违法事件和行为的增加。因此,在给予行政管理人员自由裁量和管理权限的同时,要发挥民主监督职能,对非物质文化遗产数字化保护工作的关键环节和事件节点进行监督,并创建严格的违法责任追究制。其二,健全监督主体。要推动文化行政管理部门提高管理效能,需强化管理公开和政务公开,建立健全、科学、规范的监督主体。就其内容来看,文化行政管理部门的监督主体包括四个方面:一是加强党内监督,充分发挥党内纪检机关的职能作用,定期对行政管理工作展开检查;二是加强国家机关的监督工作,充分发挥制度赋予各级人大的法律监督作用,以及大力发扬政协机关的民主监督作用;三是加强群众监督,通过主题开发日、网络媒体、广播电视等渠道,主动接受社会监督,提高社会公众的知晓率和满意度;四是加强新闻监督,充分发挥新闻媒体的公开性、及时性和群众性的特点,坚持正确的舆论导向,充分发挥对文化行政管理部门的监督作用。

3) 服务导向

(1) 发展电子政务服务。

文化行政管理部门利用互联网作为管理载体来对全国非物质文化遗产进行管理,是我国电子政务工作的一个重要组成部分,它是基于文化与科技融合下的非物质文化遗产数字化保护机制的重要工具和信息平台。发展电子政务对文化行政管理部门的管理工作具有重要的意义。其一,提高管理效益。由于互联网信息传递的便利性、跨地域性,采用电子政务系统实现全国非物质文化遗产数字化保护的整体管理,既可以节约办公成本,又可以提高非物质文化遗产数字化保护效果。其二,实现权力监督。电子政务系统在日常操作过程中要求责权到人,通过信息化管理流程再造,使权力分散化、管理均衡化、权力制衡化的组织目标得以实现。为此,文化行政管理部门应抓紧部门信息和通信网络的基础建设,对现有的电子政务系统进行整合,对原有数据库进行归档、迁移或转化,构建一个全国范围的基础管理数据库,实现文化行政管理部门的信息共享,同时根据我国非物质文化遗产数字化保护和人民群众的需要,适时、适度、分阶段地对社会开放各类非物质文化遗产数字化保护信息,促进政府信息流通,提高行政效能和服务质量。

(2) 完善基层培训制度。

坚持一贯的"科学提高分层分类"原则,不断推动文化行政管理部门基层公务员培训工作。其一,在内容上要强调专业性和针对性,即按需培训。文化行政管理部门在对基层公务员进行非物质文化遗产数字化保护培训的过程中,应定期了解各地非物质文化遗产数字化保护的现实状况和首要需求,本着有用、适用、管用、够用的宗旨,科学地制订培训内容;其二,在方法上要结合国内外先进的培训理念、技术和模式,针对非物质文化遗产数字化保护基层工作中存在的各种问题和难点,运用多种学习方法和训练方式来调动基层公务员的参训积极性;其三,在遵照《中华人民共和国公务员法》的基础上,各级文化行政管理部门应出台相应的实施细则和时间安排,将培训效果与公务员激励机制相结合,将培训的质量和效果作为公务员考评、考核、定级等的依据。

(3) 构建绩效考评体系。

由于计划体制下的文化行政工作只注重过程而不注重结果,因此难以克服行政组织所固有的弊病。从美国《政府绩效和成果法》的实施经验来看,文化行政管理部门绩效考核内容应包括绩效目标、绩效过程、绩效指标、技能技术、信息资源、人力财力、价值手段等方面。

从个人角度来看,我国文化行政管理部门非物质文化遗产数字化保护工作考核机制存在的问题主要包括:考核内容不明确、指标设置不科学、程序流程不规范、结构模式单一、评价方式流于形式。针对以上问题,应采取如下措施。第一,明确考核内容。针对不同部门、不同岗位和不同层次的考核对象,进行以德、能、勤、绩、廉为基础的系统考核。第二,完善指标体系。在对基层公务员的非物质文化遗产数字化保护工作进行职位分析的基础上,对其所从事工作的内容、性质、责任、环境等因素进行研究,以此为基础构建基层公务员考核指标体系。第三,改进考核方法。根据权变理论,将定性评价和定量评价相结合,充分考虑非物质文化遗产数字化保护的社会需求和公众利益,采取灵活的方式对不同岗位进行界定与评价,提高评价结果的透明度和公正性,发挥考评体系的正面引导作用。

4) 合作管理

(1) 理顺党政关系。

从党政关系的内涵来看,"党"是指执政党,在中国则是中国共产党;"政"是指国家政权,在中国就是各级人民代表大会。从《中华人民共和国全国人民代表大会和地方各级人民代表大会选举法》的要求来看,政府是由人大产生并对人大负责的,即不能越过人大谈论党政关系。现阶段,还存在党或党委领导对文化行政管理部门工作的干预过多,或直接包办的现象,这就要求党政双方需深刻理解其在国家中的地位和应承担的责任,同时将党政分开落实到实处,以人大为中介来实现党对文化行政管理部门进行领导的理想党政关系。

为了实现上述目标,需从以下四个方面着手。其一,明确责任。政党和

第 10 章 非物质文化遗产数字化保护机制及实现路径

政府机构是不同性质的组织,党政分开就是要遵循组织结构和组织管理的规律性,在把握各自角色、分清工作限界后,才能更好地做好各自工作。为此,应重新界定党政部门的角色定位,改善党的执政方式和领导方式。其二,区分权力。党的权力是政治权,文化行政管理部门的权力是行政权,这就意味着,党委不能代替文化行政管理部门对非物质文化遗产工作作出直接管理和控制,而是应该一方面通过政治领导、思想领导、组织领导,另一方面通过政治原则和政治方向的控制,来影响各级领导的重大决策,在对文化行政管理部门进行控制的同时,实现对文化行政管理部门的监督和检查。其三,独立行政。文化行政管理部门应围绕上述准则开展工作,在接受党对工作的领导的同时,就非物质文化遗产数字化保护的具体行政工作,依照政务工作要求进行具体实施,从而独立自主地开展管理工作。其四,加强沟通。现阶段,我国既不能笼统地将党政分离,也不能笼统地将党政合一,这样既可能弱化党对工作的领导,也可能导致党政不分、以党代政。可见,党务和政务应在职能上作出合理分工,在两者之间形成一种良性的沟通合作机制,采用"党政联席会议""党政交叉任职"等方式,形成政务载体分开,党务参与政务、监督政务的良好态势。

(2) 融洽政企关系。

当前,在非物质文化遗产数字化保护背景下,不断引导和推动高新技术企业参与非物质文化遗产数字化保护工作是未来文化行政管理部门需要切实推动的重要问题。为融洽政企关系,推动非物质文化遗产数字化保护事业更深入发展,可以从如下方面加大力度。其一,政企分开。文化行政管理部门不应参与微观经济活动的监督,而应将主要精力集中在国有资产的价值管辖之上。此外,在对企业进行权力下放的同时,文化行政管理部门应将工作重点从企业的投资主体向服务主体转变,引导高新技术企业通过市场获得自身发展所需的资金,把文化行政管理的工作重点切实放到宏观管理、非物质文化遗产管控和公共服务上。其二,政出一孔。按照现代政府组织结构的职能要求,根据责权一致的原则,非物质文化遗产数字化保护企业管理需要调整文化行政管理部门的责任权限和责任归口,克服政出多门的行政弊端。同时,文化行政管理部门应本着市场经济原则,对行业管理抓大放小,充分发挥企业的自主能动性,同时充分发挥行业协会的作用。其三,规划先行。为保证我国非物质文化遗产数字化保护工作的前瞻性和有效性,同时避免市场短视心态的影响,文化行政管理部门在确定了非物质文化遗产数字化保护的行政管理目标之后,应从最大化发挥政府宏观调控职能的角度出发,因地制宜地制定各级非物质文化遗产数字化保护工作规划,从而引导社会各方将资源、技术和人力通过最优方式集中到非物质文化遗产数字化保护领域之中，保证微观利益与宏观利益的共同实现。

（3）推进政社关系。

文化行政管理部门和社会公众之间是相互依存的关系。一方面，文化行政管理部门的服务对象是社会公众，保护非物质文化遗产是为了延续和传承社会文化；另一方面，社会公众是文化行政管理部门的管理对象之一，同时也是文化行政管理部门的工作监督者和实施参与者。为了增进文化行政管理部门和社会公众之间的紧密联系，可采取以下举措。其一，扩大文化行政管理主体。引导社会公众参与文化行政管理事务，将文化行政管理部门的各类职能分散于多个由文化行政管理部门扶持的外部社会服务机构，从而达到推动文化行政管理部门从管制行政走向服务行政的管理创新，进而使文化行政管理部门退出市场运营，将市场主体让给社会公众和企事业单位，文化行政管理部门的行政主体由过去的一元化部门转变为机关、公民、社会中介组织和市场多元化的主体，最终实现打破政府行政垄断、激发社会齐抓共管的目的。其二，发挥社会组织作用。在实行文化行政管理创新的过程中，应本着"少花钱、多办事"的原则，发挥社会力量，为公众提供便捷高效的服务。为此，可以采取政府服务招标的形式，由文化行政管理部门整理并核定非物质文化遗产数字化保护的采购需求，同时确定所需服务的数量和质量，中标的承包商与文化行政管理部门签订合同，并严格按合同规定提供各种公共服务。通过上述方式，文化行政管理部门可以根据既定合同对服务内容和服务效果进行监督和检查，从而可以对非物质文化遗产数字化保护工作的进展进行量化考核。此外，可以采用公私合作的方式。对于某些短期不盈利或长期投资收益不高的非物质文化遗产数字化保护项目，文化行政管理部门可以采用公私合作的方法，利用优惠政策为企业带来一些实惠。其三，创新社会组织培育方式。为促进非物质文化遗产数字化保护类社会组织的发展，应该建立非物质文化遗产数字化保护的公益孵化集群，进一步完善创意投资与合同招标的相应机制，同时鼓励各地方政府通过成立基金会的形式来增加对非物质文化遗产社会组织的投入，促进其在与文化行政管理部门和高新技术企业之间的互动中发展。

10.3.2 以体制制度创新为重点

1. 非物质文化遗产体制制度创新的界定

1）体制的界定

就非物质文化遗产数字化保护机制而言，体制是指我国非物质文化遗产的社会管理体制;单就体制的界定而言,它是制度、组织和领导权限的体系,以及上述内容的制度性整合;从管理学的角度看,它是指国家机关的组织和管理机构、企业和机构以及相应的系统关系;从支撑上来看,它是联系生产力、生产关系和上层建筑的结合点和联系点,三者通过体制来相互作用;从社会管理体制包含的内容来看,党的十七大报告提到社会管理体制包含公共服务、社会保障、社会组织建设和管理等十大体系。诚然,学术界也提出了多种不同的观点。如:根据区划条件,将社会管理体制分为社团管理体制、社会治安体制、社会服务体制等七种体制类型;根据社会学原理,有学者提出社会管理体制包括社会政策体制、社会控制体制和社会服务体制的观点。

2) 非物质文化遗产体制制度创新的界定

从我国文化行政管理部门的非物质文化遗产体制创新来看,文化创新不等同于一般意义上的对传统的继承与延续,而是在思想、观念、内容和形式上的创新,是传统文化向现代文化、深刻内涵到外延传承的发展和更新。可见,非物质文化遗产体制制度创新是在遵循社会主义精神建设的特点和规律的基础上,满足我国非物质文化遗产数字化保护的发展和需要,建立起可传承非物质文化遗产、繁荣文化事业、适应发展潮流的体制。该体制由一系列富有约束力的规则和程序性安排构成,是关于社会管理的制度与法律法规体系、组织系统和管理机制的综合性内容,其目的在于整合社会资源,着力解决非物质文化遗产数字化保护和社会发展之间的矛盾。根据党的十七大报告中论及社会体制的内容,结合学术界对体制内容的阐释,作者认为非物质文化遗产体制制度创新的内容主要包括非物质文化遗产公共服务体系、非物质文化遗产保障体系、非物质文化遗产社会组织建设和管理、非物质文化遗产基层管理体制等。

2. 非物质文化遗产体制制度创新的目标与环节

1) 非物质文化遗产体制制度创新的目标

非物质文化遗产体制制度创新的目标,就是要立足于文化发展与科技进步,在更新非物质文化遗产数字化保护与管理理念,构建新的非物质文化遗产融合管理模式的基础上,整合相关的社会资源,提高非物质文化遗产的管理水平,强化各级文化行政管理部门的管理与服务职能。

根据现代社会的结构变化,在利益协调和整合、利益表达和诉求、矛盾化解与调处、社会保障等方面构建科学化的体制,正确处理非物质文化遗产数字化保护与经济发展、社会稳定之间的关系。此外,在文化与科技融合的背景下的非物质文化遗产体制创新不仅体现在对非物质文化遗产的管理上,更体现在对非物质文化遗产的服务上,即"寓管理于服务、寓服务于管理"。要达到这一目标,就要求文化行政管理部门转变政府职能,改进行政方式,增强服务意识,规范管理标准,结合非物质文化遗产社会化保护的发展趋势,在服务中不断完善自身,发挥好社会管理的积极作用。

非物质文化遗产体制制度创新要结合我国文化与经济的特殊国情,在原有的文化行政管理体制的基础上,大胆创新,小心推进,以党中央文化与科技融合的思想为指引,充分发挥文化行政管理部门的主管作用和科技管理部门的主导作用,以实践为基础,先试先行,在实践中整合优势,积累经验。

2)非物质文化遗产体制制度创新的环节

非物质文化遗产体制制度创新的环节主要包括在文化与科技融合下的要素群结合,以及要素群之间的关系。它们包括主体界定、客体内涵、管理要素和制度功能等方面的内容,如表10-2所示。

表10-2 非物质文化遗产体制制度创新的内容

构成组分	组分阐释	构成要素	要素阐释
主体	在体制运行过程中的行为发出者、实施者、管理者,是对非物质文化遗产保护进行调控的行为主体	执政党	在体制中总揽全局、协调各方,为实现施政方针和执政理念而行动
		政府	体制改革的关键主体,如制定规则、创造环境、提供服务等
		社会组织	政府与公众之间的媒介,协助处理和调整政府、社会、组织和民众之间的关系,起到调和矛盾、和谐关系的作用
		公众	除上述三个构成要素之外的社会群体,是履行积极主动地参与非物质文化遗产数字化保护的基础
客体	在体制运行实践中与非物质文化遗产保护相关的要素集合	内部要素	与非物质文化遗产保护工作直接相关的内容,如非物质文化遗产保护组织、非物质文化遗产保护工作、非物质文化遗产保护保障制度等
		外部要素	与非物质文化遗产保护工作间接相关的内容,如非物质文化遗产保护事务、非物质文化遗产公共服务、非物质文化遗产环境建设等方面

第 10 章 非物质文化遗产数字化保护机制及实现路径

续表

构成组分	组分阐释	构成要素	要素阐释
要素	在体制框架内,主体对客体实施管理和服务的过程中的驱动来源	执行制度	与非物质文化遗产保护工作直接相关的操作内容,如非物质文化遗产应急体制、非物质文化遗产工作体制和非物质文化遗产政策决策体制等
		保障制度	与非物质文化遗产保护工作间接相关的操作内容,如非物质文化遗产社会保障体制、非物质文化遗产安全保障体制等
功能	为实现体制内涵而提出的制度和法规	导向功能	明确非物质文化遗产管理各个环节、各个要素的定位和任务
		保障功能	提供制度支持和管理保障,对非物质文化遗产保护的流程环节进行约束和规范,同时推动保障功能的常规化和常态化
		沟通功能	增进政党、政府、社会公众三者之间的良性互动,并提供相应的制度条件和制度保障

通过对上述创新环节的分析可知,非物质文化遗产体制制度创新有如下突破方向。

其一,凝聚非物质文化遗产参与主体。非物质文化遗产参与主体是非物质文化遗产数字化保护过程中的实施者、参与者和行为发出者。执政党是非物质文化遗产数字化保护的领导核心,起到整体管理、协调部门的作用;文化行政管理部门作为非物质文化遗产数字化保护的管理核心,应将工作重点放在制定规则、创造环境、提供服务上;各级各类社会组织作为前面两者的桥梁与中介,既可发挥其专业优势来推动非物质文化遗产的科技化,也可以协助政府协调行政与社会之间的关系。

其二,更新非物质文化遗产管理理念。非物质文化遗产管理理念的创新是非物质文化遗产体制制度创新的先决条件,正确的非物质文化遗产管理理念是推动我国非物质文化遗产发展和运行的内在基础。通过对国际先进水平的研究的分析可以发现,计划经济时期的"大一统式"管理已不适合现代社会的非物质文化遗产管理与保护,这种非物质文化遗产管理理念只能束缚体制制度创新。因此,应树立服务理念、保护理念和法治理念,将法治与德治相结合、治标与治本相结合,凸显非物质文化遗产体制制度创新的鲜明亮点。

其三,转变非物质文化遗产管理方式。进入现代社会之后,全球各国的非物质文化遗产管理方式均呈现出由垄断式向公开式、由独立式向复合式的跨越。可见,文化行政管理部门要注重非物质文化遗产管理方式的转变,从过去仅依靠集权手段,通过掌控资源去向和分配来对非物质文化遗产进行控制的管理思路,逐步转变为依靠市场经济的力量来进行多方协商、协作共赢的管理思路,将非物质文化遗产数字化保护的多方主体纳入非物质文化遗产数字化保护机制中来,实现其和谐发展。

其四,吸纳非物质文化遗产管理人才。文化与科技融合背景下的非物质文化遗产体制制度创新离不开人才队伍的建设。只有建设一支高素质、懂业务的管理骨干队伍,才能推动非物质文化遗产体制制度创新的具体实现,从而进一步推动创新进程。

其五,推进非物质文化遗产数字化保护评估。为了提高非物质文化遗产数字化保护成效,避免不计成本、不计绩效的短视做法和恶性循环,应在非物质文化遗产体制中对非物质文化遗产数字化保护的成果从有形投入和无形价值两个方面进行检验。其中,有形投入是指文化行政管理部门在非物质文化遗产管理活动中,为推动我国非物质文化遗产数字化保护总体目标的达成而投入的人、财、物等资源;无形价值是指从群众拥护度、实践有效度、公众认可度等方面来对非物质文化遗产数字化保护成效进行考察的反馈要素,它反映了非物质文化遗产有形投入的效率和效果。

3. 非物质文化遗产体制制度创新的实施举措

1) 创新非物质文化遗产文化思想内涵

非物质文化遗产作为我国历史文化的载体和人文精神的结晶,是连接全国各族同胞的历史纽带和社会载体。推动我国非物质文化遗产文化思想的创新,是非物质文化遗产体制制度创新的核心,也是应对文化冲突和文化更替的重要举措,更是构建我国文化安全环境的重要步骤。为此,推动非物质文化遗产文化创新体系的建设可以从以下方面着手。

(1) 观念创新。

观念是行动的先导。非物质文化遗产数字化保护观念的创新是非物质文化遗产文化创新体系构建的核心和前提,即要突破和摆脱陈旧过时、不切实际的观念和思维定式的束缚,敢于打破常规、解放思想、与时俱进,创造新的文化观念并顺应时代的发展和社会的实践。

可见,构建非物质文化遗产文化创新体系要自觉地从不符合非物质文化遗产数字化保护和适度利用的观点、做法和制度的束缚中解脱出来,从构建和谐社会、满足人民群众对非物质文化遗产文化需求的要求出发,从深化非物质文化遗产文化感召力和吸引力上着手,推动非物质文化遗产保护与传承,不断增强社会文化吸引力。

(2) 内容创新。

非物质文化遗产文化创新体系的构建也要根植于内容创新这一基本原则,从精神与物质两方面入手进行构建。其一,重视法制建设。形成与非物质文化遗产数字化保护相适应的自主、平等、法治的契约精神。同时,提倡和推崇中华民族传统美德,通过宣讲、奖励、德育等方式促进公众社会道德水平的提高,从而将法治与德治相结合,推动和保障非物质文化遗产数字化保护体制的实现。其二,弘扬民族精神。非物质文化遗产作为全国各族人民历史文化和社会生活的结晶,是体现新时期民族精神的最佳载体。面对全球各类思想文化的冲击和蔓延,保护、传承和提炼非物质文化遗产,并根据文化发展的需要,在非物质文化遗产资源中不断挖掘和宣传平等精神、竞争精神、科学精神、民主精神等内涵。

2) 推动非物质文化遗产公共文化服务体系建设

非物质文化遗产公共文化服务体系是国家文化建设的重要组成部分,它的主体是非物质文化遗产资源,载体是文化服务体系。从上述界定中可以看出,非物质文化遗产公共文化服务体系是文化行政管理部门提供的,是以满足全社会文化需求和非物质文化遗产现实保护需要为基础的服务与制度的总称。它不以营利为目的,而是以全社会提供的非物质文化遗产公共文化产品和服务为内容的文化服务领域,涵盖了广播电视、电影、报刊等多种形式的载体,与其他重要文化领域一起构成了我国文化建设的完整内容。

通过上述对非物质文化遗产公共文化服务体系的分析可知,推动我国非物质文化遗产公共文化服务体系建设的具体做法有以下三个方面。

(1) 加强法治监管。

现阶段,我国已逐步形成了一套行之有效的文化市场法治体系,构建了以宪法为核心,以各项文化行政法规为外围,以各部门各行业的相关文化规章制度为延展的法规体系。我国非物质文化遗产公共文化服务体系建设除了要遵照上述法律法规之外,还要遵守《中华人民共和国非物质文化遗产法》的规定,利用科技手段加强市场监督,强化非物质文化遗产立法工作和知识产权保护工作,为建立一个依法经营、诚实守信的非物质文化遗产文化市场提供法律保障。

(2) 完善调控机制。

非物质文化遗产资源的生产性保护是非物质文化遗产融入现代社会,推

非物质文化遗产濒危评价及数字化保护研究

动非物质文化遗产传承、发展的首选方式,而非物质文化遗产文化市场的有效管理与调控是其健康发展的保障。可见,抓住文化与科技融合的历史契机,积极探索非物质文化遗产文化市场管理体制创新,逐步建立起一个体制健全、机制灵活、市场繁荣的非物质文化遗产文化市场体系是未来非物质文化遗产数字化保护事业的一项重要工作。为此,应不断扩大非物质文化遗产文化市场准入范围,积极支持民营资本投资文化市场,完善投、融资体制,形成以公有制为主体、多种所有制经济共同发展和建设的文化市场管理模式。同时,通过文化行政管理部门的宏观调控和积极引导,以建立现代非物质文化遗产文化市场营销体系为举措,充分发挥中介机构和行业协会的组织作用,采用财政税收信贷等金融调控手段,支持非物质文化遗产公共文化服务体系的长效运行。

(3) 综合统筹保护。

由于我国非物质文化遗产公共文化服务体系存在东西差距、城乡差距,特别是非物质文化遗产资源富集的农村地区的非物质文化遗产数字化保护水平不高,非物质文化遗产数字化保护效果较城市地区和经济发达的东部差。为此,应加大对经济不发达地区和农村地区的非物质文化遗产文化培训和政策引导,鼓励和支持资金、技术、信息、人才等要素向中西部倾斜,健全中、东、西部地区之间文化市场的协调机制,提升全国非物质文化遗产文化消费水平和消费能力。

10.3.3　以科技制度创新为动力

1. 非物质文化遗产科技制度创新的理论阐释

从宏观上来讲,科技创新是科学技术创新的简称,是对科学领域的研究和知识范畴、技术领域的创新的综合概括。就现状而言,科技创新同知识创新和技术创新常被当作一个概念,在本书中三者有各自不同的适用意义和范畴,具有一定的差异性。本书中界定的非物质文化遗产科技制度创新既强调非物质文化遗产研究对创新的推动价值,同时也将注意力放在非物质文化遗产数字化保护新技术、新发明和新创造的突破与转换之上。从涵盖的内容上来看,非物质文化遗产科技制度创新的内容包括技术创新和知识创新,它在范围上远大于技术创新;从创新主体上来看,非物质文化遗产科技制度创新的主体呈现多元化特征,包括政府机构、科研院所、大专院校和各级各类社会组织;从运行方式上来看,非物质文化遗产科技制度创新具有系统性的运行特点。非物质文化遗产科技制度创新的主体是企业,在职能划分上,政府居于主导地位,文化行政管理部门起主管作用,科技管理部门起引导作用,企

第 10 章 非物质文化遗产数字化保护机制及实现路径

业、机构和各类组织同上述居于主导地位的政府进行合作,以推动跨部门、跨行业、跨领域研发的实现。

2. 非物质文化遗产科技制度创新的突破举措

1) 推动制定非物质文化遗产科技制度创新的行政政策与行业标准

我国非物质文化遗产科技制度创新须依照国家相关文件的精神,有计划、有步骤地对分散、庞杂的非物质文化遗产资源进行科学、合理的调配,逐步使全国各类非物质文化遗产管理机构及相关企事业单位在政策框架和行业标准下形成一个整体。同时,以此为起点,在宏观上建立由文化行政管理部门牵头,包括各有关职能部门和主要科技部门负责人参加的具有权威性的跨系统、跨地区的非物质文化遗产创新协调组织,从微观上采取总体规划、分步实施、分级控制的策略,本着广泛参与、渐进发展的思路,以及不断探索、不断充实、不断完善的可持续发展思想,既依靠政府以及职能部门的支持与督导,又依赖各基层企事业单位的积极参与,坚持以效益为目标、以服务促发展的操作原则,渐进式地推进这一复杂系统工程的逐步实现。此外,非物质文化遗产数字化保护的标准化和规范化是推动和实现我国非物质文化遗产科技政策的举措,也是我国非物质文化遗产数字化保护内化国外技术、创新国内应用的基础,更是我国非物质文化遗产科技制度创新实现信息转换、信息交流、资源共享的必备条件。为此,必须从统一配备服务软件、统一标准规范和统一管理服务三个方面着手,围绕非物质文化遗产信息的采集、组织、分类、保存、发布与使用等环节来建立规范和标准,通过确立和践行统一的信息资源标准规范,实现非物质文化遗产信息的相关标准的互联、互通、互享。

2) 加大非物质文化遗产科技制度创新的资金投入

资金投入是加快非物质文化遗产科技制度创新的必要基础。企业筹措非物质文化遗产科研资金的途径有银行贷款、股市筹资、风险投资、利用自有资金等。但由于银行受制于稳健考虑、资本市场对研发项目限制较多等因素,银行贷款和股市筹资在非物质文化遗产科技创新领域的应用很少。此外,由于目前我国的风险投资业发展还不成熟,退出机制不够完善,因此我国非物质文化遗产科技创新企业获得风险投资的机会并不是很多。

由此可见,企业在积极创造条件、自觉拓宽外部筹资渠道的基础上,更要充分利用自有资金。此外,文化行政管理部门还要拓展对非物质文化遗产数字化保护的多元化投资渠道,建立各类非物质文化遗产基金、非物质文化遗产投资平台等。同时,根据国家法律法规的要求,对非物质文化遗产数字化保护投入主体进行规范和鉴别,把好入口审核关,同步完善投资的退出机制。

3) 推进非物质文化遗产科技制度创新的人才培养

非物质文化遗产科技制度创新需要大批的优秀人才的参与。为此,应根据各地非物质文化遗产数字化保护的实际情况,结合各自经济社会状况,因地制宜地采取师徒传承、学校教育、网媒传播等手段,实施非物质文化遗产数字化保护的各类人才培养,同步建立非物质文化遗产数字化保护人才库。同时,为了激励人才投身非物质文化遗产数字化保护事业,还需形成良好的激励机制,吸引高素质的非物质文化遗产科技制度创新人才投入创新活动之中。

4) 实施非物质文化遗产科技制度创新的融合研究

推动文化与科技融合下的非物质文化遗产科技制度创新是我国非物质文化遗产数字化保护领域的发展方向。为此,需引入多方研究主体和技术资源,在开发合作的基础上推动我国非物质文化遗产数字化保护事业的融合创新。具体的实施举措如下。其一,科技评估咨询。邀请社会科研力量参与非物质文化遗产数字化保护科研项目的审定。通过这一举措,可使我国各级各类科研力量熟悉我国非物质文化遗产数字化保护现状,并基于各自专业领域的特殊性提出针对性建议。同时,在吸纳各类成熟、规范的社会研究力量投身于非物质文化遗产数字化保护研究的过程中,各种良好的研究思路和科研范式将会被不断引入非物质文化遗产研究之中,从而促进我国非物质文化遗产数字化保护领域的科学研究的规范化。其二,跨系统研究合作。让高校和科研院所更多地参与非物质文化遗产数字化保护科研工作中,使其对非物质文化遗产数字化保护领域的了解进一步加深,非物质文化遗产数字化保护学科也将得到进一步发展,同时也为非物质文化遗产数字化保护科研事业的发展储备高层次人才。

3. 非物质文化遗产科技制度创新的实施举措

要实现非物质文化遗产数字化保护领域与高校、科研院所等其他科研领域的融合创新,最直接、最有效的激励措施是根据实施要求满足考核标准和考核内容,基于科研人员的考核,将上述标准和内容同非物质文化遗产数字化保护工作对接。从整体效能上来看,还需建立一套较为完善和科学的非物质文化遗产科技制度创新动力机制。根据我国现有的科技制度创新环境和非物质文化遗产数字化保护现实条件,非物质文化遗产科技制度创新的具体实施内容包含以下四个要点。

1) 制定非物质文化遗产科技制度创新的发展规划

由于非物质文化遗产科技制度创新是一项投入大、风险高、时间长的工作,因此文化行政管理部门、企业对非物质文化遗产科技制度创新的认识与侧重并不完全相同,有时还可能出现相互冲突的情况。其原因有以下五点。

第10章 非物质文化遗产数字化保护机制及实现路径

其一,获取方式差异。企业多倾向于直接引进技术,避免自身在非物质文化遗产科技研发上的风险;而文化行政管理部门则希望企业能够自主创新,避免对国外技术的依赖。其二,创新领域差异。企业多倾向于消费领域的科技创新,便于市场营销和收回成本;而文化行政管理部门则希望企业选择与非物质文化遗产数字化保护关联度较大的领域进行创新,从而有助于整个行业科技水平的提升。其三,时空范围差异。企业在非物质文化遗产科技制度创新上多注重短期市场需求和市场供给状况;而文化行政管理部门则需考虑非物质文化遗产数字化保护的长期变化和技术发展,希望企业能放长线。其四,评价标准差异。企业仅从非物质文化遗产科技制度创新成果的销售业绩和销售利润上考察其创新成绩,而文化行政管理部门则从全国非物质文化遗产数字化保护的角度通盘考虑。其五,知识产权认知差异。在非物质文化遗产科技制度创新成果研发成功之后,企业希望在独享其超额利润的前提下对研发成果进行知识产权保护,而文化行政管理部门则希望通过实现非物质文化遗产科技制度创新成果的推广和扩散,来降低非物质文化遗产数字化保护的社会成本。可见,在非物质文化遗产科技制度创新目标并非完全一致的条件下,既不能完全让企业从商业利益的角度从事创新活动,同时,文化行政管理部门也不能放弃社会利益而迁就个别企业。因此,有必要通过顶层设计和通盘规划来形成政府、机构、企业三方合作的非物质文化遗产创新机制,通过合作共赢和共同发展来规范三方的责任和义务。

综上所述,为避免上述制约因素对非物质文化遗产科技制度创新的影响,应在文化行政管理部门制定的非物质文化遗产科技制度创新发展规划的引导下,构建以企业为主体、以高校和科研院所为依托、以社会中介服务为支撑的一体化协作互动、持续稳定的科技制度创新合作机制,从而发挥企业、科研院所和高校在不同类型的科技制度创新及其不同阶段的重要作用,避免产学研的脱节,推动科技制度创新成果的顺利转化。

2) 提供非物质文化遗产科技制度创新的政府补贴

由于非物质文化遗产科技制度创新具有外部性的特征,因此文化行政管理部门应通过各种必要的行政手段(包括税收、补贴、退税等)来减少非物质文化遗产科技制度创新面临的困难,进而将非物质文化遗产科技制度创新的外部性内部化,刺激企业加大创新投入,以弥补私人与社会之间的创新收益差额。

从世界各国行政管理经验来看,在市场经济条件下,对重点行业和部门实施产业引导,采用政府补贴是一种较为合理有效的办法。一方面,政府补贴可以补充高新技术企业在非物质文化遗产研发上的资金缺口;另一方面,研发成果所带来的收益将为高新技术企业所独有。以上两方面促使高新技术企业更乐于开展非物质文化遗产科技制度创新活动。同时,政府补贴的另一种形式是降低税负。与政府直接补贴相比,采用税收优惠的举措可降低高新技术企业的税负,能够将政府行为对市场环境的影响降到最低,同时也可达到跟政府补贴一样的效果。

3) 推进非物质文化遗产科技制度创新的法制保护

由于非物质文化遗产科技制度创新需要一个稳定、规范、有序的发展环境,如果市场体制无法提供上述环境,那么非物质文化遗产科技制度创新也就无法产生和持续,在该环境中的所有主题都将受到不同程度的损害。为此,作为国家行政部门在文化领域中的代表,文化行政管理部门必须会同其他国家行政机关,为保障非物质文化遗产的常态保护和市场运行,制定和实施一套基于市场规范和产权界定的法律法规体系。

从非物质文化遗产科技制度创新的法制保护角度来看,非物质文化遗产知识产权是法制保护的重要内容,文化行政管理部门应以降低非物质文化遗产科技制度创新外部性为规范制定切入点,用法制和规范来协调非物质文化遗产科技制度创新中各主体的关系,最大限度地激发创新活力,同时约束利益各方的市场行为。

4) 促进非物质文化遗产科技制度创新的中介服务

非物质文化遗产科技制度创新是文化行政管理部门、高新技术企业和各级各类社会组织共同作用的复合体系。在这一体系中相关各方都具有自身活动范围和职能空间,在一定程度上较难产生交集和联系。为此,必须推动以沟通、联系和组织为内容的非物质文化遗产科技制度创新的中介服务机构来实现上述要素的集成创新,并结合地方特点和技术水平,提高科技研发的水平和质量。

从非物质文化遗产科技制度创新的中介服务的内容来看,它包括:其一,为非物质文化遗产科技制度创新提供中介服务的实体场所,如非物质文化遗产文化产业园、非物质文化遗产高新科技园等;其二,为非物质文化遗产科技制度创新提供中介服务的交易机构,如技术服务中心、成果交易大厅等;其三,为非物质文化遗产科技制度创新提供保障的中立机构,如协调仲裁中心、非物质文化遗产数字化保护协会等。

第10章 非物质文化遗产数字化保护机制及实现路径

10.4 非物质文化遗产数字化保护机制的实现平台

非物质文化遗产数字化保护平台是非物质文化遗产数字化保护机制的实现载体。通过采用元数据技术、地理信息系统等新兴技术,实现对现有非物质文化遗产数字化资源的长效保存和有效盘活,为推动我国非物质文化遗产数字化保护的整体管理、实现我国非物质文化遗产社会化保护和数字化传播起到良好的作用。

10.4.1 非物质文化遗产数字化融合保护平台概述

1. 非物质文化遗产信息化建设的背景与现状

文化遗产的信息化,特别是数字博物馆技术的日益成熟,推动了非物质文化遗产信息化建设的发展,其中非物质文化遗产数字化保护手段受到广泛关注。通过非物质文化遗产数字化保护的实施,我国非物质文化遗产数字化保护事业已从最初的以民间社团组织为主,转变为政府领导与民间力量相结合的全面保护,拉开了我国以国家行政手段的方式对非物质文化遗产进行保护的序幕。党和国家对非物质文化遗产数字化保护工作的高度重视,非物质文化遗产数字化保护和研究团体的研究,共同推进了我国非物质文化遗产信息化建设的发展。非物质文化遗产信息化建设的发展,不仅体现了对非物质文化遗产档案进行信息化管理的必要性,还为非物质文化遗产信息化融合应用管理提供了宝贵的经验和数字化、信息化技术。

通过对全国非物质文化遗产网站建设情况、非物质文化遗产普查软件研发与使用情况、非物质文化遗产数据库建设情况三个方面进行综合调查研究,我国非物质文化遗产信息化建设的现状可以总结如下。

1) 非物质文化遗产网站建设粗具规模

网站是了解非物质文化遗产信息化建设现状的重要窗口之一。截至目前,我国非物质文化遗产专业网站有"中国非物质文化遗产网·中国非物质文化遗产数字博物馆"和"福客民俗网"。前者是由文化部主管的公益性非物质文化遗产数字化保护网站,旨在利用现代化网络平台推广传播中国和世界非物质文化遗产领域的相关知识与信息;后者是由搜狐文化与福客网共同打造的民俗文化品牌,菜单目录包括"非遗动态""民俗风情""非遗名录"等板块。此外,还有用于宣传非物质文化遗产数字化保护的综合性网站、中国非物质文化遗产数字化保护成果展览网上展馆。我国省级非物质文化遗产网站自2006年起也纷纷建立,目前已有浙江、河北、云南、新疆、山西、江苏、福建、湖南等省及自治区建成非物质文化遗产网站,市级非物质文化遗产网站由深圳、广州、中山、苏州、宁波等城市率先建成开通,安溪县和潮安县等县级非物质文化遗产网站现已开通。

2) 非物质文化遗产普查专用软件投入使用

按照国家文化部对非物质文化遗产数字化保护工作的部署和要求,我国在2005年开始开展全国的非物质文化遗产普查工作,并由中国艺术研究院组织相关专家编撰出版了《普查工作手册》,作为全国开展非物质文化遗产普查工作的指导文件。由于我国地域广、民族众多,非物质文化遗产璀璨丰富、数量庞大,因此文化部提出由中国艺术研究院非物质文化遗产数据库管理中心组织研发"非物质文化遗产普查子系统软件(测试版)",以配合和辅助全国非物质文化遗产普查工作的开展。软件中不仅包含了全国省、市、自治区、地级市和区县的地区编码、项目一级分类编码、项目二级分类编码,而且还将《普查工作手册》中专家对普查工作的要求表格化,这不仅规范了普查数据、方便了普查记录操作,同时也便于各个地区乃至全国的数据存储、数据查询和数据分析等工作的开展。该普查软件一经研发成功,便提供给全国各地试用,并结合各地普查工作的实际使用情况进行了数次升级和修正。例如,在原普查软件的基础上又研发了"中国非遗数据库管理软件(服务器版)",在功能上除"普查管理"外,还新增了"申报管理""资源管理""综合查询"等功能模块。非物质文化遗产普查软件在各地的推广为非物质文化遗产信息化建设的前期搜集工作有序、系统地开展提供了充分的便利性。

随着推广版普查软件的普及,有些省结合自身非物质文化遗产的分布及类型特征和非物质文化遗产保护工作的进展,开始自主开发本省范围内的专用普查软件。例如,山西省为加快形成五级非物质文化遗产数字化保护体系,实现对该省非物质文化遗产分层次、多方面、全方位的保护,已绘制出山西省非物质文化遗产分布图,开发出了非物质文化遗产普查软件;浙江省文化厅制定的《2007年浙江省非物质文化遗产数字化保护工作计划安排》中也指出,要扎实完成民间艺术普查任务,研究开发切合基层需要的数据库软件。

3) 非物质文化遗产数据库建设渐成体系

为了加强我国非物质文化遗产数据库的建设,国家采取了一系列措施。随后,文化部提出建设中国非物质文化遗产数据库电子管理系统的要求,并交付中国艺术研究院在对全国非物质文化遗产保护工作实际情况的调研及

第10章 非物质文化遗产数字化保护机制及实现路径

分析的基础上,建设和规划中国非物质文化遗产数据库。2008年,由文化部主办、中国艺术研究院·中国非物质文化遗产保护中心和湖北省宜昌市文化局承办的"中国非物质文化遗产数据库建设培训班暨经验交流会"在我国宜昌举行,上述举措逐步奠定了我国非物质文化遗产数据库建设的高起点。

中国非物质文化遗产数据库的结构建设与规划已初步完成,数据库总体框架设有普查管理、名录申报管理等独立的功能模块,并且在数据库建成之后,可以根据保护和管理工作的需要,随时制作并添加新的功能模块,数据库整体功能也可以随着各独立工作模块的设计制作完成而扩展,且不影响工作的连续性,体现了数据库架构的可拓展性。此外,数据库划分国家、省、地区/市、县四级,符合国家非物质文化遗产数字化保护工作四级管理体制的架构,建成后通过网络联机合成全国非物质文化遗产数据管理系统。联机数据管理系统,可以按照行政规划进行选择性的数据传输与交互,实现全国非物质文化遗产信息资源的共享,同时还可以进行数据联机分析、全局联机检索及容灾备份,即如果某个节点系统数据发生故障,可以由上级或下级节点进行推送恢复。该数据库在技术设计上有诸多创新之处,例如基于主流技术的J2EE三层架构,使整个系统易于扩展和移植。服务器硬件设备可以随着信息处理和存储工作量的增加而增加。为确保系统的安全和规范运行,信息安全保障体系和标准规范及运行保障体系也在系统的设计之中。以中国非物质文化遗产名录数据库为例,该数据库收录了第一批和第二批国家级非物质文化遗产和国家名录申报指南,向使用者提供按申报地区或单位和遗产类别两种检索途径。由福客技术支持的中国非物质文化遗产名录数据库系统,也可以实现全国范围内的非物质文化遗产名录检索。从中国艺术研究院初步完成的中国非物质文化遗产数据库的结构建设与规划来看,我国非物质文化遗产数据库运用了目前较先进的数据库理念和技术。除国家级总体非物质文化遗产数据库系统以外,各地方也根据本区域的特点研发建设了省、市级非物质文化遗产数据库系统。

早在2000年,中国社会科学院便主持立项中国少数民族文学研究资料库。该资料库所收藏的资料包括口承资料(口承史诗、叙事诗、歌谣、神话传说、民间故事等)和书面资料(古代文献和现代少数民族作家作品及手稿)两类,以数码技术等现代手段加以保存。目前已入库有关少数民族文学的古代文献316册、口承文本62册、录像带2400分钟、光盘5920分钟、录音带5.9万分钟。目前,资料的输入、检索、借阅也基本实现了电脑系统管理。这其实并不算真正意义上的数据库,更多的是一种具备数据库思想的实体档案保管模式。如若进一步将其全部进行数字化,构建一个非物质文化遗产档案信息资源网络,采用数据库技术进行管理,则其将是一个十分实用和有意义的非物质文化遗产档案数据库。

2006年,由河南省民协和教育部重点社科基地河南大学黄河文明与可持续发展研究中心联合打造的"中原民族民间文化资源数据库建设"正式启动。该项目旨在对河南民间文化遗产抢救工程成果进行分类、盘点、梳理、整合,形成电子文本,实现河南民间文化资源的社会共享,在三至五年内对全国范围内的民间文化进行全方位的考察、记录、整理、分类,并形成多媒体数字化文本。有理由相信,这将是非物质文化遗产档案保存和管理的一个重要方向。

此外,早期非物质文化遗产的数字化已经启动。以文字或者声像形式记录的资料受传播方式所限,使用时只能到图书馆或资料室查找,或者获得所需的拷贝资料等。为解决这一问题,需要利用数据库、数据压缩、高速扫描仪等技术手段对这些不同载体类型的档案进行数字化形式的再现。非物质文化遗产档案信息数字化网络建成后,使用者可通过网络访问档案信息库的资源,除非情况特殊,否则不需要原件。这样不仅可提高档案的利用率,而且可以避免原档案因频繁使用而带来的损害,从一定程度上延长了档案原件,特别是纸质档案的使用寿命。

2. 非物质文化遗产数字化融合保护平台的系统特性

1) 非物质文化遗产数字化融合保护平台的必要性

我国非物质文化遗产的基本现状为种类繁多、分布零散,包括民间文学、民间音乐、曲艺、杂技与竞技、民俗等,它们不均衡地分布在全国各省、市、自治区,零散的分布现状决定了非物质文化遗产的管理、利用的分散性,且目前全国尚没有统一的非物质文化遗产建设标准对此进行规范,各行其是的管理和松散的体制必将给非物质文化遗产的传播和利用带来不便,进而为非物质文化遗产数字化保护工作带来难度。如何既能兼顾非物质文化遗产区域性和民族性的特性又能实现统一管理,成为当前非物质文化遗产数字化保护工作的一个重点和难点。因此,可将信息化管理的理念应用于目前非物质文化遗产数字化保护工作之中。信息化管理综合运用影像、数字、网络等先进信息技术和科学、系统的组织管理方法,能够缓解现阶段我国非物质文化遗产信息分散、利用率低等现象,通过管理信息系统和虚拟网络平台,实现我国非物质文化遗产档案统一、系统、有序的安全管理。其意义具体体现在以下三个方面。

(1) 符合非物质文化遗产传承保护的根本宗旨。

非物质文化遗产被誉为历史文化的"活化石""民族记忆的背影",它记录着人类社会生产生活方式、风俗人情、文化理念等重要特性,对国家和民族具

第10章 非物质文化遗产数字化保护机制及实现路径

有极为重要的价值和意义。非物质文化遗产记录着原始的非物质文化遗产信息,其地位和价值无可替代。长期以来,数字化和培养传承人一直是保护和传承非物质文化遗产的重要手段。在资源信息化的大背景下,非物质文化遗产作为宝贵的遗产资源,对其实施信息化管理不仅是数字化非物质文化遗产长期保存的需求,同时也有利于传承人的培养。利用摄录设备可以使非物质文化遗产以影像的方式再现,目前很多博物馆和文化机构均保存了大量的非物质文化遗产录像带、磁带、光盘。这些数字化成品可以作为传承人学习的教材,也可以作为丰富人们娱乐休闲生活的文化产品。

(2) 奠定非物质文化遗产信息开发利用的坚实基础。

首先,信息化管理可以有效实现非物质文化遗产信息的传递和传播,有利于挖掘非物质文化遗产所蕴含的历史价值、文化价值,利用先进的信息传播技术和网络技术对非物质文化遗产进行宣传和定位,将其打造为城市品牌或旅游亮点,继而创造出丰厚的经济效益;其次,直接将经信息化处理的非物质文化遗产存储到各种介质上,形成录像、录音等资料,进而整理生产成光盘、磁带、出版物等产品,这是非物质文化遗产开发利用的方式之一;再次,系统、全面的信息化数据库便于科研材料的查询、下载。

(3) 实现社会信息资源共享的迫切需求。

非物质文化遗产资源是社会信息资源中不可或缺的重要组成部分,非物质文化遗产的使用者可以是非物质文化遗产爱好者、科研学者,也可以是广大的普通百姓,非物质文化遗产档案信息的共享是社会信息资源共享的基础之一。通过建立覆盖全国的非物质文化遗产名录体系档案,将原本零散的非物质文化遗产统一收录到一个目录数据库中,依靠"中央—地方—基层"的层级管理体制不断完善全国非物质文化遗产目录数据库,形成纵横交错的网络体系,使用者可以方便地通过网络服务平台检索到任一非物质文化遗产的相关信息。因而,非物质文化遗产信息化管理也是实现社会信息资源共享的迫切需求。

2) 非物质文化遗产数字化融合保护平台的可行性

非物质文化遗产数字化保护是多种创新主体和创新要素构成的复杂管涌现象,它们依托文化产业持续发展和科技水平不断提高的有利环境,形成非物质文化遗产文化与保护应用之间的交互应用、持续创新和螺旋上升,同时实现非物质文化遗产档案保护下的管理创新、制度创新和体制创新。为了有效推进这一目标的实现,需要从非物质文化遗产资源信息化和构建数字化融合保护平台这两个方面来实现全国非物质文化遗产的数字化保护。2006年,中共中央办公厅、国务院办公厅印发的《2006—2020年国家信息化发展战略》中将信息化定义为利用现代计算机信息技术,通过对信息资源的有效开发与合理利用,促进全社会范围内的信息共享和知识传播,从而推动全社会的经济发展。此外,马费成将信息化定义为:由于信息、信息技术在当今社会经济发展中具有不可取代的巨大作用,无论是政府还是各行各业,都在最大限度地利用信息技术,充分开发信息资源,提高自身的效能和效率,人们把这种现象称为信息化。由此可见,信息化是利用信息技术开发各类信息资源,从而提高各行各业的效能和效率的活动过程及结果。

信息化管理是在信息化背景下提出的一种先进的、科学的管理方法,它倡导将现代信息技术与先进的管理理念相融合,通过将现代信息技术融入管理的各环节,如计划、组织、控制等,从而高效、有序、系统地协调、整合各种资源。由于企业是市场活动的主体,且能够为社会进步和经济发展创造直接的效益,因此,信息化管理在企业管理活动中能得到长足发展,企业信息化管理被认为是现代企业生存和发展的必经阶段。信息化管理被广泛地引进到其他行业和领域的管理活动中,继续发挥其功效。基于上述认识,可以看出非物质文化遗产信息化是非物质文化遗产信息化管理的背景和基础,非物质文化遗产信息化管理是将先进的管理理念融入非物质文化遗产信息化的过程。同时,还可以认为非物质文化遗产信息化管理是信息化管理在非物质文化遗产管理中的应用和结合,它是一个快速获得非物质文化遗产信息,并以最有效的方式利用这些信息的过程。

据此,我们可以将非物质文化遗产数字化融合保护平台定义如下:非物质文化遗产数字化融合保护平台是在国家文化行政管理部门的统一规划和组织下,将现代信息技术应用于非物质文化遗产档案管理中,同时采用模块化技术融合多种先进技术手段,逐步在一个数字化平台上实现非物质文化遗产的保护、管理、开发和利用的自动化、网络化的一种实践活动。

3)非物质文化遗产数字化融合保护平台的应用性

非物质文化遗产数字化融合保护平台的内涵揭示了平台化的目的——逐步实现非物质文化遗产数字化保护、管理、开发和利用的自动化、网络化。为了实现这一目的,需要开展以下三项工作,这就是当前需要进行的非物质文化遗产信息化管理的主要内容。

(1)对非物质文化遗产信息进行电子形式的档案管理。

档案馆参与非物质文化遗产的保护工作中,其任务是及时收集、归档、保管有价值的非物质文化遗产资源。具体地说,档案馆在信息化管理工作中应积极重视电子形式的非物质文化遗产档案,做到有规划、有步骤地收集、积累、保管这部分档案。

第 10 章 非物质文化遗产数字化保护机制及实现路径

已归档的电子形式的非物质文化遗产档案,在信息化管理过程中应予以整理和编辑。档案馆根据电子形式的非物质文化遗产档案的种类、数量,按照统一要求确定整理方案,利用档案的著录信息形成机读目录。此外,在进行介质归档时,还应对电子形式的非物质文化遗产档案的载体进行简单整理,在载体或其包装盒表面贴上标签,注明编号、名称、密级、保管期限、软硬件环境等基本检索信息。整理完毕后,还应将档案形成单位、硬件环境、软件平台、应用软件、文件题名、形成时间、文件性质、类别、载体编号、保管期限等以表格的形式做好登记。编辑主要是对档案载体规格或档案存储格式进行调整,将其转换为统一的规格或格式。对电子形式的非物质文化遗产档案的管理还包括对档案载体和信息的保护,防止自然灾害和人为破坏对珍贵的非物质文化遗产档案造成伤害。

(2) 将传统形式的非物质文化遗产信息进行数字化档案处理。

将传统形式的非物质文化遗产信息进行数字化处理,不仅是非物质文化遗产信息化管理的内容之一,也是非物质文化遗产信息资源建设的重要途径。例如,档案馆加强口述档案的建设,将以口述或动作形式流传的非物质文化遗产转化为录音、影像等形式的档案资源,这样既便于管理和利用,又丰富和优化了馆藏资源。将保存的非物质文化遗产信息进行数字化处理,包括纸质档案、照片底片档案、录音档案、视频档案和正在形成的非物质文化遗产档案,运用扫描、模拟转换等技术进行馆(室)藏档案资源数字化。

由于非物质文化遗产是一种活态的信息资源,因此对非物质文化遗产的信息化管理要凸显出非物质文化遗产的这一特点。在数字化处理过程中,除了运用常见的扫描仪、照相机、录音机等仪器设备进行一般转化以外,尤其要注意采用先进的可视化数字技术或逼真的三维动态技术。目前,对具体的非物质文化遗产数字化技术的研究已取得一些成果。例如,有学者提出要利用三维数字技术将非物质文化遗产的场景进行数字化再现,以便于使用者查阅档案时能更生动、更直观地了解到非物质文化遗产的内容,并尽可能实现现场互动;还有学者指出,运用人类解剖学和 CT(计算机体层摄影)的原理和技术,以数字化的方式将非物质文化遗产项目的碎片重新整合。

(3) 对非物质文化遗产信息资源进行管理、开发和利用。

传统的数字管理平台仅就非物质文化遗产信息的流程进行管理,对非物质文化遗产数字化保护的整体流程不能完全覆盖,同时也不能有效发掘现有的非物质文化遗产信息资源,导致传统的数字管理平台的保护效果不好、利用效率不高。非物质文化遗产信息化管理即实现对非物质文化遗产管理的信息化。为此,不仅需要强调非物质文化遗产信息化过程的管理,更需要理

物质文化遗产濒危评价及数字化保护研究

解其信息化管理的最终目的是实现非物质文化遗产信息资源的开发和利用。实现非物质文化遗产的信息化管理,能够更好地保护非物质文化遗产,更便捷地利用非物质文化遗产,使用者可以打破时间和地域的限制自由利用,更利于非物质文化遗产资源的整合,建立共享机制,提升数据价值。

  利用互联网建立非物质文化遗产网上博物馆,运行较为成熟的各级各类非物质文化遗产网站。利用网络平台将数字化的非物质文化遗产信息进行共享,不仅可以节省人力、物力、财力,还可以提高管理工作效率,达到绝佳的宣传利用效果。尤其是将音频、视频格式的声像档案进行在线展示,使使用者可以直接点击浏览、观看,实现与文化的零距离亲近,获得最直观的感受。利用传承图谱技术和虚拟现实技术,可以将非物质文化遗产的源流、脉络在用户面前实时展示出来;利用网络舆情监控技术并结合非物质文化遗产信息库,可以实现非物质文化遗产的远程监控和保护评估,为文化行政管理部门提供保护预警,并根据数据库与案例库的逻辑分析,提出相应的非物质文化遗产数字化保护建议。例如,浙江省非物质文化遗产网在首页上设置了在线视频链接,用户点击该链接可以观看永嘉昆剧、越剧、舟山渔民号子等非物质文化遗产项目视频和关于非物质文化遗产数字化保护宣传工作的活动视频。除了利用网站外,非物质文化遗产信息化管理还包括将档案馆保存的非物质文化遗产的各项指标进行分类、统计和分析,为整个非物质文化遗产管理工作指明方向。例如,利用管理信息系统的分析功能,将非物质文化遗产信息的收集量、利用率、损毁度等综合衡量指标进行快速、便捷的统计,这样不仅可以明确档案价值、确定档案编纂对象,还能够为档案馆制定管理规范和保护策略提供依据。

3. 链接嵌入式地理信息系统

  地理信息系统(GIS)是一种特定的重要的空间信息系统,它能够分析、处理在一定地理区域内分布的各种现象和过程,专题性地理信息系统更是广泛地应用于资源管理、交通运输、行政管理等行业。以区域来划分非物质文化遗产,可以充分利用地理信息系统。由上文可知,中国艺术研究院初步完成的中国非物质文化遗产数据库系统中加入了地理信息系统,将全国普查采集的数据根据地区代码直接显示在地图上,这样能够提供直观、便捷的使用和查询。在非物质文化遗产管理信息系统中也可加入链接嵌入式地理信息系统,其主要思路是:将各地区的非物质文化遗产信息输入地区数据库系统(它是以某个地区为其研究和分析对象的系统,能清晰地了解各地区独有的非物质文化遗产),并加以内容添加、修改、提取、分析功能。嵌入式地理信息系统能够自动采集非物质文化遗产分布的地域信息,对某类非物质文化遗产的存在范围进行准确定位,充分符合非物质文化遗产地域性、民族性的特征。

链接嵌入式地理信息系统主要使用地理信息技术,基于网络服务体系结构,主要分为使用 web 浏览器和使用服务器两种模式。它通过服务器生成非物质文化遗产地理信息数据,采用网络传输的形式用 web 浏览器对用户提交结果。同时,基于地理信息内容和位置服务的计算机体系还可以采用 XML 语言来实现信息下载和多次建模等功能。

4. 面向对象的数字化安全系统

使用非物质文化遗产数字化融合保护平台后,由于非物质文化遗产数字信息的不断汇集,保护平台的数据安全变得日益重要。为了防止数据被破坏和非法使用,保证数据完整、正确,特别要预防灾难性事故的发生。为了使全国非物质文化遗产信息能够安全保存,应采用双机热备份、定期备份等手段。同时,采用增量备份的方法,利用数据库备份工具实现集中备份。

10.4.2 非物质文化遗产数字化融合保护平台的构建框架

1. 非物质文化遗产数字化融合保护平台的含义

非物质文化遗产数字化融合保护平台是基于管理信息系统开发的一套非物质文化遗产数字化保护应用系统,它集合了多种数字化技术工具来实现系列功能。管理信息系统(MIS, management information system)最早由美国 J. D. Godllagher 于 1961 年提出,其主要内容是:强调锁定企业整体目标,运用对企业及其环境的信息收集、整理、存储、传递、加工和提供,以辅助和支持企业的管理和决策。经过几十年的发展,管理信息系统的环境已发生翻天覆地的变化,市场全球化、需求多元化、竞争激烈化等新的趋势带动管理信息系统向着更加智能化和人性化的方向发展。唐晓波从企业管理的角度对管理信息系统定义如下:管理信息系统是以人为核心主导,利用计算机信息技术和计算机软硬件组合,对各类信息进行处理和加工的过程。国际标准化组织对管理信息系统的定义,即管理信息系统是由计算机技术、网络通信技术、信息处理技术、管理科学和人员所组成的一个综合系统,它能提供信息以支持一个组织机构的执行、管理和决策功能。由此可以将非物质文化遗产档案管理信息系统理解为充分利用现代计算机及网络通信技术,以提高非物质文化遗产档案管理工作的质量与效益为目的,围绕管理和研究业务开展建设的信息系统。

2. 非物质文化遗产数字化融合保护平台的功能分析

管理信息系统包括输入、存储、处理、输出、传输等基本功能。非物质文化遗产档案管理信息系统,从使用者的角度看,它的目标是为信息化管理服务和非物质文化遗产档案管理工作提供便利。非物质文化遗产档案管理信息系统目标的实现需要多种功能结构的支撑,即一个管理信息系统所具有的各子系统。

非物质文化遗产数字化融合保护平台的功能结构包括资源采集、资源处理、资源存储、资源转换、资源分析、管理支持和资源利用七个模块,如图10-2所示。资源采集模块负责收集非物质文化遗产信息资源;资源处理模块负责处理非物质文化遗产信息资源;资源存储模块负责将处理好的信息资源安全存储在恰当的位置;资源转换模块负责将采集而来的非物质文化遗产信息资源按一定的标准和格式进行转换、压缩等操作;资源分析模块负责根据工作需求对信息资源进行各种类型的统计分析;管理支持模块负责对非物质文化遗产数据库进行实时比对,为非物质文化遗产数字化保护行政管理部门提供保护建议;资源利用模块负责结合多种新兴科学技术,对非物质文化遗产信息资源进行数据挖掘和有效开发。

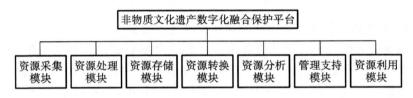

图10-2　非物质文化遗产数字化融合保护平台功能结构

需要特别指出的是,国务院办公厅颁布的《国家级非物质文化遗产代表作申报评定暂行办法》的第七条专门指出,要对国家级非物质文化遗产申报项目进行切实保护,保护措施包括建档,即通过搜集、记录、分类、编目等方式,为申报项目建立完整的档案。由于非物质文化遗产项目的归档是信息化管理的一个重要环节,项目的申报周期较长,申报的前期、中期、后期均会形成大量有价值的档案,因而在设计管理信息系统功能时,应添加建档模块,专门负责对正在申报的非物质文化遗产项目的相关材料进行及时收集、整理、归档。

管理信息系统在文化遗产领域的应用已有较为成熟的案例。以故宫文物管理信息系统为例,故宫博物院从1992年开始信息化建设,故宫博物院文物管理信息系统经历了单机版、基于C/S结构、基于B/S结构三个发展阶段。"数字故宫"建设步伐的加快,对文物管理信息系统提出了更高的要求。2006年,故宫博物院对该系统进行了功能和技术改造,改造后的文物管理信息系统包括文物账目信息管理、文物研究信息管理、数据导入、综合查询、系统统

第 10 章 非物质文化遗产数字化保护机制及实现路径

计、系统管理等功能模块。改造后的文物管理信息系统不仅满足了对多层次藏品管理的需求，同时还实现了对各类藏品总量、客户机登录日志等数量的实时、高效统计，为宏观管理、领导决策提供了条件。管理信息系统在不可移动的文化遗产领域的应用，给非物质文化遗产带来了广泛的应用前景。

3. 非物质文化遗产数字化融合保护平台的建设原则

非物质文化遗产数字化融合保护平台的建设需要高瞻远瞩、立足全局，制定具有全局性、纲领性、长远性、协同性的方针政策和规划方案。归根到底，非物质文化遗产数字化融合保护平台的建设应符合以下五项基本原则。

1）宏观性和微观性相结合原则

非物质文化遗产的管理是以国家文化部协调组织为主导，各省、地、县具体负责本辖区内的非物质文化遗产数字化保护和管理工作。非物质文化遗产的管理体制也是如此，形成从中央到地方的自上而下的纵向体系。不同的管理层级有不同的管理职能和具体业务，因此对非物质文化遗产信息需求的内容及详略程度也不尽相同。系统建设应根据不同层级来确定系统功能和信息数据库，使微观信息与宏观信息既相对独立，又保持有机联系。

2）标准统一、规范合理原则

标准统一是实现共享的前提和基础，因此，自上而下的管理信息系统开发需要遵循标准统一、规范合理的原则，同时横向的各地区之间的系统建设也应统一标准。为了有效地落实这一原则，中央、省、地、县可以选择集中开发这种既能共享又节约成本的系统，而系统建设的关键技术由中央级主管部门负责开发，然后将其作为推荐技术，要求地方和基层非物质文化遗产档案管理部门采用，从而为建成覆盖全国的非物质文化遗产数字化融合保护平台打下坚实的基础。

3）兼顾技术先进性与兼容性原则

系统建设时选择先进的技术可以更为便利地操作，开发出更多的功能，但技术也并非越先进越好。首先，一般最新推出的技术，其稳定性都有待观察；其次，计算机技术种类繁多，很多同类型不同原理的技术不能互相兼容。例如，现今功能较全的集成化开发工具有 Power Builder、VB、Delphi、InterDev 等，采用不同的开发工具建设的系统，其兼容程度各不相同；集成化开发工具和专用开发工具，如网页制作工具 Adobe Dreamweaver、多媒体制作工具 Flash 等，也存在兼容性的问题。

4）兼顾功能完整性与实用性原则

在系统建设前应先进行系统规划以及深入、细致的调研，了解各层级、各地区的非物质文化遗产的利用人群、利用情况和利用需求并收集相关信息，据此对管理信息系统的战略目标、开发方法、功能结构等进行分析,设计出适合各级非物质文化遗产管理部门最迫切需要的管理信息系统,确保系统界面符合使用人群的使用习惯,功能模块简单实用且能满足使用者的全部需求,保证系统功能既完整又实用。

5) 可扩展性、易维护性原则

现代科技日新月异,用户需求也在变化,对非物质文化遗产数字化融合保护平台的要求也会随着时间的推移而不断变化,在建设之初运行良好的系统在若干年后可能会面临技术落后和功能衰退的问题。面对这种变化,需要随时对系统进行改进和补充,以满足新增的利用需求。因此,在系统的设计和实施阶段应采用先进的应用软件开发技术,保证其可扩展性。日常管理和维护也是系统正常运行的关键。为了降低管理和后期维护的成本和难度,系统在设计实施之初应遵循易维护性的原则。

4. 非物质文化遗产数字化融合保护平台的集成应用

集成是一种新的理念与方法,其本质是要素整合和优势互补。非物质文化遗产数字化融合保护平台集成是把全国范围内的非物质文化遗产相关信息、档案管理信息系统组织协调起来,按要素之间功能互补匹配的规划构建一个有机的系统,从而提升集成体的整体性能,发挥各地非物质文化遗产管理信息系统的最优功能,整合构成全国统一的非物质文化遗产档案信息管理平台。

非物质文化遗产档案管理信息系统的集成应用具有非常重要的意义。它不仅是实现非物质文化遗产信息管理自动化的途径,更是非物质文化遗产资源开发利用的重要手段。首先,数字化融合保护平台便于对全国范围内的非物质文化遗产普查结果进行统计、分析,在全国层面上得到准确的结论,为党和政府对非物质文化遗产工作的决策服务;其次,各分系统在突出自身特色的基础上,统一于共同的数字采集标准,为建立检索机制奠定了良好的基础,便于信息的传播和共享。

非物质文化遗产数字化融合保护平台的集成模式如图 10-3 所示,它将各地非物质文化遗产档案管理信息系统和各类数据库资源链接到中心信息系统,建立统一的非物质文化遗产信息资源管理平台,提供全国非物质文化遗产档案信息的共享和服务。在具体实施时,非物质文化遗产档案管理信息系统的集成还应注意以下三项内容。

1) 应用平台系统分级集成的思想

由于全国范围内的非物质文化遗产资源分布零散、数量庞大,笼统地集成可能产生存储容量过大、数据冗余、资源重复等现象。例如,传统戏曲花鼓

第 10 章 非物质文化遗产数字化保护机制及实现路径

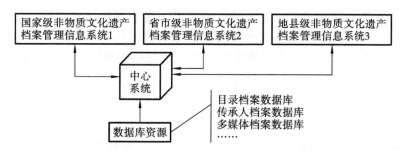

图 10-3 非物质文化遗产数字化融合保护平台的集成模式

戏是我国首批国家级非物质文化遗产名录之一,其申报单位包括安徽省宿州市、淮北市、宣城市,湖南省岳阳县、邵阳市、常德市,属安徽、湖南共有的非物质文化遗产,这两个省的非物质文化遗产档案管理信息系统必然都包含有花鼓戏的相关资源数据。当系统集成时,花鼓戏资源数据便会重复出现,造成存储空间的浪费。因此,非物质文化遗产档案管理信息系统的集成应充分遵循分级原则。根据非物质文化遗产的地域性、民族性特征,分级集成可以概括为:既包括遗产所属地域上的级别(中央、省、市、县及以下)集成,也包括遗产本身的级别(世界级、国家级、省级、市级)和类型集成。另外,分级集成的思想也为非物质文化遗产档案资源数据库的建设设定了大致框架。

2) 采用分布式的数字信息资源系统结构

近年来,数字博物馆、数字图书馆通过互联网突破了实体馆所具有的空间和时间的限制,从而使其能面对更多的观众和用户,改善了博物馆、图书馆的访问条件。然而,同非物质文化遗产资源一样,博物馆、图书馆(主要指公共图书馆)的数字资源不仅仅是属于该馆或某一个文化机构所有的,而是民族的、国家的,也是全人类的。所以,非物质文化遗产档案信息管理必须考虑到信息共享的问题。要解决信息共享的问题,需要建立分布式的非物质文化遗产档案数字资源库群,对分散在全国各地的非物质文化遗产档案数字资源进行整合管理。

3) 建立统一的数字化保护系统

管理信息系统的集成需要对大量的、多维的数字化信息进行准确、高效的管理与利用,以建立统一的信息资源管理平台,从而实现归类保存、科学检索、多维分析、数据共享等管理要求。在统一的非物质文化遗产数字化融合保护平台之上,以构建数字博物馆或非物质文化遗产网站的形式提供使用服务。在设计数字博物馆和非物质文化遗产网站时,应兼顾功能应用和美化宣传,建成集管理、发布、使用为一体的形象窗口,且对全社会公众免费开放。

此外，数字博物馆或非物质文化遗产网站还应将目录档案数据库、传承人档案数据库、多媒体档案数据库等各类数据库资源链接起来，形成一个中央到地方，省、市、县三级一体的非物质文化遗产信息使用网络。非物质文化遗产数字化融合保护平台流程结构如图10-4所示。

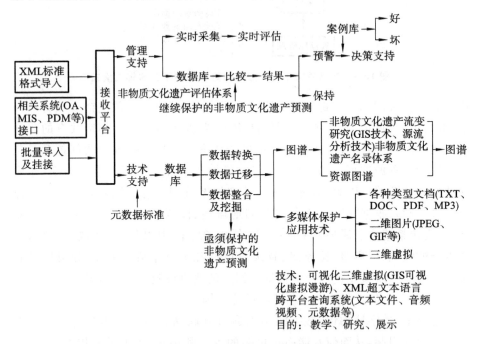

图10-4　非物质文化遗产数字化融合保护平台流程结构

在平台建设上，通过将现代新兴技术引入和内化到我国非物质文化遗产数字化保护事业中，推动我国保护机制的不断健全与完善，构建以非物质文化遗产数字化融合保护平台为核心的数字化保护成果，为打通我国现有的非物质文化遗产数字化信息孤岛、实现全国非物质文化遗产数字化保护打下良好的基础。

第11章
非物质文化遗产数字化保护机制实现的保障和建议

11.1 非物质文化遗产数字化保护机制实现的保障

11.1.1 政策保障

我国非物质文化遗产数字化保护立法要进一步发展,特别是地方特色在地方立法中要得到更好的体现,必须得到全国各界的普遍重视和关心。但长期以来的"重省会,轻地方""上下一般粗""宜粗不宜细"等观念已在人们心理上形成了一种定势。因此,要从加强我国地方特色方面对非物质文化遗产数字化保护立法加以完善,就必须克服和改变这些观念和思想,充分重视地方特色的重要性,以更好地发挥地方立法的作用。在我国多级并存、多类结合的现行立法权限划分体制中,必须加强非物质文化遗产数字化保护的地方立法,积极探索行之有效的我国文化遗产立法保护途径和模式,充分发挥法律对文化遗产保护的指导作用和规范作用,同时实现文化遗产保护过程中复杂的社会关系的调整,最终促进社会的全面发展与进步。

1. 学习、借鉴先进经验来协调法律关系

为了保护非物质文化遗产,阻止非物质文化遗产的破坏乃至消亡,保证人类文化的多样性和人类的创造性,一些国际条约以及区域性国际条约相继被制定,如《保护文学和艺术作品伯尔尼公约》(简称《伯尔尼公约》)、《保护民间文学艺术表达、防止不正当利用及其他侵害行为的国内法示范条款》、《与贸易有关的知识产权协定》、《保护世界文化和自然遗产公约》、《保护非物质文化遗产公约》、《关于建立非洲知识产权组织班吉协定》(简称《班吉协定》)、《阿拉伯著作权公约》等,这些条约对传统文化的保护工作起到了巨大的推动作用。此外,在国际环境保护法、国际人权法、知识产权法等法律中都有对非物质文化遗产的保护。目前我国已经加入《伯尔尼公约》《与贸易有关的知识产权协定》《保护世界文化和自然遗产公约》《保护非物质文化遗产公约》等国际条约。随着我国加入国际条约数量的增多,我国在保护非物质文化遗产方面越来越多地借鉴国际原则、国际惯例和习惯法等。因此,在立法指导思想方面,必须坚持科学发展观,正确认识文化遗产的保护是具有发展内涵的动态保护,是实现经济与文化的协调发展以及经济社会和人的全面发展的保护;在立法形式方面,可以充分利用国家宪法赋予的立法权,通过制定单行条例来解决民族自治区少数民族文化领域内的特殊问题;在立法内容方面,必须立足区情,结合文化遗产的特点,进行创制性的立法,以解决文化遗产保护的实际问题,实现法规的可行性与实用性。地方立法之所以应该具有自身的领域和特色,一个重要的原因就是,地方立法有着独特的立法根基,地方立法者必须注重把握立法的客观条件,从各地不同的地理环境、人口状况、生活方式、经济特点、风俗文化出发,解决立法问题,确定立法目标,突出立法重点。此外,在立法过程中还需协调法律、社会管理和我国承诺的国际义务三者之间的关系。

2. 建立侵害非物质文化遗产的法律救济机制

一部完善的法律必须具备相应的救济机制。我国非物质文化遗产数字化保护法律法规保障机制应该尽快建立适合我国地方实际情况的救济制度。我国非物质文化遗产的法律救济可以从预先性救济和补救性救济两个角度设计。

所谓预先性救济,是指在非物质文化遗产遭到具体侵害之前所设计的制度。我们可以考虑设计如下制度。

1) 财政支持法定义务制度

若没有必要的资金投入,非物质文化遗产数字化保护是无法实现的。因此,建议无论是省级财政预算法律还是地方财政预算法律,均应给非物质文化遗产数字化保护留出预算空间。

2) 挖掘、发现与持续维护的奖励制度

未来相关法律应当考虑设定这样的制度,即凡有利于非物质文化遗产数字化保护的行为,都应当获得法律明确规定的奖励。该奖励可以包括纯精神性奖励和物质性奖励。同时,对积极出资保护非物质文化遗产的企业,给予税收上的一定减税;鼓励个人或家庭出资设立非物质文化遗产数字化保护基金或向保护基金提供捐助。

所谓补救性救济,是指针对已经发生的侵害非物质文化遗产的行为人,在立法中设计责任追究制度。具体制度设计如下。

(1) 懈怠维护的警告制与"三责"(民事责任、行政责任和刑事责任)制度。

第11章 非物质文化遗产数字化保护机制实现的保障和建议

对于因懈怠行为导致非物质文化遗产遭到严重破坏甚至消失的团体、个人,应当考虑设立两个具体制度:一是警告制度,由专门委员会对疏于保护非物质文化遗产的行为人发出警告和限期矫正公告;二是对于无视警告并进而造成非物质文化遗产遭到严重破坏甚至消失者,适用民事责任、行政责任乃至刑事责任追究制度。建议在相应的法律法规中对非物质文化遗产保护作出必要的制度补充。

(2) 侵害行为的"三责"制度。

对于故意或过失侵害非物质文化遗产甚至直接导致非物质文化遗产消失的行为,也应考虑民事责任、行政责任乃至刑事责任的追究。但是,由于不可抗力原因导致非物质文化遗产消失的,不得滥用责任追究制度。

(3) 从知识产权角度加强非物质文化遗产数字化保护立法。

非物质文化遗产是人类智力活动的产物,其本质是信息,是知识产权的客体。从某种程度上讲,客体决定保护模式,非物质文化遗产的保护模式取决于非物质文化遗产自身的法律属性。从民法的客体理论看,物质文化遗产属于民法上物的范畴,对其保护应采用物权制度;而非物质文化遗产是无形的、抽象的,是人类脑力劳动的成果,其本质为信息,应划归到知识产权的客体范畴,对其保护应采用知识产权制度。利用知识产权保护非物质文化遗产在国际社会已达成共识。联合国人权委员会专员作出的一份有关人权的报告指出,面对知识产权保护和土著及本土社区知识的保护之间存在的紧张关系(例如未经知识持有人同意而被社区之外的人使用其知识,并且没有公平补偿),要求对现存的知识产权制度进行修改、改变和补充,以适应非物质文化遗产的保护。2000年,为推动非物质文化遗产的知识产权保护,WIPO成立了知识产权与遗传资源、传统知识和民间文学艺术 政府间委员会(intergovernmental committee on intellectual property and genetic resources,traditional knowledge and folklore,简称WIPO-IGC)。委员会的成立表明与会代表团就在知识产权制度框架下保护非物质文化遗产达成了基本的一致。由此可见,从知识产权立法的角度推动我国非物质文化遗产资源保护具有重要意义。其中,可供考虑的立法角度主要有以下四个方面。

①专利权模式。

专利权模式主要适用于2003年联合国教科文组织颁布的《保护非物质文化遗产公约》(以下简称《公约》)中的第四类和第五类非物质文化遗产的保护。根据《公约》第二条的规定,第四类非物质文化遗产为有关自然界和宇宙的知识和实践,主要指天文、地理、自然、人文、医药等,包括有关大自然和宇宙的观念(如时间和空间观念及宇宙观)、农业知识和实践、生态知识和实践、药物知识和治疗方法、航海知识和实践等;第五类非物质文化遗产为传统的手工艺,主要指世代相传的具有鲜明的民族风格和地区特色的传统工艺美术手工技艺,传统生产、制作技艺等。以非物质文化遗产为基础而产生的新发明最适合专利保护模式。

②商业秘密权模式。

商业秘密权模式适用于一些有经济应用价值的非物质文化遗产。比如,我国的一些传统工艺、传统配方、绝活、绝技、祖传秘方等并未进入公有领域,只有极少数人或者少数地区的行业知晓,这使得这些信息虽不能满足专利的新颖性标准,但仍然能作为一种商业秘密或 TRIPS 协议第三十九条所指的未公开信息而得到确认和保护。以商业秘密权模式保护非物质文化遗产的优势在于成本低,并且可以通过合同来进行转让,以获得经济利益,且比起其他类型的保护模式,保护范围更广。

③著作权模式。

到目前为止,全世界在著作权法或地区性著作权条约中明文规定保护民间文艺的国家已经超过四十个。著作权模式主要涵盖《公约》中的第一类和第二类非物质文化遗产,主要是民间文艺。根据《公约》第二条的规定,第一类非物质文化遗产为口头传统和表现形式,主要指在民族民间流传的口传文学、诗歌、神话、故事、传说、谣谚等,包括作为非物质文化遗产媒介的相关濒危语言;第二类非物质文化遗产为表演艺术,主要指在文化群体的节庆或礼仪活动中的表演艺术,包括肢体语言、音乐、戏剧、木偶、歌舞等表现形式。以上两类非物质文化遗产的主体部分适用著作权模式,但作为非物质文化遗产媒介的相关濒危语言除外。通过保护表演者,可以间接保护某些民间文艺,例如歌、舞、木偶等。此外,著作权法中的公共领域付费制度和再次销售的利益分享制度有助于克服知识产权制度在保护民间文艺方面的某些弊端。

④商标权模式。

商标权模式适用于商业开发中的一切非物质文化遗产的保护,尤其适用于保护我国民族地区的特殊符号和标记。商标是促进商业服务业流通的基本要素。土著或民族社区的工匠、艺匠、技师、商贩,或代表他们或者他们所属的团体(如合作社、同业协会等)所制造的产品和提供的服务,可因商品商标和服务商标的不同而被区别开来。许多原住民的手工制品和艺术品可以直接注册商品商标,而很多类型的表演等可以通过注册服务商标来获得商标权的保护。

第11章 非物质文化遗产数字化保护机制实现的保障和建议

11.1.2 行政保障

1. 非物质文化遗产行政保障机制的特征

1) 行政保障机制的国家强制性

行政保障机制的实施主体是各级人民政府及其职能部门,如公安、民政部门等,它们都是法律赋予的国家公共权力机构,它们代表人民行使各项权力。所以它们制定的关于非物质文化遗产权益保障的政策、法规、措施,对于社会团体、民间组织及非物质文化遗产传承人自身的保护来说,具有强制力,社会各界都必须贯彻实行,否则将会受到法律的惩罚与行政制裁。而社会团体、民间组织及非物质文化遗产传承人自身的保护是通过社会呼吁等方式来进行的,最终还要靠政府制定有效的政策才能加以实行。所以说,非物质文化遗产行政保障能更有效地保护非物质文化遗产资源的合法权益。

2) 行政保障机制的广泛性

行政保障机制的广泛性取决于行政的公共性和政府职能的广泛性。政府及其职能部门作为我国权力执行机关,负责社会全部公共事务的管理,包括政治、经济、文化等方面。虽然社会团体、民间组织也可以保护非物质文化遗产资源的合法权益,但是它们大多只是部分解决了非物质文化遗产传承人的经济困难,对于其政治需求、精神文化追求,只能向政府有关部门反映,然后通过政府部门制定合理的政策来实施保障。

3) 行政保障机制的灵活性

行政机关是社会事务的管理机关,行政工作不像立法机关的立法工作、司法机关的司法工作那样职业化程度较高,因此在关系到非物质文化遗产资源权益保障的问题上,行政机关可能有更多的灵活手段。譬如,行政部门可以制定防止对非物质文化遗产资源造成危害的行政标准和实施举措,还可以实行行政指导、行政奖励等一系列较为灵活的制度。这里的"行政保障"已超越了行政手段的范畴,具有方便、快捷的特点。虽然在非物质文化遗产的相关权益受到侵害时,可以有多种矫正途径,如协商和解、向行政机关申诉、提请仲裁机构仲裁、向法院提起诉讼等,但在以上诸种救济途径中,向行政机关申诉即请求行政保障的效果是最好的。这是因为行政救济手段周期短,无烦琐的程序,直接交易成本(成本要素包括时间、金钱、精力等)较低且效率较高,这些优点使得行政保障在多数情况下成为降低保护成本、社会成本,节省司法资源的一种优先选择。

2. 非物质文化遗产行政保障机制的构建

1) 建立、健全非物质文化遗产文化保存与利用机制

在非物质文化遗产的保护中,应该尽量发挥档案馆、图书馆和博物馆等

文化事业单位的作用。全国已经开展大普查工作,以全面掌握非物质文化遗产的种类、数量、来源、分布状况、保护现状及存在问题,运用文字、录音、录像、数字化多媒体等方式,对非物质文化遗产进行真实、系统和全面的记录,建立档案和数据库。在此基础上,应该收集实物进行保存和展示,鼓励地方建设民俗博物馆、非物质文化遗产方面的博物馆和资料文献收集中心。如,各文化事业单位应该尽可能地收集各个民族、各个地区的各具特色的传统节日习俗,整理成档案,并通过影音设备将各地的节日习俗真实地记录下来,以供后人了解和研究。同时,还应经过专家的严格评议与审批,对列入传承人名录者也建立档案。传承人档案以文字、图片和音像方式存录其全部资料,传承人名录可采用我国文物法中的多级保护制度。除国家一级杰出传承人外,还要确定省级、市级、县级传承人,调动各级档案馆等文化事业机构,以全面、整体地保护非物质文化遗产的原生态。各地各级档案馆、图书馆和博物馆在保护过程中不仅要注重文化遗产的采集保存,还要注重发挥它的使用价值。在建立非物质文化遗产文献保存体系后,应将完整、安全的非物质文化遗产档案和文献适当地提供利用,如提供在线视听、图片和文件下载服务及在线数据库的互联网博物馆。互联网博物馆不但具有巨大的虚拟空间,理论上不存在缺乏空间的问题,而且它不受时间、空间的限制,解决了非物质文化遗产的展示问题。例如,同样是中秋节,不同地区的民俗习惯大相径庭,通过互联网博物馆,公众能同时了解不同地区各具特色的民俗,有了比较后更能了解其中的文化内涵。现代图书馆可以以讲座、展览、知识竞赛、读书活动等形式积极开展和参与非物质文化遗产数字化保护的宣传、教育工作,以提高社会公众对非物质文化遗产的认知、关注程度和保护意识。此外,档案馆、图书馆、博物馆应主动参与到非物质文化遗产的研究工作中,充分利用馆藏资源,系统地了解非物质文化遗产项目,如组织县、市级文化机构中对本地区民间文化比较熟悉的馆员与其他有关机构进行合作研究,或者协助有关部门对本地区的非物质文化遗产进行确认、立档、记录、整理,等等。这样做既可以壮大非物质文化遗产的研究力量,还可以提高工作人员的学术研究能力。

2)建立、健全政府引导职能

利用舆论工具和政策导向,引导各种所有制、各种社会资本和外资进入非物质文化遗产数字化保护领域,形成大力保护和发展非物质文化遗产的舆论氛围和社会环境。同时,指导文化企业和事业单位按照现代企业制度进行改造,对各种非物质文化遗产资源进行深度整合和开发。

为此,要加快和深化文化管理体制的改革,逐步建立党委宏观领导、政府依法管理、文化企事业单位依法经营、民间协会以及中介组织协调发展的宏

第11章 非物质文化遗产数字化保护机制实现的保障和建议

观文化管理新体制。非物质文化遗产文化组织和相关部门要加快五个方面的转变:一是文化部门由办文化为主向管文化为主转变;二是由文化部门独家办文化向全社会共同办文化转变,实现文化体制由直向式向横向式转变;三是由按照行政隶属关系办文化向按照生产要素办文化转变;四是由多头管理向统一管理过渡,提高管理效能;五是文化企业由行政的附属物和生产车间向现代企业转变。要按照分类管理、优化结构、突出重点的原则,对经营性和公益性的非物质文化遗产文化单位实行不同的管理模式;政府可资助具有代表性、示范性、保护性的公益性非物质文化遗产文化机构和团体;对于经营性的非物质文化遗产文化单位,按照现代企业制度的要求,实行公司化改造,可采取租赁制、承包制、股份制和拍卖出售等方式,实行自主经营、自负盈亏、依法纳税;要有计划地筹建若干非物质文化遗产文化产业资产经营公司,负责国有文化产业的资本运作;要改进人才管理和使用制度,全面推行聘任制、签约制,积极推广非物质文化遗产传承人才代理制;以经济效益为核心来整合人力资源,建立"能上能下、能进能出"的用人机制;建立符合社会主义文化产业要求的收入分配机制,把按劳分配和按生产要素分配结合起来,实行年薪制、承包工资制、奖励工资制等多种制度;允许和鼓励文化品牌、创作和科研成果等要素参与收益分配。

3) 制定、完善各类非物质文化遗产专题规划

根据宏观形势和文化产业自身发展的需要,对文化产业的规模、质量、结构和效益等进行适度调控。同时,根据全国非物质文化遗产数字化保护现状和发展趋势,制定并实施各类非物质文化遗产专题规划、计划,制定相关法律、法规及政策,对非物质文化遗产数字化保护行为和非物质文化遗产利用行为的规模、质量、结构和效益等进行适度调控,在我国已制定的"十二五"发展规划的基础上,加快制定非物质文化遗产数字化保护和利用的专题规划、各类详细规划和专项规划。非物质文化遗产保护事业和文化产业建设要立足于我国文化资源和文化市场,与经济结构的调整和产业的布局相协调,与工业化、信息化紧密联系。在非物质文化遗产生产性保护的推进过程中,要重点利用传媒业、出版发行业、文化旅游业、影视音像业,积极拓展会展业、网络服务业,扶持发展非物质文化遗产文艺演出业、非物质文化遗产艺术品业,引导规范非物质文化遗产文化娱乐业。当前要重点优化文化生产力的布局,努力形成我国非物质文化遗产文化产业的特色和优势。"十一五"期间,我国已形成江汉平原流域的文化中心和产业中心;在"十二五"期间,应以"1+8"城市圈为支撑点,积极形成以长江文化、楚文化和我国非物质文化遗产文化为特色的文化圈。以全国少数民族非物质文化遗产地区为节点,建立我国

"非遗廊道",尽快形成我国"非遗廊道"的文化特色和产业带优势,并以此为基础,根据我国文化产业的特点,依托高新技术开发区、经济开发区和工业园区等,努力建成若干规模大、层次高、效益好的文化产业园区和文化产业市场群。

4) 切实保障非物质文化遗产传承主体利益

在非物质文化遗产数字化保护的法律、法规的基础上,要特别关注维护非物质文化遗产传承主体的利益。因为保护非物质文化遗产的渠道是多方面的,既有对其成品的直接保护(有形化),还有通过保护民间艺人及其技术或技能而对非物质文化遗产实施的间接保护。非物质文化遗产数字化保护不但要使保护对象代代相传,同时要使这些民间艺术与时俱进,并创造出更好的作品。因此,必须给传承主体更加宽松的环境,使之在新的历史条件下获得更大的发展。针对我国经济发展水平不均衡,以及非物质文化遗产传承主体主要是分布在农村的中老年人的情况,建议政府颁布相关政策,设立非物质文化遗产传承主体的利益保障机制。首先,政府应制定优秀传承主体认定标准以及各级传承人名录,有的放矢地做好非物质文化遗产的传承主体保护工作。一方面,切实加大资金投入和对传承主体的保护力度,通过多种渠道筹措资金,给传承人定期发放津贴,扶植以适当的物质奖励,使他们不再为生计发愁;另一方面,给传承主体部分培训经费,调动其积极性,鼓励和扶持传承人进行传习活动,并采取命名、授予称号、资助扶持、表彰奖励等方式进行激励,力图通过学校教育和社会教育,采取传帮带的方式来培养传承人,做到业有所继、技有所承。其次,非物质文化遗产传承主体面临着更为严峻的利益危害,即其在知识产权和专利方面的利益被损害。目前很多非物质文化遗产传承主体的独门技艺和技能被不法分子肆意模仿和剽窃,以牟取经济利益,使传承主体遭受到利益上的损失,传承主体往往由于法律意识不够或者对相关政策不了解而没办法维护自身权益。如果出现这样的不是由于传承主体主观上的过错而引起的损失,国家、社会和剽窃者应该共同给予传承主体相应的精神赔偿和经济赔偿。这需要政府不断根据我国知识产权法的最新进展,用法律法规来维护原创者、传播者的利益,保护其权益。最后,应鼓励传承主体发挥主观能动性来进行非物质文化遗产的创新,在保持非物质文化遗产原真性的基础上注入时代的活力,以促进其传承和延续。政府应对有创新意识、创新精神并做出了创新贡献的传承人以物质和精神上的双重奖励。侧重于经济利益的非物质文化遗产利益保障体制的建立是为了在社会上起到示范作用,吸引更多的年轻人加入非物质文化遗产的学习和传承中来。

第 11 章 非物质文化遗产数字化保护机制实现的保障和建议

11.1.3 资金保障

1. 非物质文化遗产资金保障机制的实行现状

国家制定的关于非物质文化遗产工作的十六字方针强调"保护为主"。要保护好非物质文化遗产,经费是基础。为保证非物质文化遗产数字化保护所需资金,总体的对策就是建立稳定、合理、有效的非物质文化遗产资金保障机制。就我国非物质文化遗产资金保障机制而言,政府公共财政投入是全国非物质文化遗产数字化保护资金的主要来源,而造成这一现状的主要因素如下。

1) 由公共财政的性质决定

非物质文化遗产是我国文化积累和文明发展的标志所在,是全国文化软实力的体现,对目前和将来全国综合实力的增强有着重要意义。今天,随着文化投资多元化格局的日益形成,在全国非物质文化遗产数字化保护事业中,公共财政投入已经不是唯一途径。但是,非物质文化遗产数字化保护事业是为社会提供文化服务的非营利性的社会公益事业,接受市场调节的空间十分有限,也很难依靠自身积累来满足可持续发展中各项保护工作的经费需要,所以公共财政投入仍然是非物质文化遗产数字化保护的重要资金来源。要保证非物质文化遗产在市场经济中免受冲击,并能够随着经济的发展而发展,应依靠政府根据社会产品剩余价值再分配(主要是利润、税收等的分配),以财政拨款的形式给予有力支持。所以,公共财政投入仍然是全国非物质文化遗产数字化保护事业最重要的保障。

2) 由公共财政的特点决定

随着市场机制的不断完善,多元化的社会赞助方式的确为文化事业发展提供了大量资金。但是,对于非物质文化遗产数字化保护等公益性文化事业而言,各种形式的社会文化事业投入在投资目的和投资方向的确定上往往带有投资者的主观偏好、利益维系,不可能完全依照非物质文化遗产数字化保护工作中的轻重主次来投资。相比较而言,公共财政投入更具有稳定性。所以,在努力提倡社会各种形式的资金投入非物质文化遗产数字化保护事业的同时,应该以稳定的公共财政投入来作为非物质文化遗产数字化保护资金投入的坚实后盾。在非物质文化遗产数字化保护事业的所有资金投入中,中央和地方政府的资金投入应该始终处于重要地位。

3) 由全国经济发展现状决定

目前整个文化行业的发展处于经济发展水平不断提高和市场调节能力逐渐趋于完善的有利环境下。一方面,国民经济的持续增长,为文化总体投入相应增加提供了条件;另一方面,由于市场机制的作用,一些营利性的文化事业对国家财政的依赖性正在逐渐减小。那么,在文化总投入能够实现增长而营利性的文化事业投入能够实现缩减的两种可能的前提下,公共财政对非营利性的文化事业加大支持力度的能力是实际存在的。而根据这一分析,作为非营利性的文化事业——非物质文化遗产数字化保护事业,显然有理由得到公共财政的更多支持,对其财政投入显然应该和经济增长水平同步提高。

4) 由非物质文化遗产数字化保护的长远利益决定

非物质文化遗产是重要的文化资源,对非物质文化遗产的有效保护能带来长远的社会和经济效益。公共财政对非物质文化遗产数字化保护的支持实质上是一种投资行为,投资成果能带动其他行业发展。以旅游业为例,在非物质文化遗产状况良好的国家,旅游业依托非物质文化遗产所产生的经济收益相当可观,并成为国家的支柱产业。北欧遗产办公室主任克瑞恩·安德森女士曾经说过:旅游业与非物质文化遗产之间的相互依赖性日益突出,正因为有了非物质文化遗产对旅游业的奠基作用,旅游业才有可能创造利润,从而为经济发展和环境保护提供资金。……若对非物质文化遗产没有持续性的经营管理,旅游业终将丧失发展潜能。既然非物质文化遗产资源的价值已经得到认识和肯定,那么对非物质文化遗产数字化保护的财政投入就需要加大。对非物质文化遗产的有效保护能使其在将来创造更多的财富,而一旦非物质文化遗产因为保护不力而破坏消失了,则皮之不存,毛将焉附,很多非物质文化遗产所在地区的经济发展也将受到严重影响。

2. 非物质文化遗产资金保障机制的实施重点

1) 加大投入力度,争取中央投资

从理论上讲,非物质文化遗产单位是不追求营利,为社会和公众服务的以公益为主导的单位。作为公益型单位,其资金来源无疑主要依托于政府。《中华人民共和国非物质文化遗产法》第一章第六条对非物质文化遗产数字化保护经费做了明确的说明:"县级以上人民政府应当将非物质文化遗产保护、保存工作纳入本级国民经济和社会发展规划,并将保护、保存经费列入本级财政预算。"这说明中央政府已经关注到这个问题,并试图为非物质文化遗产数字化保护的资金来源建立法制上的保障,并在具体实践中也加大了拨款力度。但就实际情况而言,我国中央财政用于非物质文化遗产数字化保护的总体投入水平仍远远落后于非物质文化遗产数字化保护水平先进的国家,远远无法满足我国非物质文化遗产数字化保护的实际需要。可见,我国非物质文化遗产数量巨大,中央的财政投入毕竟有限,只能根据非物质文化遗产的重要性和濒危程度有重点地进行投入,无法顾及各地具体的非物质文化遗

第11章 非物质文化遗产数字化保护机制实现的保障和建议

数字化保护状况。所以中央财政投入更多地起到引导作用,各级地方财政的大力支持才是保护经费的主要来源。可见,我国非物质文化遗产数字化保护资金中的政府投入部分应该以中央财政投入为引导,与我国地方财政投入相互配合,并辅以社会团体、慈善机构及个人的多方合作。其中,中央财政和地方财政两者并重、共同分担、相互配合是关键。以国外经验为例,日本规定对传统建筑群保存地区的补助费用,国家及地方政府各承担50%,对《古都保存法》所确定的保存地区的保护,国家出资80%,地方政府负担20%;哥伦比亚为了扭转地方各级政府将文物保护的责任推给国家的观念,激发地方政府的积极性,其政府文化部下设有专门的文物保护机构——非遗司,对文物保护资金的分摊采取了一些措施,主要是以合同的形式规定在古迹修复工程中地方政府和非遗司要共同分摊资金,前者出一小部分资金,后者承担大部分拨款,分摊比例最高达1:96。这些是国外中央、地方财政在非物质文化遗产数字化保护经费上相互配合的优秀经验。

2) 督促各级政府,保证资金到位

在中央政府加大拨款力度的前提下,地方政府也应该积极执行中央针对非物质文化遗产保护工作提出的"五个纳入"的要求,即把非物质文化遗产保护工作纳入重要议事日程、纳入经济社会发展总体规划、纳入财政支出预算、纳入全国发展规划、纳入精神文明建设考核指标,以目标责任制的形式对非物质文化遗产数字化保护建设情况进行年度考核,像抓经济工作那样抓辖区非物质文化遗产数字化保护工作,对辖区非物质文化遗产数字化保护情况定期分析、跟踪督查,切实做好地方非物质文化遗产数字化保护工作。有鉴于此,为了保证资金的落实,需要对现存的非物质文化遗产管理体制进行改革,用量化规定的方法保障资金的到位。比如,根据各地上一年度的实际财政收入情况,划出一定的百分比作为该地下一年度非物质文化遗产保护工作的预算。可以把非物质文化遗产数字化保护列入领导责任制,将非物质文化遗产数字化保护作为考核领导干部政绩的内容之一。同时,还要监督各级政府切实承担非物质文化遗产保护的责任,保证非物质文化遗产的公共财政投入,而财政投入必须与明确、详细的法律制度结合起来,在立法中明确规定保护资金的额度和比例,为保护资金来源的长期稳定提供立法保证。此外,省级行政部门还可以充分发挥媒体舆论的作用,定期对非物质文化遗产数字化保护"五个纳入"工作表现先进的予以表彰,树立非物质文化遗产数字化保护工作的典型。

3) 拓宽资金渠道,实现社会融资

从近几年全国社会经济的发展情况来看,利用社会融资的方式来保护非物质文化遗产是可行的。改革开放三十多年来,全国社会民间财力大增,产生了一批有能力也愿意支持社会公益事业的富裕阶层,国民经济的壮大,使得许多省内微观企业如雨后春笋般地发展起来,这些企业拥有了雄厚的财力,也愿意参与社会公益性事业,这为非物质文化遗产单位实现社会融资创造了良好的基础。结合我国具体情况,可以建立由省政府主管、省文化行政管理部门具体运作的非物质文化遗产基金,其运作方式如下。

(1) 经费来源:由省政府发行非物质文化遗产地方债、非物质文化遗产彩票和上市遗产股票来筹款;接受来自国内外个人或机构的捐赠;当一个非物质文化遗产保护单位的经营收入远超过管理成本时,提取部分超额收入。在上述三种途径中,政府发行非物质文化遗产彩票的做法特别值得提倡。

(2) 资金的使用分配:应根据全国各地非物质文化遗产的风险程度进行不同程度的资助,首先支持那些受破坏威胁最大的非物质文化遗产,并向贫困地区有所倾斜;可以仿效意大利的做法,制定一份非物质文化遗产风险地图,以及时获得各地非物质文化遗产的相关信息;也可以直接面向社会知名人士和企业进行非物质文化遗产数字化保护的社会融资,可以采取赞助、捐赠、设捐款箱等方式来进行,对于捐助的社会知名人士,要给予一定的答谢,如给予荣誉称号、冠名权等,以激发其积极性,对于捐助的企业,政府要出台一些鼓励政策,如减免税或税收优惠政策等。

以公益为主导,增加非物质文化遗产数字化保护自营收入。当前我国非物质文化遗产单位的自营收入来源主要有门票收入、餐饮、购物及其他。提高我国非物质文化遗产单位的自营收入的途径如下。

(1) 对于作为非物质文化遗产数字化保护单位的博物馆,既要充分利用藏品,又要利用其展示空间与设施,通过丰富的基本陈列,举办适应特殊需要的专题陈列,引入外地、外国陈列等方式来提供广泛多样、不断更新的服务,以吸引大众消费。

(2) 提高非物质文化遗产从业人员的专业素质,为社会提供教育、咨询等高水平的专业性服务与知识服务并收取费用。

(3) 通过设计、制作、出售各类文物宣传品、纪念品(如明信片、首日封、纪念封、邮票、纪念章、钥匙链)及微型文物复制品等来引导购物,既起到了宣传、教育的效果,又为非物质文化遗产数字化保护单位创造了营收。关于自营收入的分配和用途问题,根据《中华人民共和国文物保护法》第十条的明确规定:"国有博物馆、纪念馆、文物保护单位等的事业性收入,专门用于文物保护,任何单位或者个人不得侵占、挪用。"这对包括门票在内的各种收入的使用做出了严格界定,各级非物质文化遗产保护部门应严格遵照执行。

第11章 非物质文化遗产数字化保护机制实现的保障和建议

(4) 积极吸引外资,寻求国际支持。一个国家、一个民族的非物质文化遗产不仅属于本国、本民族,而且也属于全人类,保护非物质文化遗产是全世界的共同责任。基于此,联合国教科文组织成立了世界遗产基金会,向世界遗产名录上的遗产提供一定的资助,尽管数目并不大,但具体运作程序简便、十分迅捷。我国理应积极寻求国际资源的支持。据了解,某些发达国家和地区成立有专门保护中国非物质文化遗产的基金会,如加拿大有保护中国文物基金会,香港有中国文物基金会,这些基金会为中国非物质文化遗产数字化保护提供了资金支持。我国有些文物单位已经意识到利用外资的可行性和重要性,并进行了具体实践尝试,故宫博物院就是其中一例。目前,故宫博物院正在利用香港中国文物基金会的捐款进行故宫建福宫花园的修复工作,并已与日本凸版印刷株式会社正式签约,由日方出资建造故宫文化资产数字化研究所。可见,破除思想障碍,积极主动地吸引外资投入我国非物质文化遗产数字化保护工作之中,将是未来我国非物质文化遗产数字化保护资金的重要来源,有关部门的领导人应该多借鉴国外的一些做法,转变观念,面向国际社会寻求资金支持。

11.1.4 传承保障

1. 非物质文化遗产传承人的类型

非物质文化遗产传承人是指直接参与非物质文化遗产传承,使非物质文化遗产能够沿袭的个人或群体(团体)。由此可见,传承人必须具备两个条件:一是掌握非物质文化遗产内容或者具有某项特殊技能,二是能够积极开展传承活动。对于个人来说,传承的第一义是习得,即通过传习而获得;第二义是创新或发明,即在前人所传授的知识或技能的基础上,加入自己的聪明才智,有所发明、有所创新,使传承的知识和技艺因创新和发明而有所增益。对于群体(族群或社区)来说,传承是指由个别人所传承的非物质文化遗产在群体(族群或社区)中得到传播和认同,并进入集体的再创造的过程。根据目前非物质文化遗产传承方式的不同,传承人大致可分为社会传承人、家庭(族)传承人、行业传承人和学校教育传承人四种主要类型。

1) 社会传承人

非物质文化遗产的社会传承是指以社会为传承空间的文化传承,包括国家机关、民间团体、企事业单位和社会成员间所进行的影响人的成长和学习的文化传承活动,参与非物质文化遗产社会传承的人则称为非物质文化遗产社会传承人。非物质文化遗产社会传承属于群体传承方式,从参与人的数量、地域和族群等方面考量,社会传承人可以分为全民性社会传承人、地域性社会传承人和族群性社会传承人。

(1) 全民性社会传承人。

在某个特定地域或人群范围内,存在着由众多的社会成员(几乎是全员)共同参与的文化项目。这类非物质文化遗产项目是由数量众多的群体所创造、拥有和传习的,传播范围广、传承人员多,具有跨地域、跨族群等特征。这些非物质文化遗产可以追溯到某些人群的集体记忆。文化的传承依靠集体记忆和集体性的无意识的代代相传,在传承过程中很少发生变异和断裂。传承此类非物质文化遗产的传承人称为全民性社会传承人。属于全民性社会传承的非物质文化遗产大致有两类,即地方风俗和岁时节日。例如,我国恩施的社节俗称过社,它源于土地神崇拜和"二次葬"习俗,其主要内容包括两个方面,即吃社饭和拦社。过社在立春后第五个戊日,即"五戊逢社"。社节是我国恩施地区汉族、土家族、苗族和侗族等各族人民共同传承的地方性节日,参与人涉及恩施州全境及其周边部分地区。

(2) 地域性社会传承人。

一部分非物质文化遗产的传承限定于某个特殊的地域和特定的传习场所,突出了非物质文化遗产传承的地域性。这些具有明显地域性特征的文化传承可以称为地域性社会传承,参与其中的人或群体则被称为地域性社会传承人。如我国荆州说鼓(又称说鼓子),它流行于我国荆州地区的石首、松滋、公安、监利等县,与石首邻近的湖南几个县也有流传。舞台上演出的说鼓子,除独脚班外,还有二人或三人的表演形式。上手打鼓说唱,下手吹唢呐伴奏,并进行插白或答词。说鼓子以说为主,说中带唱,往往是在一段有韵律的说白之后,以两句唱腔来结尾,称为"唱煞"。收腔后用唢呐重吹一遍下句的旋律,打一阵鼓,然后再起下一个段落。演唱要求似唱似说、似说似唱、说唱有板、按字行腔。

2) 家庭(族)传承人

非物质文化遗产的家庭(族)传承是指在有血缘关系的人群中进行的传承,主要表现为手工艺、医药治疗技艺,以及其他一些专业性较强的知识和技能的传承。家庭(族)传承具有排外性、保密性等特征,即家庭(族)内部传承的知识和技能不能外传,有的还有"传男不传女""传女不传男"等特别规定。参与非物质文化遗产家庭(族)传承的人称为家庭(族)传承人。如我国枝江千层底布鞋即传女不传男。枝江千层底布鞋采用天然植物制品元宝席子(即蒲草)和上纺棉线、棉布,经传统的手工纺纱、纺棉索、织土布、编制元宝席子、缝制样包、画剪底样、包元宝席子、填制千层底、包底团边、锁底、锁边、锤底、铺底、画剪鞋帮、缝制鞋帮、躺鞋、檀鞋等工序,是通过民间手工工艺制作而成

第 11 章 非物质文化遗产数字化保护机制实现的保障和建议

的民间手工技艺制品。枝江千层底布鞋每双需用 200 多米棉线、15 平方尺(1 平方尺≈0.111 平方米)棉布、5000 余个针眼,耗时 87 个多小时,历经 18 道工序,完全手工制作,多达 40 余个品种,其制作工艺精湛,乡味浓厚。

3) 行业传承人

所谓行业传承人,是指以某一职业为划分标准,在行业内部传承非物质文化遗产的个人或群体。行业传承一般有两种形式:一种是"师傅带徒弟",如一些手工技艺、戏剧曲艺;另一种是没有通过拜师学艺,而是生活于行业氛围内,靠学习者自身的勤劳与聪慧,无师自通而习得,然后从事某项职业。这类传承人多是行业精英,对所传承的文化有深刻理解,并有熟练乃至高绝的技艺。如我国"章水泉竹艺"即是典型的师傅带徒弟式传承。章水泉是武穴人,生于 1892 年,因家境贫寒,未入学读书,父亲是一位竹器师傅,在武穴程祖街开办了一家以"章泰和"为品牌的竹器店。章水泉从小跟父亲做竹器,聪明伶俐、好学。他父亲仅能做以方竹椅为主的一般竹器,而章水泉大胆创新,由原来单纯做竹椅家具,发展到做竹器、竹编、竹雕共两百多个品种,把制作木器家具的工艺运用到做竹工上。中华人民共和国成立初期,章水泉创办了竹艺社,组织一批青年工人授技带徒,将传统工艺发扬光大。此时章水泉年事已高,身体虚弱,党和政府给予了极大的关怀,时任省长的张体学亲自过问,将章水泉夫妻俩安置进汉,住在汉口小夹街 18 号;在工作上,安排他担任竹艺社社长,在武汉带领一批工人专门制作章水泉风格的竹器,使其竹器工艺获得更广范围的发展。他带徒传技,热情无私,不断地攻关创新,在过去的竹器四方桌的基础上,又创造了六方桌、八方桌、十方桌、十二方桌。1962 年,章水泉在武汉去世。现在武穴市竹器专家和艺人在继承章水泉竹器工艺的基础上又有所创新,已生产竹器、竹编、竹雕等四百五十多种,远销美国、日本及东南亚五十多个国家和地区。

4) 学校教育传承人

与传统的文化传承相比,学校教育传承由于对非物质文化遗产的传承表现出目的性、组织性、计划性、广泛性和规范性而成为新型非物质文化遗产传承的重要方式。从非物质文化遗产传承的角度来看,教师和学生成为非物质文化遗产的学校教育传承人。学校教育采用先进的课堂制,以专业教师辅导学生进行非物质文化遗产的教育教学。为了达到理想的教育效果,学校教育还创新了多种教学模式来强化非物质文化遗产的传承,这些教学模式主要有组织双语双文教学、开发乡土教材及校本教材、民间艺人进课堂、开展丰富多彩的课外活动等。一些民族语言、民间剪纸、泥塑、民间故事等非物质文化遗产纷纷进入学校课堂。如我国已建设非物质文化遗产指画传承基地。指画

物质文化遗产濒危评价及数字化保护研究

乃国画的旁支,因用手指代替毛笔蘸墨作画,故名为指画。指画讲求刚劲有力、古朴苍遒,作画者往往直抒胸臆、随意挥洒、自成一派。虽然技法没有传统国画那么多,但是因为手指较毛笔有力,如用力过猛,很容易就穿透宣纸,造成失误,故十分难学。该基地建成后,为指画迷们提供了一个创作和交流的地方。同时,藏品还将长期免费向市民开放。

2. 非物质文化遗产传承保障机制的实现举措

1) 政府主导,构建非物质文化遗产传承的有效机制

各级政府文化行政管理部门负责本级非物质文化遗产传承人的培训和传承单位的认定,以及本级非物质文化遗产数字化保护的监督,鼓励和支持高等院校和科研机构开展非物质文化遗产数字化保护的研究和专业人才的培养,鼓励和支持教育机构以开设相关课程等形式开展传播、弘扬优秀非物质文化遗产的活动。学校应将本地优秀的、体现民族精神与民间特色的非物质文化遗产列入教育内容中,因地制宜地开展教育活动。这也符合《保护非物质文化遗产公约》中关于保护与传承的精神。传承的本质是文化的延续,正确理解传承的涵义,建立科学、有效的传承机制,对非物质文化遗产的研究及保护有重要的理论和实践意义。

2) 社会参与,加大非物质文化遗产传承的培训力度

在我国,非物质文化遗产保护的最大问题是专业人才的匮乏和随之而来的专业化管理的不足。非物质文化遗产数字化保护是一项开创性的工作,对各级各类工作人员的业务素质和管理素质要求很高。在西方,无论是政府机构、咨询机构,还是群众团体、研究机构,凡是参与非物质文化遗产数字化保护的机构、团体,都需要有相当专业的水平。相比之下,我国非物质文化遗产数字化保护专业人才的素质相对较低,管理水准参差不齐。在非物质文化遗产传承保障工作中,应抓好业务骨干和工作队伍的培训工作,按照分级负责的原则,逐步建立起比较完善的文化部负责培训到省级文化部门,省级文化部门负责培训到市、县级文化部门的非物质文化遗产保护工作人才培训体系。培训可以采用课堂讲授、函授、远程教育、委托高校等形式,教授包括国际国内有关政策法规、非物质文化遗产的保护方法、业务标准规范等内容。培训对象要涵盖从事非物质文化遗产保护工作的有关管理人员、专业人员和民间文化传承人等,并应尽早进行培训教材的编写工作,使培训工作逐步专业化、规范化。政府应设立专门的非物质文化遗产学校,将非物质文化遗产的保护带入学校教育层面,培养文化遗产保护工作的后继人才。同时,在各学校开设相关课程,在各高校设置相关专业,特别是大学应当承担起抢救和研究非物质文化遗产的历史使命,将其融入教学和科研中,使非物质文化遗

第 11 章 非物质文化遗产数字化保护机制实现的保障和建议

产的教学成为教学科研的一个有机组成部分,培养非物质文化遗产传承、保护、发展、管理、研究的各类型、各层次的人才,使学校成为非物质文化遗产传承、发展、创造的主体,成为文化遗产的学习地,成为文化资源可持续发展的重要桥梁和基地。

3) 宣传先导,扩大非物质文化遗产传承的社会影响

非物质文化遗产的代表性传承人和代表性传承单位的确定和命名应由本级非物质文化遗产保护专家委员会负责。上一级的代表性传承人应该在下一级的众多传承人中择优选择。代表性传承人、代表性传承单位、杰出传承人和优秀传承单位的评定办法,由各级非物质文化遗产保护专家委员会制定。凡是代表性传承人和代表性传承单位,都享有相应的权利和义务,如开展传艺、讲学、艺术创作、学术研究等活动并取得报酬,向他人有偿提供掌握的知识、技艺和有关的原始资料、实物、场所等,有权获得该级政府的资助。同时,代表性传承人和代表性传承单位有义务按照师承方式或者其他方式选择、培养新的传承人,完整保存所掌握的知识、技艺及有关的原始资料、实物、建筑物、场所等,依法开展展示、传播非物质文化遗产等活动。对于做出重要贡献的代表性传承人和代表性传承单位,由各级文化行政管理部门报该级政府审核,授予杰出传承人和优秀传承单位称号,类似于韩国和日本的"人间国宝"。获得杰出传承人称号的代表性传承人可以享受地方政府津贴。为了保证非物质文化遗产能够很好地得到传播和弘扬,各级政府也应承担相应的义务,应当支持杰出传承人和优秀传承单位开展非物质文化遗产传承活动,如提供必要的场所、给予适当的资助、促进相关的交流、开展相应的宣传等。

11.2 完善非物质文化遗产数字化保护的建议

11.2.1 国家应加快完善非物质文化遗产数字化保护的相关法律制度建设

保证国家文化安全,加强立法是关键。《中华人民共和国非物质文化遗产法》作为最常见的法律,适用于保护非物质文化遗产。这项法律规范了非物质文化遗产保护工作的主要内容,深入地解析了我国当下该如何实行非物质文化遗产保护,并针对以后的方向制定了一系列的内容。该项法律立足于

物质文化遗产濒危评价及数字化保护研究

国家的视角,并借助于行政法。但是此项法律也有漏洞,在实施的过程中,执法人员有时候会力不从心。比如,该项法律遗漏了非物质文化遗产数字化保护的途径,在归咎事故责任人方面没有做详细阐明等,还有很多地方需要补充。所以,对于相关法律制度,国家需要加强关注度,进而制定出更加完善的法律或者规章制度。此外,国家需要完善非物质文化遗产保护在数字化方面的法律保障机制,以及解决数字化保护的版权和主权问题等。当前,我国迫切需要将这一系列的漏洞公之于众,并慎重地梳理相关内容,开展修改工作。

11.2.2 国家应增加数字化人才的培养学校和教师队伍

基于国家视角,此建议能否顺利推行,和政府是否重视以及重视到什么程度有着密切的关系。此建议背后的经济效益正在逐渐增加。这些经济效益有非物质文化遗产文化产品的热卖、非物质文化遗产电视节目的火爆收视率等。在正常情况下,这些经济效益势必会吸引政府的关注目光。然而,政府并不能只注重收益,同样也要注重投入。政府需要投入相关的资金和物力,用在数字化专业人才的培养方面,并逐步引起足够的重视。人才需要在一定的培训场所学习,那么扩大教师队伍和完善教学设备是必不可少的。只有这样才可以使当前的非物质文化遗产数字化保护模式日益演变成正式的教育模式,使其得以更好地推行下去。

11.2.3 国家应扶持专业人才学习先进国家的非物质文化遗产数字化保护技术

从宏观层面看,国外先进的非物质文化遗产数字化保护技术一直是令中国叹为观止的。对于中国目前这种情况,政府应该大力扶持专业人才走出国门,支持他们去学习先进国家的非物质文化遗产数字化保护技术。走出国门行动需要某些条件,用以保障非物质文化遗产保护工作的开展,并促进该行动高效运行。要满足这些条件,需要建立专门的机制,而建立专门的机制的最基本条件,应该从经费以及人员的选定等方面谈起。国家可以尝试设立非物质文化遗产保护的专项资金,用于数字化保护工作的运行,以及对人才的培养。学习国外先进技术,就像"改革开放"一样,择其精华,去其糟粕,把学到的先进技术运用到非物质文化遗产数字化保护中,从而使非物质文化遗产数字化保护得以更好地推行下去。

第 11 章 非物质文化遗产数字化保护机制实现的保障和建议

11.2.4 各地方博物馆应建立专门的非物质文化遗产数据库

基于地方的视角,推行非物质文化遗产数字化保护模式。作者认为,当地的博物馆需要建立非物质文化遗产数据库,开展大规模的信息搜索,并整理归类,利用数字化技术将其转化为数据库形式。对于原始资料数据库的建设,需要借助大量相关的多媒体表现方式,用动态的文字、音乐及动画来表达,使各种非物质文化遗产形象化,从而便于人们浏览。还需要注意的是,在一定的时间段内,专业人员需要更新过时的数据库,使用创新的手法来对其进行完善。针对非物质文化遗产的基本特性,采用多种技术手法对其进行保护,便可以得到多元化的效果。

11.2.5 各级地方政府应鼓励群众积极参与非物质文化遗产数字化保护

近几年,陕北的安塞腰鼓、陕北说书和剪纸等民间艺术,陆续被列入了国家级非物质文化遗产名录。然而,这些民间艺术的保护效果并不理想。比如陕北说书,它相当于一部百科全书,对于陕北文化,可谓是包罗万千。尽管它被列为非物质文化遗产保护项目,但是它并没有得到地方群众的关注,导致如今它徘徊在消失的边缘。之所以出现这样的现象,一个重要的原因就是缺乏群众的支持。针对当地非物质文化遗产数字化保护,作者认为当地人应积极参与。不论是民间爱好者还是专业人才,都可以对其进行传承与发扬。当地人参与多了,方言的问题自然就解决了。有了广大群众的支持,专业人才也就增加了。相关部门带领地方老百姓开展此项工作,那么数字化保护模式就可以得到推广了。因此,我国非物质文化遗产数字化保护模式的推广,也需要运用"得民心者得天下"这个道理。

11.2.6 各级地方政府应积极宣传非物质文化遗产数字化保护的优越性

在经济全球化的今天,社会中的任何角色无一不在为自己代言,文化也不例外。基于文化安全视域下的我国非物质文化遗产数字化保护模式的推行,传播手段是非常重要的,可以达到宣传的效果。目前,在非物质文化遗产保护中引入数字化技术,并将其全面运用。在宣传时,各个地区需要把这些成果用文字进行生动的描述,在这一过程中稍做夸张也是允许的,然后通过一些途径进行宣传。这些宣传途径可以是电视新闻、报纸期刊或者网络媒体等。利用各种现代先进的广告媒介,弥补传统传播措施的不足,并促进非物质文化遗产数字化保护的广泛宣传,最后获得国家的大力支持。这种数字化保护的优越性表现在非物质文化遗产保护的技术层面以及方法措施层面上。对相关保护知识的宣传和教育,在任何地方,如学校、工厂或者街道等,都可以开展。随着地区宣传力度的增强,非物质文化遗产数字化保护的重要性逐渐被人们所领悟,人们的意识得到改变,从而便会自觉加入非物质文化遗产数字化保护的行列当中。

11.2.7 注重地方性知识传承

非物质文化遗产作为地方文化的精华与代表,其传承就是地方文化的传扬,保留了地方意义与地方感,为全球化增添了稀缺性和多样性。《世界文化多样性宣言》阐述:文化在不同的时代和不同的地方具有各种不同的表现形式,各群体和社会借以表现其文化的多样性,而"多样性"最终落脚在"地方性"上,一个具有文化意义的"地方"丰富了人们的生活,为人们提供了栖息的精神家园,对于建立过去与未来的关联,它们是不可替代和弥足珍贵的,因此必须为现在和未来的世代传承、为在地民众保留"原生性"文化的"根"。文化自生成时便有特定区域的社会与自然的烙印,从而形成多元的地方文化,非物质文化遗产亦是如此。正是因为每个地域都有自身的文化特色,人文社会生态、自然生态的多样性,所以每个地域都有独特的文化内核。文化的发展都是自然选择的过程,从古至今,每一种地方文化都处在不断发生、发展、变革、选择与淘汰的过程中,当前地方文化是在文化生态环境中优胜劣汰的结果,相对于已过滤的文化,仅存的地方文化是稀缺的。从另外一个角度看,地方文化处在后现代社会中,而后现代文化异常多元,充满个性和复杂性等,因此会造成纷繁交错的状态。相对于后现代文化来说,地方文化尤其显得具有稀缺性。

随着社会环境的变迁,现存的地方文化(非物质文化遗产)会日益稀缺,甚至消亡。故在既有的保护理念和数字化技术的条件下,尽可能地对非物质文化遗产进行保护与传承。非物质文化遗产的继承与传承一般在一定的场域(通常是原生场域)之中,例如家庭内部或者族群内部,但非物质文化遗产的生存环境和空间可能会被压缩,因此应在官方制度安排下开设多种非物质文化遗产传习所、传习基地。无论是家族内部场域还是制度安排的场域,根据Ⅰ-space理论,非物质文化遗产的传承限定在采邑区和宗族区。

采邑区位于Ⅰ-space原点位置,非物质文化遗产的发源地,也是非物质文

第11章 非物质文化遗产数字化保护机制实现的保障和建议

化遗产最完整、最原始的信息集合——非物质文化遗产的个性化、创造性知识。在此区域内，非物质文化遗产的信息传递一般是弱编码性的，采用口传心授、言传身教的传递方式，扩散范围仅限于家族内部。随着数字化技术的介入，非物质文化遗产的表达和呈现方式得到了优化，传承人可以利用数字化技术对非物质文化遗产进行数字化加工、处理、再现、解读、保存、共享和传播，从而弥补在采邑区与宗族区传承的不足。在采邑区的肢体语言和特定场景等隐性知识中的无法有效编码的重要部分，可以通过影像、图片等形式"立象以尽意"，使得非物质文化遗产不仅能够在当代传承，也能够代际传递下去。非物质文化遗产是一种根植于人们生活的、琐碎的、细微的、貌不惊人的本土文化。要想通过数字媒介对非物质文化遗产进行有效的传播与传承，必须将数字媒介进行本地化，赋予地方文化认同的表达，从事有意义的文化再生产。掌握传统文化知识和技艺的传承人应积极主动地参与非物质文化遗产内容的解释和传播，为数字媒介学习提供有效的文化内容。文化意义不是一成不变的，特别是在新的媒介载体上，可能因为载体改变而发生变化，因此对文化意义的理解会因新信息而发生变化。非物质文化遗产的阐释与传播必须根植于社区的文化传统或文化历史之中，若对文化表达形式或文化空间有所曲解，则会使其消亡。数字媒介赋予在地民众（包括传承人）更多的表达权利和表达机会，他们可以方便地参与到非物质文化遗产的传承中来。可以说，数字媒介对地方非物质文化遗产的传承相当重要。

11.2.8 大力发展普及型教育学习

《中华人民共和国非物质文化遗产法》第三十四条规定："学校应当按照国务院教育主管部门的规定，开展相关的非物质文化遗产教育。"但非物质文化遗产并未纳入主流教育范畴，它是一种被长期忽视的、非常珍贵的教育教学内容资源。将非物质文化遗产纳入教育范畴，有利于新生代对民族精神、民族智慧及活态文化的认知，也有利于民族文化记忆的挖掘、梳理、整合和延续。教育主管部门或社会教育组织把非物质文化遗产纳入教育体系，构建科学、合理的教育教学机制，从文化教育角度去研究非物质文化遗产的保护和发展问题，这是非物质文化遗产传承的必然要求和重要途径。非物质文化遗产教育使新生代能够认知非物质文化遗产，产生文化认同，并在此基础上推动传统文化的复兴和创新。根据联合国教科文组织的研究，教育产品是目前需求量较大的网络信息内容服务产品。将教育产品与目前发展得最快的数字化视听技术相结合，可使该产品完全通过网络实现传播。数字信息技术可在虚拟现实环境中呈现真实的历史地理信息，亦可将之应用于图书馆、博物馆、档案馆,进行数字化展示、文物图像超链接、内容交互、个性定制等服务,并辅以不同领域的专家学者的咨询与解说,直接将文化信息分享给公众,增加公众的文化知识,提升公众的文化素养,强化公众的文化认同,进而为社会构建、文化记忆、基因传承与价值传播提供依据。

非物质文化遗产的普及型教育学习,从教育学习的途径和形式来看,主要分为两种。一种是学校教育学习。将非物质文化遗产纳入学校教育,特别是乡土教育。把非物质文化遗产相关内容融入课堂与教材中,是实现非物质文化遗产教育传承的有效途径,能够使非物质文化遗产生态区的学生在不同程度上了解本土文化的基本内容,促使其对本土非物质文化遗产有所关注与认同,并愿意贡献自己的力量来改善非物质文化遗产的生存环境。非物质文化遗产教育是一种集知识性、情感性、实用性、趣味性于一体的乡土教育,除了让受教育者了解、认识其所居住地方的人、事、物,包括生活环境、历史人物、传统艺术与文化之外,还能激发他们保护、传承和发展非物质文化遗产的意愿及能力,同时也进行了精神教育、生活教育和多元文化教育。从信息空间的角度来看,非物质文化遗产的本土教育学习主要集中在宗族区。该区域内的信息可以实现小范围的共享、传播与传承。在非物质文化遗产所生存的社区、遗产地或生态区内,非物质文化遗产的本土教育效果好,表示该区域内的非物质文化遗产有着良好的受众基础,也说明该区域内的非物质文化遗产的生存与保护压力较小。

另一种是社会化教育学习。随着互联网的普及和数字化技术的应用,学校教育已不再是获取知识的唯一渠道了。受教育者不仅在学校可以获得相应的知识,而且更能够在网络空间、数字终端,以及各种文化机构(如文化馆、博物馆、图书馆等)接受教育,这是一种自觉的、自主的、便捷的教育学习模式。数字教育学习是网络技术、数字化技术与教育结合的产物。目前世界各国都在积极将非物质文化遗产数字化,用实际行动来抢占这块文化高地,将非物质文化遗产数字内容打造成社会学习的教材,期望既能教育公民,又能传播和渗透本国的传统文化和价值观。非物质文化遗产数字教育学习形式多元化,内容丰富,能够有效满足不同受众(不同文化背景、不同行业、不同文化身份的人)的学习需求,甚至学习者可以根据自己的兴趣与爱好,对学习内容进行定制。

无论是学校教育学习还是社会化教育学习,它们仅仅是教育学习的形式和途径不同,其教育学习的内容与核心都是非物质文化遗产知识。如何保障非物质文化遗产教育内容的有效供给,是普及非物质文化遗产教育学习的关键。这里的有效供给涉及非物质文化遗产的编码与解码问题。将非物质文

第11章 | 非物质文化遗产数字化保护机制实现的保障和建议

化遗产数字化成果转化为非物质文化遗产教育学习的内容,是非物质文化遗产数字化应用领域之一。欧洲文化遗产在线(ECHO)的全民参与的内容供给方法对我们有启发意义。ECHO 以为社会公众和科研人员提供欧洲文化遗产数据信息为目标,ECHO 用户通过网络信息技术和终端设备就能浏览这些数字内容资源,并可以根据权限自行添加相关的文化遗产数据,增强了人机交互性。社会公众,特别是在地民众和非物质文化遗产研究人员,他们对与之朝夕相处的非物质文化遗产更加了解。在第 9 章非物质文化遗产数据库的构建中就已提及,让在地民众根据使用权限和数字内容规定的类型和格式要求,通过"合作—参与"路径提供相关的非物质文化遗产数字内容,丰富和完善非物质文化遗产的内容供给,而且社会公众参与非物质文化遗产内容提供的过程,也是学习、了解和研究非物质文化遗产的过程。同时也要拓展非物质文化遗产普及型教育学习的平台。当下数字媒介日新月异,平台多元化,例如微信公众号、各类 APP 应用等,在"寓教于乐"的体系下,基于故事化编码,开发地方文化资源的教育软件和教育游戏,将非物质文化遗产的相关内容嵌入其中,把非物质文化遗产数字内容发布到更多的教育学习平台,让更多的社会公众参与到非物质文化遗产的传播与保护中来。

11.2.9 公益性数字展示

非物质文化遗产具有教育、凝聚、回忆等功能,通过展示传播,能将这些功能放大,并获得更好的文化传承与传播效果。当前不少地区在积极建设非物质文化遗产博物馆或传习馆,或者举办非物质文化遗产文化节、静态陈设非物质文化遗产相关物品,或者由非物质文化遗产传承人定期或不定期地进行在地性表演,以期与社会公众产生互动,达到文化展示传播的目的。但这种制度安排下的行为限于时间、空间与受众的影响,传承与传播效果并不理想。数字化技术改变了非物质文化遗产的传统展示方式。利用数字化技术(虚拟现实技术、增强现实技术等)对非物质文化遗产,特别是传统工艺的生产、传播与传承方式等进行真实再现,并建立基于数字媒介平台的非物质文化遗产数字博物馆,将非物质文化遗产的数据信息整合在一起,最大限度地实现非物质文化遗产数字内容的展示、传播、共享与利用。

数字化技术通常能够带来前所未有的模拟效果,数字化展示使得文化具有前所未有的特性——互动性、穿越性、浓缩性、沉浸性、仿真性、可视性,所展示与传播的内容根据用户输入内容而不断变化,将现代与传统、真实与虚拟相连并得到及时的反馈。数字化展示是对非物质文化遗产的丰富意义的体验,它促使非物质文化遗产从地方化走向全球化。非物质文化遗产公益性数字化展示传播可从两个方面考量：一是增强现实，在实体非遗博物馆的基础上增添数字内容，以增强实体博物馆的展示与传播效果；二是虚拟现实，基于数字化技术和数字内容，在数字空间建设非物质文化遗产虚拟博物馆。这里的增强现实与虚拟现实并非具体指两种技术，而是两种展示传播理念。

1. 增强现实

在当下的实体非物质文化遗产博物馆中，展示的基本上是有时空限制的非物质文化遗产，无法满足公众的参观要求，对文化的阐释过于静态化和片段化，与文化的融合略显生硬。非物质文化遗产知识被压缩为可选择的信息片段，文化被割裂和局部化，而不是一个展开的元叙事（meta-narrative），将参观者引至一个由事实堆积的实体机构，非物质文化遗产并未通过博物馆而被公众认知和理解。为弥补"现实"的缺陷，可利用数字化技术对博物馆的功能进行提升，增强博物馆中文化内容的互动性、故事性和脉络性。互动是数字化展示的一个主要特点。通过不停地与公众互动，提供对话、挑战、测试、选择按钮、小工具等，让公众觉得自己有能力参与其中，而不是让他们自己参观，通过互动活动，在参观者和展示空间之间搭起沟通的桥梁，形成更好的互动关系，从而达到展示教育的效果。为加深公众对非物质文化遗产展示内容的理解，需要对非物质文化遗产进行故事化编码，运用"阐释"的技巧创造意义，按照系统化的文化脉络进行设计解读，赋予文化对象和场所以象征性意义和象征性符号，并将其置于当下的社会情境中，在新的时空范围内进行重新定位。数字化展示可以使公众看到现实世界当中永远看不到的文化。

2. 虚拟现实

如果参观者不愿来博物馆，博物馆就要走到参观者面前。借助非物质文化遗产数字化展示，打破博物馆的时空限制，并提供定制化及自主性的呈现。运用合适的数字化展示技术，将非物质文化遗产博物馆的主题内容系统性、结构性地表达出来，缩短使用者与博物馆间的距离，积极、主动地吸引使用者的注意及兴趣，并使之具有丰富的教育性和深度的研究性。例如，以渐进放大的影像数字化技术，让公众了解雕刻作品、器具等的不同形状、构造。数字化技术摆脱了非物质文化遗产实体博物馆所必需的建筑、陈列、参观时间等条件的限制，任何人在任何时间、任何地点都能从数字空间便捷地获得所需要的知识与信息，使海量存储的非物质文化遗产数字内容得到最大限度的展示、传播、共享，满足公众的文化需求。通过数字化展示、传播与传承，可以确保可能丢失或消亡的非物质文化遗产得以在数字空间存续。

第 11 章 非物质文化遗产数字化保护机制实现的保障和建议

11.2.10 提高产业性创意附加值

非物质文化遗产数字化不应只专注于静态的数据结构或文化形式的追求,而应把重点放在与文化发展以及人有关的价值与意义方面的创造上,不仅要再现过去,更应满足人的现代文化需求,促进非物质文化遗产的发展,增加非物质文化遗产数字内容产业性创意附加值。利用数字化技术,为非物质文化遗产提供新的文化书写和再现途径,重视文化实践社群和文化传承者对文化知识再生产和再创造的过程。非物质文化遗产数字化可以在线性、嵌入性、融合性地打造非物质文化遗产关联产业。通过数字化技术,将非物质文化遗产以标准化和数字化的形式进行编码和存储,建立数字文化遗产数据库,并以其数据为基础,以市场需求为导向,在坚持文化遗产内容不被歪曲的原则下,对文化遗产进行数字化再创造,将其转化为能够在市场上合理合法流通的文化产品,使非物质文化遗产在得到有效保护的同时,又能实现相关产业创新与发展创意价值——附加文化价值、增加产业价值。

从文化创意产业视角看,现代文化产业本质上是"产业族群",建立在规模复制数字化技术上,履行最广泛传播的功能,经商业动机的刺激和经济链的作用,迅速向传统文化遗产资源的原创和保存两个基本环节渗透:将原创变成资源开发,将保存变成展示,并将整个过程奠定在现代知识产权之上。非物质文化遗产数字化,需要建立非物质文化遗产数据库,使非物质文化遗产资源不仅仅停留在宣传、保护、教育等公益服务层面,而是要发挥其更大的效用。将非物质文化遗产信息和内容通过数字化技术和文化产业的创新思维,在坚持完整性、原真性的原则和基础上进行数字化再创造,即以非物质文化遗产数据库的文化遗产符号为基础,将数字内容与文化产业有效连接,以数字化技术为工具,以市场需求为导向,创造性地开发各类具有自主知识产权的文化产品,并通过版权授权、联合开发、展览展示、教育培训等方式实现从原创、设计、制造到推广、营销的产业化运作。非物质文化遗产可为文化创意产业提供丰富的内容支持。对于非物质文化遗产而言,数字化技术可以为其提供强大的工具、方法和技术支撑,并通过文化创意产业独有的创意和展现形式,使非物质文化遗产获得保护、传承和展示的巨大空间,很多文化形态、文化业态可以为其注入更加强大的生命力,尤其是将非物质文化遗产与社会大众的文化需求相结合,这样有助于探索非物质文化遗产数字化保护与传承的有效模式。

从文化旅游产业视角看,全球性的旅游业的发展已经出现与文化内容融合的趋势,网络文化旅游也成为网络经济中的"异军"力量。基于数字化技术的文化旅游网络业的商机表现在以下两个方面：一方面，继续推动传统意义上的旅游业信息数字化，使出游变得更加方便、舒适，费用也能更加低廉；另一方面，在数字化技术的基础上，全面开发文化遗产旅游资源，建立虚拟旅游空间，彻底改变旅游服务模式，从根本上提高旅游活动质量。在这个虚拟旅游空间中，游客将旅游的对象物以及旅游活动本身与历史事件、文化事项联系起来，形成对旅游吸引物的意义理解。遗产叙事是一种为了旅游目的而被选择的特殊表述方式，换言之，在现代语境中，遗产成为旅游中的一个品种、品牌而进入大众消费领域。遗产可能会促进各类群体思考他们的文化"根源"，也可以被旅游化、商品化，但旅游、商品等形式并不是遗产的全部，确切地来说，是某种价值观和传统的代表权。非物质文化遗产数字资源的开发利用将为旅游业附加新的内涵和价值。文化旅游在本质上是一种文化体验，而文化体验是非实体的感知，是对文化遗产内涵的体验，对实体中的单子的感知。不管是文化原子化载体，还是比特化载体，它们都是向公众传达文化内涵。从这个角度来说，非物质文化遗产数字化可以满足公众的文化需求，同时也可以有效避免对实体非物质文化遗产的破坏。数字化研究的开发内容、服务内容等可以完全满足旅游产业的需求。

从媒介产业视角看，十八大报告提出"建设优秀传统文化传承体系，弘扬中华优秀传统文化""构建和发展现代传播体系，提高传播能力"。媒介产业在数字化技术的催化下，成为社会文化生活的重要组成部分。媒介产业与文化遗产资源互为条件，媒介产业为文化遗产资源提供传播介质和渠道，文化遗产资源为媒介产业提供文化内容，二者相得益彰。媒介参与到文化遗产资源数字化保护与产业化运营之中，即创新文化遗产资源公益性文化传播服务与商业应用的并行互惠的经营模式。

从信息内容产业视角看，文化遗产资源的数字化将为信息产业提供附加价值。将非物质文化遗产数据库中的数字内容作为信息产业的素材库，把非物质文化遗产数字信息转换为信息产业的价值主体，文化遗产资源成为信息产业的内容，这样文化遗产才能焕发生机。同时信息产业只有拥有优秀的文化内容，才能更好地发展。文化遗产资源的开发与利用，是信息产业发展的新空间、新领域、新增长点。采用数字化技术和网络技术，有机整合文化内容中的生产和信息服务两大部分，建立内容生产、流通和消费的新运作模式，如利用新兴的微信、移动媒体等工具进行信息定制、个性化推送信息。将文化遗产资源数字化，以"文化内容"带动信息服务业发展，通过信息服务业来有效传播文化遗产信息，二者互为支撑、共同发展。

从数字游戏产业视角看，以文化遗产为内容的数字游戏，不仅提升了游

第11章 非物质文化遗产数字化保护机制实现的保障和建议

戏的文化品质,以形成新的消费热点和商业盈利点;而且通过游戏环节设置,使文化遗产更广泛和更深入地传播。年轻一代是数字游戏产业的主要消费群,也是承接传统文化复兴的主体。将文化遗产进行有效编码并正确地嵌入游戏之中,以严谨的文化态度关注文化遗产信息的真实性和知识深度问题,促使游戏与文化遗产传播有机融合,引导新生代认知、理解与认同传统文化。

非物质文化遗产数字化与文化创意产业、文化旅游产业、媒介产业、信息内容产业、数字游戏产业及其他相关产业具有较高的关联度,将数字化信息与产业有效连接,使特有的文化遗产资源转化为优势产业资源,促进文化遗产数字化保护与利用,同时也能创造更多的经济和社会效益。

数字化已然成为社会生活的一部分,或者说是一种生存状态。本书主要内容是考察与阐释数字化对非物质文化遗产的影响——数字化生存与发展,在实地调研非物质文化遗产现状的基础上,针对非物质文化遗产存续问题——非物质文化遗产生存状态与生存危机、传播与发展问题,如何有效转化当下非物质文化遗产生存危机以及如何解决非物质文化遗产传播与发展问题。非物质文化遗产的生存状态在不同程度上被"现代性"所侵蚀,赖以生存的物理空间日益遭到压缩,它已不得不与数字化技术相结合,在新的文化生态(数字环境)中永久性地保存和最大限度地存续。随着数字化技术革命性地深入社会各个角落,数字化生存成为人们思考的重要问题,如何利用数字化技术对非物质文化遗产进行保护与转化,通过新的方法与手段对它们加以重新阐释,使之在数字环境中能够更好地生存成为当下亟须解决的问题。本书采用编码/解码理论、信息传播理论、I-space 信息空间理论及文化遗产学相关理论,对非物质文化遗产数字化进行阐释与论证。事实上,当今的数字化技术对于文化而言是一把双刃剑,它的复杂功能对社会文化有着深远的影响。新的数字化技术生产了新的文化景观,它不仅为文化的呈现、表达与传播提供了新的载体,而且为文化的接受与消费提供了新的观念与方式。在此背景下,文化越来越媒介化,社会公众对文化的消费越来越依赖于数字化技术。面对这种文化,也就是面对数字化技术,身处文化之中,就是身处数字化技术之中。数字化意味着更广泛的传播范围、更快的传播速度、更硬的文化内容、更同质化的文化表现、更直观性的呈现方式。

数字化技术不仅革新了人们的生存、生产、生活习惯,更是改变了人们的思维方式、心智模式与认知体系。对于所有人来说,数字化技术的影响并非是统一的,它在不同群体之间存在着"数字鸿沟"。非物质文化遗产在地民众,包括非物质文化遗产传承人,对信息网络、数字化技术知之甚少,数字化技术成为在地民众参与非物质文化遗产传承的最大障碍。由文化部、教育部主办,中国科学技术大学承办的非物质文化遗产传承人群研修班,其主题是数字化与可视化在中国手工造纸行业的应用,第一期研修班中有学员对智能手机比较陌生,对微信、微博等数字媒体不曾接触,这样的数字鸿沟成为非物质文化遗产数字化在技术观念上的障碍。不过数字化技术的逻辑正一步步地消解着文化固有的逻辑,并有取而代之之势,进而导致一个矛盾——工具理性对表现理性的僭越。表现理性在总体上体现为文化的主体原则——人的原则。

数字化技术活动是关于客体世界的活动,工具理性仅是一种手段。技术是实现对客观世界的征服的手段或工具,它本身并不具有本体的地位。在技术的工具理性中,客体原则取代了表现理性的主体原则。不断加剧的媒介革命,使得我们要对一些现象进行反省——并非是数字化技术来适应人,相反,是人这一主体要不断地适应数字化技术的变革。数字化技术在创造多元化的文化消费新花样的同时,也在把自身的逻辑和规则强加给文化,主体便不可避免地沦为客体的奴役,服从数字化技术的自律逻辑将成为主体文化活动的必然逻辑。

数字化并不是非物质文化遗产未来生存与发展的灵丹妙药,非物质文化遗产数字资源源于非物质文化遗产实体资源。没有非物质文化遗产实体资源作为基础,数字资源将沦为无源之水、无本之木。当务之急仍然是非物质文化遗产在现实生活中的生存、发展与利用。非物质文化遗产数字资源无法代替非物质文化遗产实体资源。非物质文化遗产数字资源并不等同于非物质文化遗产实体资源所蕴含的文化信息,尤其是无法将非物质文化遗产实体资源中的许多无形的特征与属性完全抽象与有效编码。数字化技术促进了不同文化形态之间的对话、交流与合作,但也在某种程度上导致了文化生态的失衡和文化多样性的萎缩。在非物质文化遗产数字化过程中,要防止形成新的文化殖民或文化霸权,防止在技术传播层面抹平不同文化形态、不同文化事项之间的差异性,或者导致文化内涵的变异。一是失去文化话语权风险。一般来说,非物质文化遗产传承人或拥有者欠缺数字化技术方面的知识,需要依赖外界学者、技术专家将非物质文化遗产数字化,但在数字化转换、传播过程中,他们会失去对非物质文化遗产的文化解释话语权。二是文化内涵变异风险。当社会再生产与技术主义结合而形成遗产工业时,非物质文化遗产便不可避免地出现文化内涵的变异。在非物质文化遗产数字化过程中,可能会或多或少地夹带着人为的、现代性的元素,从而破坏了非物质文化遗产的原生态内容。数字化的核心是非物质文化遗产的文化价值与文化意义,要重视的是非物质文化遗产本身,而不是技术。当下数字化复制品席

第 11 章 非物质文化遗产数字化保护机制实现的保障和建议

卷全球,数字化复制消解了非物质文化遗产的艺术性和文化性,使之缺乏灵韵。

当代遗产运动的政治性话语、经济性话语对遗产的代表性认识存在一个明显的特征,即过分强调遗产的现代价值和经济意义。遗产首先表现为一种"历史态",着眼于遗产的可利用价值,忽略了遗产的历史性表述价值、文化价值。对非物质文化遗产数字资源的经济应用应慎之又慎,不能将非物质文化遗产的各种价值简化为经济符号、消费符号。产业运营要考虑两个方面的问题:一是非物质文化遗产数字信息在多大程度上能够合理、合法流通交易,即哪些非物质文化遗产信息可以被作为商业符号所使用;二是在资本逻辑下,如何保证非物质文化遗产数字信息的正确解码与编码,使之符合文化发展规律。非物质文化遗产数字化本身就是一项系统工程,需要多部门、多主体的协同合作。徽州区域较复杂,作为文化概念的徽州是一个整体,但其对应的行政区域则分属两省三市。宏观方面,各行政部门在政策资源、行政管理、责任分配、利益平衡等方面很难有效协同;微观方面,上文所述的参与非物质文化遗产数字化的各个主体之间也需要协同,无论是文化观念、技术理念,还是文化阐释、抽象编码。另外,在数字化成果应用方面,社会效益与经济利益之间也存在协同障碍。正如迪克斯所说:遗产不像大多数的历史书籍,它是一桩有潜在利益的、吸引观众的生意。此外,它被不同的通常是相互竞争的利益分割。在市场经济和文化产业大力发展的背景下,无论是个体自然人、商业法人,抑或"经济理性"的政府,都有追逐经济利益的动机,而如何忽视非物质文化遗产资源的社会效益,平衡经济价值与社会价值,是非物质文化遗产数字化及其应用所面临的重要难题。

另外,关于非物质文化遗产知识产权问题,在现实保护中就存在着争议。作者认为,非物质文化遗产兼具公权和私权——在数字化过程中,由谁授权进行数字化转化;在数字化利用过程中,谁可以合理使用。对于非物质文化遗产,其实质是一种知识性的信息,它可能会被任意复制、改编甚至歪曲,但其传承人或拥有者却得不到任何回报,而他人利用非物质文化遗产则可能获得知识产权及其收益。从上文可以看出,有些文化行政管理部门对文化资源信息共享工程也有此方面的忧虑,即如何保障非物质文化遗产的数字化产权。根据 I-space 理论来看,是将非物质文化遗产的数字化信息限制在采邑区和宗族区,还是扩散到制度区,甚至流通到市场区,是非物质文化遗产数字化面临的一个重要问题。

附录 A

非物质文化遗产濒危评价因子体系研究调查表

尊敬的各位专家：

您好，打扰了！我是江西科技师范大学 2013 级旅游管理专业的研究生。

本人正在进行以"非物质文化遗产濒危评价与数字化保护研究——以安义古村群为例"为主题的毕业论文写作，拟采用专家问卷法濒危评价因子体系的关键指标。本问卷诚邀您对本人设定的评价因子提出修改意见和建议。感谢您百忙之中的指导和帮助，谢谢！

本问卷将濒危评价因子体系划分为四组有区分度的因素，分别是社会因素、市场因素、文化因素、自身传承因素。各层次因子划分如附表 A-1 所示。

附表 A-1 各层次因子划分 1

目 标 层	准 则 层	因 子 层
A 安义古村群非物质文化遗产濒危评价因子体系	B1 社会因素	C1 社会发展环境 C2 社区居民对非物质文化遗产社会价值的识别程度 C3 非物质文化遗产对日常生活的影响程度 C4 外界关注度 C5 社会变革
	B2 市场因素	C6 区域经济环境 C7 经济效益 C8 实用价值 C9 受众与目标市场
	B3 文化因素	C10 文化环境的变迁 C11 非物质文化遗产内在的文化价值 C12 文化活动的丰度 C13 文化真实性程度
	B4 自身传承因素	C14 传承习俗 C15 传承方式 C16 传承人地域分布状况 C17 传承人数量与年龄水平 C18 传承人文化水平 C19 非物质文化遗产表现形式 C20 自身生存发展能力

附录 A　非物质文化遗产濒危评价因子体系研究调查表

1. 您认为上述列出的评价因子还需要如何调整?
2. 您认为还有什么因素与安义古村群非物质文化遗产濒危相关呢?
3. 您认为此评价因子体系的结构层次是否合理,内在逻辑是否严谨?
4. 您对此评价因子体系还有哪些意见?

附录 B

非物质文化遗产濒危评价因子体系咨询问卷

尊敬的各位专家：

您好，打扰了！我是江西科技师范大学 2013 级旅游管理专业的研究生。

本人正在进行以"非物质文化遗产濒危评价与数字化保护研究——以安义古村群为例"为主题的毕业论文写作。本问卷诚邀您对本人设定的非物质文化遗产濒危评价因子体系提出建议，然后对各层次因子的重要性进行两两比较，并将判断结果填入各个判断矩阵空格内。感谢您百忙之中能够给予本人指导和帮助，谢谢！

本问卷将非物质文化遗产濒危评价因子体系划分为四组有区分度、不相重合的因素，分别为社会因素、市场因素、文化因素、自身传承因素，具体划分如附表 B-1 至附表 B-7 所示。

附表 B-1　各层次因子划分 2

目标层	准则层	因子层
A 安义古村群非物质文化遗产濒危评价因子体系	B1 社会因素	C1 政策环境 C2 社区居民对非物质文化遗产的识别程度 C3 非物质文化遗产对日常生活的影响程度 C4 外界关注度
	B2 市场因素	C5 区域经济环境 C6 开发利用适宜度 C7 推广难易程度 C8 受众与目标市场
	B3 文化因素	C9 文化环境的变迁 C10 非物质文化遗产文化价值 C11 文化活动的丰度 C12 文化真实性程度
	B4 自身传承因素	C13 传承方式和习俗 C14 传承人地域分布状况 C15 传承人数量与年龄水平 C16 传承人文化水平 C17 传承人的保护和培养机制 C18 非物质文化遗产表现形式 C19 非物质文化遗产知名度 C20 自身生存创新能力

附录 B 非物质文化遗产濒危评价因子体系咨询问卷

附表 B-2 相对重要程度标度值表

标 度 值	含 义
1	表示两个元素具有相同的重要性
3	表示一个元素(W1)比另外一个元素(W2)稍微重要
5	表示一个元素(W1)比另外一个元素(W2)明显重要
7	表示一个元素(W1)比另外一个元素(W2)强烈重要
9	表示一个元素(W1)比另外一个元素(W2)极端重要
2,4,6,8	上述相邻判断的中间值
倒数	表示 W2 比 W1 的值

附表 B-3 目标层判断矩阵

W1 \ W2	B1 社会因素	B2 市场因素	B3 文化因素	B4 自身传承因素
B1 社会因素	1			
B2 市场因素	—	1		
B3 文化因素	—	—	1	
B4 自身传承因素	—	—	—	1

附表 B-4 社会因素判断矩阵

W1 \ W2	C1 政策环境	C2 社区居民对非物质文化遗产的识别程度	C3 非物质文化遗产对日常生活的影响程度	C4 外界关注度
C1 政策环境	1			
C2 社区居民对非物质文化遗产的识别程度	—	1		
C3 非物质文化遗产对日常生活的影响程度	—	—	1	
C4 外界关注度	—	—	—	1

附表 B-5　市场因素判断矩阵

W1＼W2	C5 区域经济环境	C6 开发利用适宜度	C7 推广难易程度	C8 受众与目标市场
C5 区域经济环境	1			
C6 开发利用适宜度	—	1		
C7 推广难易程度	—	—	1	
C8 受众与目标市场	—	—	—	1

附表 B-6　文化因素判断矩阵

W1＼W2	C9 文化环境的变迁	C10 非物质文化遗产文化价值	C11 文化活动的丰度	C12 文化真实性程度
C9 文化环境的变迁	1			
C10 非物质文化遗产文化价值	—	1		
C11 文化活动的丰度	—	—	1	
C12 文化真实性程度	—	—	—	1

附表 B-7　自身传承因素判断矩阵

W1＼W2	C13 传承方式和习俗	C14 传承人地域分布状况	C15 传承人数量与年龄水平	C16 传承人文化水平	C17 传承人的保护和培养机制	C18 非物质文化遗产表现形式	C19 非物质文化遗产知名度	C20 自身生存创新能力
C13 传承方式和习俗	1							
C14 传承人地域分布状况	—	1						
C15 传承人数量与年龄水平	—	—	1					

附录 B 非物质文化遗产濒危评价因子体系咨询问卷

续表

W1 \ W2	C13 传承方式和习俗	C14 传承人地域分布状况	C15 传承人数量与年龄水平	C16 传承人文化水平	C17 传承人的保护和培养机制	C18 非物质文化遗产表现形式	C19 非物质文化遗产知名度	C20 自身生存创新能力
C16 传承人文化水平	—	—	—	1				
C17 传承人的保护和培养机制	—	—	—	—	1			
C18 非物质文化遗产表现形式	—	—	—	—	—	1		
C19 非物质文化遗产知名度	—	—	—	—	—	—	1	
C20 自身生存创新能力	—	—	—	—	—	—	—	1

附录 C

安义古村群非物质文化遗产濒危性意见征询表

尊敬的各位专家：

您好，打扰了！我是江西科技师范大学 2013 级旅游管理专业的研究生。

本人正在进行以"非物质文化遗产濒危评价与数字化保护研究——以安义古村群为例"为主题的毕业论文写作，诚挚地邀请您进行本次意见征询调查，谢谢！

请您用数字 1 到 5 表示濒危性的完全不濒危、比较不濒危、一般濒危、比较濒危、非常濒危程度，并填入附表 C-1 中。

附表 C-1　安义古村群非物质文化遗产濒危性意见征询表

准则层	评价指标因子层	安义古村群非物质文化遗产									
		安义黄洲宗山米粉制作技艺	安义匾额书法雕刻技艺	安义糕点印模雕刻技艺	安义唢呐	安义开大炉踩金砖	安义京台古戏台古建制作工艺	安义世大夫第古建制作工艺	石鼻雪枣坯制作技艺	石鼻郭家刀制作技艺	新民花鼓戏	新民哆戏	万埠板龙灯
社会因素	政策环境											
	社区居民对非物质文化遗产的识别程度											
	非物质文化遗产对日常生活的影响程度											
	外界关注度											

附录C | 安义古村群非物质文化遗产濒危性意见征询表

续表

准则层	评价指标 因子层	安义古村群非物质文化遗产									
		安义黄洲宗山米粉制作技艺	安义匾额书法雕刻技艺	安义糕点印模雕刻技艺	安义唢呐	安义开大炉踩金砖	安义京台古戏台古建制作工艺	安义世大夫第古建制作工艺	石鼻雪枣坯制作技艺	石鼻郭家刀制作技艺	新民花鼓龙	新民嗲戏	万埠板龙灯
市场因素	区域经济环境												
	开发利用适宜度												
	推广难易程度												
	受众与目标市场												
文化因素	文化环境的变迁												
	非物质文化遗产文化价值												
	文化活动的丰度												
	文化真实性程度												
自身传承因素	传承方式和习俗												
	传承人地域分布状况												
	传承人数量与年龄水平												
	传承人文化水平												
	传承人的保护和培养机制												
	非物质文化遗产表现形式												
	非物质文化遗产知名度												
	自身生存创新能力												

参考文献

[1] Harriet Deacon. Intangible heritage in conservation management planning[J]. International Journal of Heritage Studies, 2004, 10(3): 309-319.

[2] Nubuo Ito. Intangible cultural heritage involved in tangible cultural heritage [EB/OL]. http://www.google.cn/search? complete.

[3] Amareswar Galla. Culture and heritage in development: Ha Long Ecomuseum, a case study from Vietnam[J]. Humanities Research, 2002, 9:63-76.

[4] Bob Mckercher, S Y Ho, Hilary Du Cros. Relationship between tourism and cultural heritage management: evidence from Hong Kong [J]. Tourism Management, 2005, 26(4): 539-548.

[5] Michael S Simons. Aboriginal heritage art and moral rights[J]. Annals of Tourism Research, 2000, 27(2): 412-431.

[6] Pamela B Vandiver. Craft knowledge as an intangible cultural property: a case study of Samarkand tiles and traditional potters in Uzbekistan[J]. Mrs Proceedings, 2004, 852: 331-352.

[7] Alfredo M Ronchi. On culture in a world-wide information society: toward the knowledge society——the challenge[DB/OL]. http://www.medicif.org/events/medici event/www2005/default.htm.

[8] Ramsey D, Everitt J. If you dig it, they will come! Archaeology heritage sites and tourism development in Belize, Central America[J]. Tourism Management, 2008, 29(5): 909-916.

[9] Mark P Hampton. Heritage, local communities and economic development[J]. Annals of Tourism Research, 2005, 32(3): 735-759.

[10] Chan Tin-kuen, Anthony. Parade for the queen: safeguarding the intangible heritage of the Tin Hau Sea Ritual in Leung Shuen Wan, Sai Kung [D]. Hong Kong: The University of Hong Kong, 2006.

[11] Saaty T L. The analytic hierarchy process[M]. London:Grow-Hill,1980.

[12] 池玉玺.日本"非遗"保护面面观[EB/OL]. http://cel.cssn.cn/fwzwhy-cbh/gjjy/200801/t20080118_2332037.shtml.

[13] 方李莉.请关注非物质文化遗产的拥有者[J].艺术评论,2006(6):22-28.

[14] 安学斌.民族文化传承人的历史价值与当代生境[J].云南民族大学学报:哲学社会科学版,2007,24(6):18-22.

[15] 袁书琪,郑耀星,陈维平,等.论闽台民间信仰文化旅游对促进祖国统一的作用[J].亚太经济,2003(3):73-74.

[16] 于富业.文化视角下福建客家土楼世界文化遗产地的保护与开发[J].史志学刊,2008(5):50-51.

[17] 向云驹.论"口头和非物质遗产"的概念与范畴[J].民间文化论坛,2004(3):69-73.

[18] 刘玉清.把非物质文化遗产推向休闲市场[J].价格与市场,2003(3):24-25.

[19] 柯玲.遗产保护 根在教育——学校教育中民俗课程的设置与构想[J].民间文化论坛,2007(2):97-102.

[20] 朱祥贵.非物质文化遗产保护法的价值理念[J].湖北民族学院学报:哲学社会科学版,2004,22(3):27-31.

[21] 姚艳.非物质文化遗产的法律保护[J].贵州民族大学学报:哲学社会科学版,2007(1):80-83.

[22] 周超.日本对非物质文化遗产的法律保护[J].广西民族大学学报:哲学社会科学版,2008,30(4):45-50.

[23] 乌丙安."人类口头和非物质遗产保护"的由来和发展[J].广西师范学院学报:哲学社会科学版,2004,25(3):5-11.

[24] 刘壮,牟延林.非物质文化遗产概念的比较与解读[J].西南大学学报:社会科学版,2008,34(5):183-187.

[25] 刘蔚,郭肖华,宋富华.非物质文化遗产可持续性传承与产业化研究——以厦门为例[J].科教文汇,2009(10):230-232.

[26] 苑利.进一步深化对于非物质文化遗产概念的认识[J].河南社会科学,2008(1):21-23.

[27] 黄胜进.从"文化遗产"到"文化资本"——非物质文化遗产的内涵及其价值考察[J].青海民族研究,2006,72(4):10-12.

[28] 厉无畏.创意产业:转变经济发展方式的策动力[M].上海:上海社会科

学院出版社,2008.

[29] 张成渝.国内外世界遗产原真性与完整性研究综述[J].东南文化,2010(4):30-37.

[30] 张朝枝.旅游与遗产保护——基于案例的理论研究[M].天津:南开大学出版社,2008.

[31] 戴伦 J 蒂莫西,斯蒂芬 W 博伊德.遗产旅游[M].程尽能,译.北京:旅游教育出版社,2007.

[32] 张明.旅游目的地文化真实性探讨[J].学术探索,2006(6):133-136.

[33] 王莲芬,许树柏.层次分析法引论[M].北京:中国人民大学出版社,1990.

[34] 马木兰,汪宇明.非物质文化遗产旅游产品化的转型模式[J].桂林旅游高等专科学校学报,2008,19(2):282-287.

[35] 连建功,黄翔.湖北省节庆旅游开发研究[J].资源开发与市场,2007,23(1):90-92.

[36] 王齐国,张凌云.文化产业园区理论与实践[M].济南:山东大学出版社,2011.

[37] 孙凤芝,许峰.社区参与旅游发展研究评述与展望[J].中国人口·资源与环境,2013,23(7):142-148.

[38] 陈军科.博物馆文化形态的新理念——全球化形势下博物馆与非物质文化遗产的哲学思考[J].中国博物馆,2004(2):7-12.

[39] 曾珈.非物质文化遗产的艺术价值及保护对策[J].湖北美术学院学报,2007(1):27-29.

[40] 闰华芳.非物质文化遗产数字化保护的风险及防范对策[J].洛阳师范学院学报,2015(4):69-72.

[41] 张晓宇.我国非物质文化遗产数字化保护研究综述[J].内蒙古科技与经济,2016(12):6-9.

[42] 杨红.非物质文化遗产数字化记录的利弊与策略[J].文化遗产,2015(2):9-13.

[43] 叶鹏.基于文化与科技融合的我国非物质文化遗产保护机制及实现研究[D].武汉:武汉大学,2015.

[44] 张菲菲.表演艺术类非物质文化遗产濒危评定因子体系构建及运用[D].福州:福建师范大学,2014.

[45] 欧阳正宇.旅游发展与非物质文化遗产的保护和传承——以莲花山"花儿"为例[J].旅游科学,2011,25(1):11-25.

[46] 李荣启.论非物质文化遗产保护的主要原则与方法[J].广西民族研究，2008(2):185-190.

[47] 秦枫.非物质文化遗产数字化生存与发展研究[D].合肥:中国科学技术大学,2017.

[48] 王娜.闽台非物质文化遗产濒危评价与旅游开发研究[D].福州:福建师范大学,2013.